HISTOIRE

DES

RELIGIONS ET DES MŒURS

DE TOUS LES PEUPLES DU MONDE.

TOME II.

PEUPLES IDOLATRES.

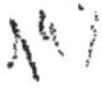

DE L'IMPRIMERIE DE P. GUEFFIER, RUE GUÉNÉGAUD, N°. 31.

HISTOIRE

DES

RELIGIONS ET DES MOEURS

DE TOUS LES PEUPLES DU MONDE,

Avec 600 Gravures, représentant toutes les Cérémonies et Coutumes
Religieuses, dessinées et gravées par le célèbre B. PICART;
Publiées en Hollande par J. F. BERNARD;

Augmentée de l'Histoire des Religions des derniers Peuples découverts depuis cinquante ans;
des Cérémonies de certaines Messes et Processions singulières; des Convulsionnaires; de
l'Histoire de la Superstition; des Sorciers; des Enchantemens; de l'Apparition des Esprits;
de la Baguette divinatoire; de la Fête des Foux; des Saturnales; des Sectes Religieuses; des
Événemens survenus dans le Clergé et l'Eglise Catholique, en France, depuis 1759; l'Origine,
l'Utilité et les Abus de la Franc-Maçonnerie, etc. etc. etc.; avec 30 planches nouvelles.

DEUXIÈME ÉDITION.

TOME II.

PEUPLES IDOLATRES.

PARIS,

Chez {
L'ÉDITEUR, rue des Marais, n°. 18, faubourg Saint-Germain.
H. NICOLLE, à la Librairie stéréotype, rue de Seine, n°. 12.

M DCCC XVIII.

HISTOIRE

DES

RELIGIONS ET DES MOEURS

DE TOUS LES PEUPLES DU MONDE.

RELIGION, MOEURS ET IDOLATRIES

DES

PEUPLES DE L'AMÉRIQUE.

De l'origine des Américains.

Sɪ les anciens ont excellé en quelque chose sur les modernes, on peut décider hardiment que ce n'est pas du côté de la navigation : ceux qui ont quelque connaissance de l'antiquité, ne nous contesteront pas cet article. Que les anciens aient trafiqué aux Indes, qu'ils aient doublé le Cap de Bonne-Espérance, qu'ils aient connu l'Islande sous le nom de *Thule*, qu'ils soient entrés dans l'Océan Hyperboréen ou glacé, qu'ils aient reconnu le Cap Tabin bien loin au-delà du fleuve Oby, à la bonne heure : mais tout cela n'est pas à comparer aux découvertes des modernes. Et quand même les premiers auraient eu une connaissance beaucoup plus étendue que celle qu'on leur attribue ordinairement sur cet article, ils n'auraient pas été en état d'en profiter, à cause de la lenteur et des défauts de leur navigation, dont personne ne disconvient aujourd'hui ; du peu de notions qu'ils avaient des vents, et de la prévention qui régnait chez eux au sujet de la Zone-Torride, qu'ils croyaient inhabitée, sans parler des bornes étroites de leur astronomie. Toutes ces raisons prouvent assez qu'ils n'étaient pas en état de soutenir de longues entreprises sur mer, et par conséquent, qu'ils ne pouvaient connaître que par hasard des terres aussi éloignées que l'Amérique.

Il est presque inutile de renouveler ici ce qui a été dit sur ce sujet, ni de s'étendre sur une matière qui nous menerait fort loin, si nous nous engagions à la suivre; mais il suffit de dire qu'on n'y voit aucune apparence que les anciens aient eu des correspondances régulières avec les habitans du continent, que nous appelons Nouveau-Monde, ni qu'ils aient jamais formé le dessein d'y envoyer des colonies. Ainsi la prédiction de Sénèque-le-Tragique, et ce que l'on trouve dans Élien, Platon et quelques autres, touchant des terres inconnues, doivent être regardés comme une conjecture ingénieuse, ou comme le fruit d'une imagination poétique. Mais comment l'Amérique s'est-elle peuplée, quand l'a-t-elle été, comment a-t-elle perdu l'idée de ses premières colonies, comment a-t-elle négligé une correspondance qui pouvait se perpétuer de père en fils à la faveur de la tradition, c'est là ce que nous ignorons, et sur quoi je vais donner quelques remarques qui rouleront principalement sur l'origine des Américains.

Purchas, dans son *Recueil de Voyages*, croit que l'Amérique n'est habitée que depuis quelques siècles; et il se fonde sur ce que ce continent ne s'est pas trouvé aussi peuplé dans le temps de sa découverte, qu'il aurait dû l'être, s'il avait commencé à se peupler du temps d'Abraham, ou même seulement du temps de la naissance du Sauveur. S'il est vrai, dit-il, que ce continent soit habité depuis les premiers siècles du monde, d'où viennent ces grands vides dans le milieu de l'Amérique? Pourquoi ces pays, d'ailleurs si beaux, si fertiles et si agréables, n'ont-ils pas reçu dans leur sein des colonies, qu'ils méritaient infiniment mieux que les parties septentrionales de l'Europe et de l'Asie? Les Mexicains, qui se regardent comme le plus ancien peuple de l'Amérique, et qui prétendent avoir envoyé des colonies dans le Pérou et dans le Chili, ne se trouvent pas même une antiquité de dix siècles. Ces raisons ne sont point du tout convaincantes. 1°. Il se peut fort bien que l'antropophagie de la plupart de ces peuples, les guerres cruelles qu'ils se font continuellement, et les sacrifices d'hommes, aient contribué depuis long-temps au défaut d'habitans dans le Nouveau-Monde. L'année que les Espagnols entrèrent dans le Mexique, on y avait sacrifié plus de trente mille âmes aux idoles. 2°. Il est vrai que l'histoire du Mexique et du Pérou, qui sont les deux principales monarchies de ce Nouveau-Monde, ne remonte pas fort haut; mais est-ce une preuve capable de persuader que ces deux États sont restés déserts et inhabités pendant quatre ou cinq mille ans? Et ne doit-on pas croire plutôt que la barbarie des premiers habitans a fait négliger à ceux-ci le soin de transmettre à la postérité l'histoire de leur origine? Les chroniques de la plus grande partie des peuples de l'Europe commencent fort au-dessous des premiers temps de la République Romaine. Quelques-unes de celles qui datent de plus loin ne nous donnent que des fables grossières; et, au milieu de ces fables, le grand Odin, législateur des pays septentrionaux, trouve difficilement deux mille ans d'antiquité. Rome et la Grèce remontent plus haut ; mais elles ont bien de la peine à trouver mille ans de supériorité sur les autres peuples de l'Europe : après cela, on ne rencontre que fables et illusions dans les histoires de ces deux peuples. Enfin, excepté les Juifs et les Chinois (s'il est permis de mettre ces derniers en parallèle avec les Juifs), aucun peuple ne peut se vanter d'une certitude historique de quatre mille ans : encore faut-il passer aux Chinois une infinité de faits qu'on n'est pas en état de leur contester, faute de connaître assez leur histoire et la justesse de leur chronologie.

Il y a beaucoup d'apparence que les premières colonies de l'Amérique s'y sont rendues par terre : s'il y en est allé par mer, c'est par hasard. Il est très-possible qu'une tempête ait porté des matelots Phéniciens, ou Carthaginois, vers les côtes de l'Amérique, qu'ensuite ils s'y soient établis par nécessité, et qu'ils y aient perdu leur langue et le peu de teinture qu'ils pouvaient avoir des arts et des sciences de leur pays ; ce qui est d'autant plus facile à croire, que, de tout temps, les gens de mer ont été fort ignorans et presque barbares. Les Péruviens conservaient autrefois des traces de ces navigations forcées : les premiers auteurs Espagnols qui ont recueilli les débris de leur histoire, parlent de gens venus du côté de la mer, qui, dans la suite, subjuguèrent le pays. La tradition leur faisait regarder comme des géans, des hommes dont l'origine leur paraissait extraordinaire ; et peut-être que ces hommes étaient de véritables géans, puisqu'on nous assure qu'on a déterré des os d'une grandeur monstrueuse du côté de Puerto-Vieio et dans la vallée de Tumbez. Plus d'un savant, charmé de cette découverte, appellerait ces géans un reste des enfans d'Anac, dont il est parlé dans le Deutéronome, et conjecturerait ensuite à perte de vue que les Cananéens, chassés de leur patrie par Josué, allèrent se réfugier au Pérou. Mais parlons sérieusement. Les balses, les pirogues et les canots des Américains sont à peine capables de soutenir une navigation de quelques lieues : jamais les premiers navigateurs de notre continent n'auraient hasardé de franchir une si vaste étendue de mer sur des vaisseaux d'une pareille construction. Mais comme, d'autre côté, il ne paraît pas que les Indiens occidentaux aient jamais eu l'usage de vaisseaux mieux construits et plus propres à des voyages de long cours, on croit facilement que, si tant est qu'un orage ait jeté quelques misérables sur une côte déserte du Nouveau-Monde, dans un temps où l'on n'entendait presque point la construction des vaisseaux, ils ont bientôt été forcés d'oublier leurs premières habitudes, et de se consoler de cette perte par la propagation de leur espèce dans des terres où la fortune les avait conduits malgré eux.

Quoi qu'il en soit, il est bien plus naturel de faire prendre la voie de terre aux premières colonies du Nouveau-Monde ; on élude par-là les difficultés qu'on pourrait élever sur le passage des bêtes sauvages. Cependant, on ne saurait dire quand cette transmigration s'est faite. Peut-être est-elle presque aussi ancienne que le déluge, dont les Péruviens ont conservé quelque connaissance. Ils disent que six personnes se sauvèrent d'un déluge universel, et que ces six personnes rétablirent le genre humain ; que Mancocapac, premier Incas, était descendu d'une de ces six personnes, etc. C'est là la seule trace qui soit restée chez eux de ce qui s'est passé dans le premier âge du monde ; car, du reste, les annales Péruviennes renferment à peine l'histoire de quatre siècles. Et quelles annales ! les *guappas*, ou *quippos*, qui sont des cordons auxquels ils faisaient des nœuds, avec lesquels ils marquaient les événemens. Nous en parlerons dans la suite. Mais, avant que de nous déterminer sur l'origine des Américains, il est bon de voir si le prétendu rapport que l'on trouve entre les mœurs et les coutumes des Américains et des Phéniciens peut faire soutenir raisonnablement que ceux-ci sont les pères des premiers.

Quelques auteurs prétendent que les Américains doivent leur origine à la dispersion des dix Tribus des Israélites. On a rapporté ce sentiment dans la *Troisième Dissertation touchant les cérémonies des Juifs*. Il est vrai qu'on a remarqué des traces de Judaïsme dans le Jucatan et sur les côtes de la mer du Sud ; par exemple, on y a trouvé une espèce de circoncision, que la nécessité pouvait avoir introduite, sans qu'il soit besoin de l'aller chercher dans le Judaïsme. Emmanuel de Moraës, Portugais, qui avait long-temps voyagé en Amérique, a tâché de prouver que les Juifs et les Carthaginois sont les pères communs des Américains. Nous venons de rapporter dans une remarque son sentiment touchant la transmigration des Carthaginois. Voici ce qu'il allègue pour défendre celle des Juifs au Brésil. Les Brésiliens, dit-il, ne se marient que dans leurs familles, comme les Juifs ne se mariaient que dans leurs Tribus. Les uns et les autres appellent leurs oncles pères, et leurs tantes mères, les cousins frères, etc. Les uns et les autres donnent un mois au grand deuil, et portent des robes qui leur descendent jusqu'aux talons. C'est bien peu de chose que cette prétendue conformité, et j'en laisse le jugement au lecteur.

Il faut convenir que l'origine des Américains est fort obscure. Elle le serait peut-être moins, si l'enfance de ces peuples avait été moins sauvage, et s'ils avaient connu les secours dont les peuples de notre hémisphère se sont servis pour conserver leur histoire. L'Amérique ne nous fournit aucun monument. Ses peuples vivaient, comme on dit, au jour la journée, sans se soucier ni du passé ni de l'avenir ; et c'est ainsi que vivent encore les sauvages qui habitent dans les pays où les Européens n'ont pas pénétré. Il faut avouer aussi que, malgré quelques secours particuliers, et un peu plus de lumières que les Américains, nous avons bien peu éclairci les commencemens de nos empires. Rendons-nous justice : nos origines sont-elles fort claires ? Connaît-on bien celles des

Français, des Espagnols, des Allemands, des peuples du nord de l'Europe?'
Toute la différence que nous voyons entre les Américains et nous, c'est que le
Christianisme a marqué une époque sûre dans nos histoires, et nous a forcés,
pour ainsi dire, d'abandonner à la vaine érudition des critiques les fables et les
merveilles du Paganisme qui l'ont précédé. Les temps de l'idolâtrie Européenne
sont une source inépuisable de conjectures et de fables, dont les Grecs et les Romains ne sont pas exempts, ainsi qu'on l'a dit, puisqu'on ne peut commencer la
véritable histoire des Grecs qu'à la première Olympiade, et celle des Romains
qu'à la fondation de Rome.

RELIGION, MOEURS, IDOLATRIES

DES

PEUPLES DE SOFALA.

ON ne sait autre chose de ces peuples, sinon qu'ils sont idolâtres. Ils observent'
dans leurs mariages à-peu-près les mêmes cérémonies que leurs voisins. Voici
ce qu'il y a de particulier (*Purchas*) : Celui qui est le marié monte sur le
dos d'un de ses compagnons, qui doit le porter, tout d'une traite et sans se
reposer, jusqu'au lieu de la noce. Si le porteur se repose, c'est un présage de
malheur : le mariage est renvoyé à un autre jour. Quelquefois même on le
rompt, sans autre façon.

A l'égard de la sépulture, ils portent à manger aux morts, ainsi que le
pratiquent tous ceux dont nous avons parlé. Sur le tombeau ils mettent deux
pierres, l'une à la tête, l'autre aux pieds du mort, et frottent ces pierres avec
du sandal. Ils sont fort adonnés aux songes ; et, quoique la crédulité de ces
peuples ignorans soit toujours trompée, ils ne reviennent point de cette
superstition. Il ne faut pas aller à Sofala pour rencontrer des gens de ce
caractère.

Certains Cafres de ces quartiers portent leurs morts dans une caverne qui est
habitée par un grand nombre de crocodiles, afin que les âmes des morts entrent
dans ces animaux et s'y purifient. Ils ont tant de respect pour les crocodiles,
qu'ils leur mettent de quoi manger à l'entrée de la caverne, laquelle est estimée
un lieu saint.

Nous abrégeons cet article pour éviter des redites, et sur-tout un grand
nombre d'absurdités dans lesquelles le détail pourrait nous jeter.

RELIGION, MOEURS, IDOLATRIES

Des Peuples qui habitent aux environs de Quillimanca, de Loranga, de Quisungo; et depuis ce premier fleuve jusques au Cuama, vers la côte de Sofala.

LES pays les plus voisins du premier fleuve font partie de l'ancienne Troglodyte. Quelques-uns de ces peuples n'ont point d'idoles, et l'on ajoute qu'il s'y en trouve qui n'adorent qu'un seul Dieu ; qui croient à la Providence divine, à sa bonté et à l'immortalité de l'âme. Ils croient aussi qu'il existe des esprits malins : mais tout cela n'empêche pas qu'ils ne blasphêment la Divinité, lorsque les affaires ne vont pas à leur gré. Ils observent des jours de fête et des jours de jeûne, même avec rigueur ; mais, le lendemain, ils se dédommagent amplement, par l'ivrognerie, de l'austérité du jour précédent. La débauche se fait avec leur boisson de maïs, et une espèce de vin doux, tiré d'un certain fruit du pays. (*Purchas.*)

Mombaze est peuplé de Mahométans et d'Idolâtres. La religion de ceux-ci diffère si peu de celle des autres peuples, que la différence ne vaut pas la peine d'être marquée. Le Roi est comme une espèce de Dieu visible, qui s'attribue sur la terre un pouvoir immense. On porte le feu devant lui, quand il se met en campagne.

Mélinde n'a pas moins de vénération pour son souverain. On le porte sur les épaules, on se prosterne devant le brancard, sans oser le voir. Devant lui, marchent des gens chargés de parfums exquis; et, de peur qu'en chemin il ne fasse quelque mauvaise rencontre, aussitôt qu'il sort du palais royal on évente une biche, dont les prêtres idolâtres examinent les entrailles pour y chercher le bonheur ou le malheur de cette sortie. Le peuple fait des cris de joie; les plus belles femmes se montrent à cette majesté Moresque ; les unes chantent à son honneur, et les autres lui offrent des parfums, ou les brûlent devant lui. Dans les délibérations importantes, on observe d'éventrer la biche et de faire l'inspection dont nous venons de parler. Le Roi doit passer trois fois sur le corps de cette biche, et les Labis (nom des prêtres du pays), après l'avoir ouverte, font plusieurs sortes de conjurations pour découvrir la vérité du succès.

Ces peuples sont généralement adonnés aux sortiléges. La sorcellerie consiste ordinairement en certains charmes qui, accompagnés d'une danse assez fatigante, troublent enfin l'esprit de quelqu'un de la troupe. C'est en cet état que le prétendu possédé révèle la chose qu'on veut savoir.

Leurs Cérémonies nuptiales, Deuil, etc.

Ils ont plusieurs femmes. Le jour du mariage, deux ou trois voisines ou parentes des mariés marchent à la tête des habitans, se présentent dès le grand matin à la porte de la mariée, dansent et chantent, jusqu'à ce que chacun et chacune aient fait le présent des noces à la mariée. Le présent consiste en maïs, en farine, etc. Avant que d'offrir le présent, on donne une poignée de maïs aux danseuses, on se met de la farine sur l'œil gauche et sur la joue. La journée s'achève dans la joie; après quoi le marié emmène chez lui sa mariée et finit la cérémonie.

Vers la rivière de Quisungo, les filles qui doivent se marier sortent de leur demeure, et vont dans (matos) une campagne inculte pleurer, pendant une heure entière, la perte de leur virginité. Cela se passe dans le jour, en présence des parens et des amis qui viennent leur rendre visite. La nuit, elles s'en retournent au logis. Aussitôt que la nouvelle lune paraît, on fait la fête du mariage; et le lendemain la dame est délivrée au prétendant, qui s'en met en possession sans autre façon.

Le deuil est accompagné de longues lamentations, de pleurs et de plaintes, qui se font aussi haut qu'il est possible. On enveloppe, ou plutôt on emmaillotte le mort dans quelque chose de noir, par le moyen d'une bande de même couleur. On l'ensevelit avec ses armes, son équipage et ses provisions pour le voyage. Ces mêmes usages s'observent chez la plus grande partie des peuples de cette côte. Vers le minuit, un de la troupe *entonne* les lamentations, et toute la troupe répond sur le même ton. Le jour, on va au sépulcre porter de quoi vivre au défunt. Ceux qui vont faire cette cérémonie, ont de la farine sur la joue et sur l'œil gauche, ainsi que cela se pratique au mariage. Ils marmottent quelques paroles sur le tombeau du défunt, soit qu'ils lui adressent des prières pour leur récolte, ou qu'ils fassent quelques commémorations pour eux. Pendant le deuil, on ne se lave point le visage.

A la côte de Mélinde, ou chez les peuples voisins, l'usage veut que les jeunes garçons, même ceux de sept ou huit ans, portent autour de la tête la valeur de six ou sept livres pesant d'argile, jusqu'à ce qu'ils aient donné quelques preuves de valeur à la guerre, ou dans un combat d'homme à homme. Ces jeunes gens sont obligés de présenter des marques de leur victoire et de leur courage, lesquelles sont les mêmes qu'au Monomotapa. Un tel certificat est nécessaire à leur valeur, qui s'accroît considérablement par la contrainte et par la honte qui est attachée à ceux qui manquent de faire leurs preuves.

Entre Angola et Monomotapa, on trouve des gens efféminés (Chibadi), qui ne se plaisent qu'à des actions féminines, et qui se dégradent de leur sexe pour servir à la brutalité de leurs compatriotes. Il y a apparence que ces hommes efféminés sont de l'ordre des Hermaphrodites de la Floride.

RELIGION, MOEURS, IDOLATRIES

DES

ÉTHIOPIENS ET DES GALLES.

Quoique le gouvernement soit Chrétien, il y a cependant nombre d'Idolâtres dans ce grand empire. Ce sont des peuples errans et sauvages, dit Ludolf, *sans foi, sans loi et sans roi*. Ils tiennent aussi des Troglodytes ; leur langage est informe et mal articulé. Tels sont ces peuples sauvages, que l'on met au rang des Cafres. Outre ceux-là, on nous nomme les Agawas, qui habitent le haut pays de Goiame, les Gonguas, les Gafates, les Galles, qui peut-être sont les mêmes que les Guagas ou les Jagues, décrits ci-devant, et quelques autres. Commençons par les Galles.

Ils n'ont point d'idoles, point d'extérieur dans la religion : du moins à peine est-il sensible. Ils ne distinguent point d'avec le ciel l'Être-Suprême, créateur et conservateur de l'Univers. C'est lui, disent-ils, qui renferme toutes choses dans sa vaste enceinte ; mais ils ne lui rendent aucune sorte de culte. Cependant on assure qu'ils sont dociles et propres à être convertis au Christianisme.

Ceux de Zender adorent les idoles ou les démons ; ils sont fort adonnés aux sortiléges. Il n'y a rien de particulier à dire des autres peuples.

Les Galles ont l'usage de la circoncision. Ils pratiquent la polygamie. Il n'est permis aux jeunes hommes de couper leur chevelure, qu'après avoir signalé leur courage à la guerre par la mort d'un ennemi, ou à la chasse par celle d'une bête féroce. Ce n'est pas la tête d'un ennemi qu'ils apportent pour monument de leur courage, c'est quelque autre chose que l'on devinera facilement, quand on saura qu'il faut prouver avec évidence le sexe de l'ennemi tué. On fait des trophées de ces marques honorables à la tête du camp. Tous les huit ans, ils élisent un nouveau chef, qui doit signaler son avénement au gouvernement par une irruption sur les terres d'Éthiopie.

Ceux de Zender vont chercher un roi dans les bois parmi les bêtes sauvages,
qu'il traîne après lui, dit-on, par la force de ses enchantemens, comme un
autre Orphée. Il n'appartient qu'aux grands de l'État de s'élire un prince après
la mort de son prédécesseur. Pour le trouver dans les forêts, ils se mettent sous
la conduite d'une sorte d'aigle, qui décèle par ses cris celui qui doit être élu
roi. Il a plu quelquefois à des peuples mieux policés de suivre des guides aussi
peu sûrs que ceux-là.

RELIGION, MOEURS, IDOLATRIES

DES

INSULAIRES DE SOCOTORA.

Les Insulaires de Socotora sont des Beduins, imitateurs et successeurs des
Troglodytes ; car, comme eux, ils habitent les cavernes et les trous des rochers.
On a voulu les faire passer pour des Chrétiens de saint Thomas. (Dapper.)
Cependant on assure qu'ils n'ont aucune connaissance de Jésus-Christ et de la
religion chrétienne. Il est vrai qu'ils paraissent honorer la croix, et qu'on la voit
sur leur autel.

Ils adorent la lune, comme la mère et la cause de toutes choses. Dans une
longue sécheresse, ils s'adressent à elle pour avoir de l'eau.

En certains temps de l'année, et avant certains jeûnes dont ils se sont imposé
l'observance, les principaux s'assemblent et font un sacrifice de cent têtes de
boucs ou de chèvres. C'est une espèce d'hécatombe. A ces idolâtries ils allient
des rites chrétiens, comme la célébration de Noël, qu'ils fêtent soixante jours
par une espèce de jeûne, sans manger ni lait, ni beurre, ni poisson, ni viande.
Tout cela se fait avec beaucoup de rigueur ; et, si malheureusement quelqu'un
s'avisait de rompre le jeûne, il lui en coûterait pour la première fois les deux
doigts de la main droite, pour la deuxième toute la main, et pour la troisième
le bras.

Ils ont quantité de *Moquamos ;* c'est le nom qu'ils donnent à leurs temples.
Ces Moquamos sont fort petits et fort bas : ils ont trois entrées ; et pour y
entrer, il faut se courber extrêmement. Dans ces chapelles on voit un autel, sur
lequel il y a une croix. Chaque chapelle est gouvernée par un chef ou prêtre,
qu'ils appellent *hodamo.*

Leurs Mariages, leurs Funérailles et autres usages.

On se marie à autant de femmes qu'on peut en nourrir ; on les chasse comme on les a prises, c'est-à-dire, qu'on les renvoie sans aucune formalité : on les troque même contre d'autres pour un certain temps, peut-être jusqu'à ce que l'absence ait piqué le goût. Mais rien n'est plus singulier que la manière dont les pères transportent leurs enfans à d'autres. Quand il leur plaît de s'en défaire, ils nomment tel ou tel pour en avoir soin , et ce père d'adoption est obligé de les nourrir et de les entretenir comme ses propres enfans. On appelle ces enfans adoptifs , *fils du feu* ou *de la fumée,* parce que ces hommes brutaux , voyant que la génération des enfans est nécessairement la suite de l'union à laquelle la sensualité seule les porte, se déterminent, après avoir satisfait leur passion, à transporter le fruit qui doit naître ; et, pour cet effet, celui qui a résolu de transporter son enfant à un autre, allume un grand feu dans son antre, et y jette certain bois vert. Lorsque ce bois commence à fumer, il sort de son antre, et crie de toute sa force que l'enfant que sa femme a conçu, doit appartenir à tel des voisins. Celui-ci élève l'enfant dont on lui a fait présent, et rend la pareille à quelque autre. De semblables désordres se trouvaient chez les Troglodytes.

Selon ces Insulaires, il n'y a aucune différence entre un homme mort et celui qui commence à mourir. En vertu de cette opinion, l'on porte les gens au tombeau dès qu'on les voit à l'agonie. Les parens les plus proches se chargent de ce charitable devoir ; et les mourans eux-mêmes, qui, comme on peut le croire, ont autrefois exercé la même charité envers d'autres, voient tranquillement qu'on les traite comme ils ont traité leurs parens. Lorsqu'ils sentent leur fin approcher , on assure qu'ils font assembler leurs proches pour les exhorter de ne point abandonner la religion de leurs ancêtres , de ne point fréquenter d'étrangers, et de se venger de leurs ennemis. Quelquefois même le mourant donne un catalogue de ses ennemis, et des sujets de rancune qu'il a eus contre eux. Le mourant part ensuite avec beaucoup de tranquillité. Elle est d'ordinaire le partage de ceux qui ne connaissent aucun sentiment. Ils se donnent la mort sans la marchander, et sans regret pour la vie , lorsqu'elle leur devient à charge. Ainsi en usent ceux qui se voient malades, malheureux ou persécutés.

Ils ont l'usage de la circoncision. Celui qui, vivant parmi eux, aurait le malheur de ne pas être circoncis, perdrait les doigts de la main. Une femme, en cette occasion, ne ferait aucune difficulté de déceler son mari. Un incirconcis n'oserait entrer dans un Moquamo. A l'égard des crimes, ils ont leurs

Hodamos qui les punissent. Un voleur poursuivi échappe au châtiment, s'il a le bonheur de pouvoir se réfugier dans un Moquamo, et d'y être reçu sous la protection de quelqu'un qui se présente à point nommé : celui-ci est reconnu pour parrain du criminel. Mais si, étant dans le temple, il s'y trouve sans protecteur, on l'arrache de cet asile et on lui coupe la main.

La plus grande civilité de ces Beduins est de baiser l'épaule de celui qu'ils saluent. On a ce même usage en quelques provinces de l'Abyssinie.

RELIGION, MŒURS, IDOLATRIES

DES

INSULAIRES DE MADAGASCAR.

Nous n'avons rien de plus étendu, touchant ces peuples, que le récit du sieur Flacourt (*Histoire de Madagascar*). Ces Insulaires sont païens; mais on trouve pourtant chez eux des traces de Mahométisme et de Judaïsme. Ils croient un seul Dieu, créateur de toutes choses ; ils l'honorent et le révèrent, ils en parlent avec beaucoup de respect. On ne voit chez eux ni idoles, ni temples ; cependant ils sacrifient à la Divinité suprême. Mais, pour ménager le démon, *ils lui donnent le premier morceau de la bête sacrifiée* (termes de Flacourt), et, de cette manière, l'associent à la Divinité. On voit par-là que ces Insulaires reconnaissent deux principes, l'un du bien et l'autre du mal.

Ils croient qu'il y a plusieurs ordres de génies ou d'esprits, dont les uns gouvernent et font mouvoir les cieux, les astres et les planètes ; les autres dominent sur l'air, sur les météores, sur les eaux, sur la terre et sur les hommes. La doctrine, touchant les génies, s'était répandue par toute l'antiquité. Nous avons montré qu'elle n'est pas moins commune aujourd'hui chez les peuples idolâtres, même chez ceux du nord de l'Europe et les Idolâtres du Nouveau-Monde. Outre ces génies, ils admettent un ordre d'esprits invisibles comme les premiers, mais qui prennent un corps quand ils le jugent à propos, et se rendent visibles à ceux qu'ils aiment. Ceux-ci sont mâles et femelles : ils se marient, ils ont des enfans, ils sont sujets aux nécessités humaines, sans participer aux infirmités de notre nature. Cependant ils meurent, et sont récompensés ou punis après leur mort, selon qu'ils ont bien ou mal vécu. Ces esprits connaissent l'avenir, et font bien des choses qui ont du rapport à tout ce que nos anciens romanciers ont attribué aux Fées. Ils se forgent aussi des lutins, des fantômes et des revenans. Ils craignent Saccare, qui est le diable, et tous les autres esprits malins, auxquels ils donnent différens noms. Saccare, à ce qu'ils disent, leur apparaît comme un dragon de feu, et les possède souvent quinze jours de suite. Pour s'en délivrer, ou du moins pour se soulager, ils prennent à la main une zagaie et se mettent à danser et à sauter, en faisant de leur corps plusieurs figures grotesques. Tous ceux du village dansent au son du tambour autour de ces possédés, et font les mêmes gestes qu'eux, prétendant les soulager par-là.

Ils ont des jours de fête et d'abstinence, qu'ils paraissent solenniser sans règle certaine; tantôt en un temps, et tantôt en l'autre, selon que la circonstance paraît l'exiger.

Ces Insulaires font une espèce de libation à Dieu et au diable, avant que de boire, et ils font des sacrifices d'actions de grâce, lorsque la récolte paraît belle. Le riz étant prêt à cueillir, ils sacrifient une vache noire et jettent une partie de la victime dans le champ, prononçant en même temps quelques paroles d'actions de grâce. Pendant la durée de ces jours de fête, on ne fait point d'effusion de sang humain ; si quelqu'un mérite la mort, on le noie.

Pour être digne de porter les mains sur une victime, et de lui couper la gorge pour le sacrifice, il faut avoir appris une certaine prière, et prononcer certaines paroles sur le couteau, en levant les yeux au ciel ; ce qui exprime l'intention de celui qui sacrifie. Ils sont même si scrupuleux sur cet article, qu'ils mourraient de faim, plutôt que de manger d'une bête tuée par un Chrétien.

Ils font aussi des sacrifices, lorsqu'ils entrent dans une nouvelle maison, lorsqu'ils sont malades, lorsqu'ils se marient, lorsque leurs femmes accouchent, et aux funérailles de leurs morts. Avant que de mourir, ils se confessent de leurs péchés.

Ils exposent les enfans qui leur naissent le mardi, le jeudi ou le samedi ; ou dans le mois d'avril, dans le mois de jeûne, le huitième de la lune; ou enfin dans une heure qui est gouvernée par une mauvaise planète. La circoncision des enfans se fait d'ordinaire au mois de mai, en présence des parens et amis de ceux qui doivent être circoncis. On donne un taureau pour chaque enfant à circoncire.

Le jour de la circoncision, tous ceux qui doivent être présens à la cérémonie vont se baigner de grand matin; et, se tournant au soleil levant en jouant de leurs tambours et donnant d'une espèce de cor, ils prononcent quelques paroles dont on ne nous apprend pas le sens.

Les femmes qui se sentent près d'accoucher, se confessent à une amie, des péchés qu'elles ont commis pendant leur grossesse. Dans cet état, elles invoquent la Vierge Marie, pour obtenir par son moyen un accouchement heureux.

Pour se bâtir une maison, pour couper le bois nécessaire à la charpente, pour la couvrir, etc., il faut observer les jours et les heures. La maison étant achevée, on attend la lune et un jour heureux pour en faire la consécration, ou, si l'on veut, la dédicace, qu'ils appellent *Missavatsi*. Le propriétaire de cette nouvelle maison assemble tous ses parens et tous ses amis pour honorer la cérémonie de leur présence. Chacun apporte des présens selon ses moyens. On fait trois tours autour de la maison ; et l'assemblée, qui entre après cette procession, souhaite bonheur au propriétaire. Cela est suivi d'un, ou même de plusieurs sacrifices de bœufs, dont la chair se distribue à l'assemblée, et sert à la régaler.

Ces Insulaires sont polygamistes, et ce qu'il y a de singulier est qu'avoir plusieurs femmes, s'appelle chez eux d'un terme qui signifie *faire des ennemis*, parce que plusieurs femmes d'un même mari ne sauraient s'aimer : cela est aussi vrai qu'un axiôme en géométrie.

L'adultère est estimé un larcin : on le met à l'amende comme tel, et l'amende se paie sans ignominie.

Les enfans d'une femme qui devient mère après avoir fait divorce avec son premier mari, appartiennent à celui-ci ; à moins qu'il ne lui rende son tacq, c'est-à-dire, ce qu'il a payé au père de cette femme pour l'avoir en mariage.

Leurs Cérémonies funèbres.

D'abord on lave le mort, ensuite on le pare autant que les facultés du défunt ou des parens qui lui survivent, peuvent le permettre. Les ornemens sont des colliers de corail, des plaques d'or, des oreillettes d'or, des rassades. On prépare sept pagnes, afin que le mort en ait de rechange. La *pagne* est un habillement de coton qui prend de la ceinture en bas. L'ablution du mort étant faite, les ornemens et les habillemens lui ayant été donnés, on l'enveloppe dans une grande natte pour le porter au tombeau ; mais, avant ce dernier devoir, tous ceux qui appartenaient au mort, parens, amis et esclaves, viennent autour de lui pour le pleurer en cérémonie. Une chandelle à la tête du défunt et une à ses pieds figurent une manière de chapelle ardente. Pendant que ceux que nous avons nommés pleurent, d'autres personnes jouent sur une espèce de tambour, au son duquel des femmes et des filles exécutent une danse grave ; après quoi elles vont pleurer à leur tour. Les pleurs se mêlent aux louanges du défunt et à des regrets réitérés sur sa mort. N'oublions pas les questions qu'on lui fait au sujet de son départ: questions en usage chez plusieurs peuples, et qui se réduisent principalement à savoir du mort, s'il manquait du nécessaire et même du superflu ; en un mot, s'il n'était pas content en ce monde. Tout cela dure jusqu'au soir : alors on tue des bœufs pour sacrifier et se régaler. Le lendemain, on met le corps dans un cercueil fait de *deux souches de bois* creusées et bien jointes, et on le porte au tombeau qui est dans une maison de charpente. On y creuse six pieds en terre, et c'est là qu'on ensevelit le mort avec sa provision dans un panier, du tabac, un réchaud, une écuelle de terre, quelques pagnes et quelques ceintures. Tout cela étant fait, on ferme la maison, et l'on roule devant l'entrée une pierre de douze à quinze pieds de largeur et de hauteur ; on sacrifie quelques animaux, et l'on partage le sacrifice en trois portions : pour le diable, pour Dieu et pour le défunt.

Lorsqu'une personne de considération meurt loin de chez elle, on lui coupe la tête pour la porter dans le village où elle est née. A l'égard du corps, on l'enterre dans l'endroit où la personne est morte.

Ils coupent les cheveux aux hommes ; mais ils donnent un bonnet aux femmes.

Ces Insulaires ont leurs poètes à gage. Ces poètes chantent les hauts faits des grands et les exploits des guerriers. Leur poésie est d'ordinaire grave et sentencieuse, à la manière des Orientaux. Ce n'est pas qu'ils ne composent aussi des chansons sur des amourettes.

Leurs sermens se font de plusieurs manières. Pour engager solennellement quelqu'un, ils lui font manger du foie de bœuf ou de taureau.

La paix se jure par le *foie du taureau.* Le jour pris pour la conclure, les deux partis se rendent armés au bord d'une rivière. Chaque parti tue un taureau, et l'on s'envoie de part et d'autre un morceau du foie de l'animal. Ce foie se mange en présence des députés des deux partis, avec sermens et imprécations.

Le *Tinbouchenu* est une convention par laquelle on s'engage solidairement les uns pour les autres. Elle se fait de cette manière : Un Insulaire tue une bête grasse, et la partage en autant de portions qu'il juge à propos d'en distribuer. Tous ceux qui reçoivent une portion, sont obligés de donner au bout de l'année un jeune veau au maître de l'animal partagé.

La guerre se fait par surprises et embuscades. Ils envoient sur-tout des partis en course, munis, outre leurs armes, de sortiléges, de charmes, de poisons et de sorts écrits sur des billets. Pendant la guerre, les femmes et les filles dansent nuit et jour, croyant que, par ce moyen, elles donneront de la force et du courage aux guerriers.

RELIGION, MOEURS, IDOLATRIES

DES

PEUPLES DE JUIDA.

QUELQUES écrivains, tels que Bosman, ont cru que les peuples du royaume de Juida étaient absolument idolâtres. Demarchais assure qu'ils reconnaissent un être souverain, créateur de l'univers. C'est à sa puissance qu'ils ont recours dans les calamités publiques ; c'est à lui qu'ils adressent leurs vœux, lorsque le rituel ordonne de lui rendre des actions de grâce pour les bienfaits qu'ils en ont reçus ; qu'ils lui sacrifient, non-seulement des animaux, mais encore des jeunes personnes des deux sexes. Un certain Assou, capitaine nègre, que cet auteur dit avoir vu, avait fait, selon lui, au Dieu du ciel, un sacrifice d'hommes et d'enfans, pour obtenir la guérison de son père.

La théologie des peuples de Juida ne se borne pas à la connaissance d'un Dieu. Ils croient à l'existence d'un génie malfaisant, qui représente le diable des Chrétiens : ils croient l'immortalité de l'âme. L'apparition des esprits fait la base de tous les contes dont ils bercent la jeunesse.

A cette religion simple, les peuples de Juida ont successivement ajouté le culte ridicule des fétiches. Ces sortes de divinités subalternes, qui doivent leur naissance à l'opinion où sont les nègres que toute la nature est animée par des génies bienfaisans, sont les arbres, la mer, les rivières, certaines espèces de serpens et plusieurs autres objets de la même importance. Les offrandes, que ce peuple fait aux arbres, consistent en pâte de millet, de maïs et de riz. C'est ordinairement en cas de maladie que se font ces sacrifices ; on ajoute souvent un esclave, dont on distribue la chair entre les parens du malade : c'est aux prêtres qu'appartient le droit de placer ces offrandes au pied de l'arbre qui fait l'objet de la dévotion du malade ; après quoi il peut les emporter pour son propre usage, à moins que l'infirme ne les paie pour les laisser au même lieu, jusqu'à ce qu'ils aient été dévorés par les chiens, les porcs ou les animaux de proie.

La manière d'honorer la mer dans les temps d'orages et de tempêtes, consiste à jeter dans ses flots toutes sortes de marchandises. Si, malgré ces riches offrandes, ce fougueux élément s'obstine à demeurer contraire à leurs vœux, on consulte le grand sacrificateur ; et, suivant sa réponse, on fait une procession solennelle qui se termine par le sacrifice d'un bœuf sur le rivage ; on fait couler le sang dans les flots , et l'on y jette, aussi loin qu'il est possible, un anneau d'or pour apaiser la mer. La victime appartient au grand sacrificateur, qui en dispose à son gré.

L'une des principales fétiches du royaume de Juida, est une statue que nos voyageurs appellent *Agoye*. Cette idole, qui représente vraisemblablement la Divinité à la manière des nègres, est de terre noire, d'une figure hideuse, et plus ressemblante à un crapaud qu'à un homme. Elle est accroupie sur un piédestal d'argile rouge, bordé de bujis : sa tête est couronnée de lézards et de serpens, entremêlés de plumes rouges ; et l'on voit sortir au sommet le fer ou la pointe d'une zagaie qui traverse un gros lézard, au-dessus duquel est un croissant d'argent. Le col de la figure est entouré d'une bande de drap d'écarlate, d'où pendent quatre bujis. Cette idole est communément placée sur une table dans la maison du grand sacrificateur : on place vis-à-vis d'elle trois plats de bois, ou trois demi-calebasses, dont l'une contient quinze ou vingt petites boules de terre.

C'est cette Divinité qui préside au conseil de la nation ; jamais on ne forme d'entreprise sans son avis.

Le principal objet de la superstition de Juida est le serpent fétiche. La longueur de ce reptile n'est pas ordinairement de plus de sept pieds et demi; mais il est aussi gros que la cuisse d'un homme. Ces serpens ne nuisent à personne ; ils sont si privés, qu'ils se laissent prendre et manier. Leur unique antipathie est contre les serpens venimeux, dont la morsure est dangereuse : ils les attaquent dans quelques lieux qu'ils les rencontrent, et prennent plaisir à délivrer les hommes de ces monstres.

A Juida, comme en Égypte, c'est un crime capital d'outrager volontairement le serpent sacré. Un nègre, ou un blanc, qui aurait la témérité de présenter son bâton pour le frapper, s'exposerait à être mis en pièces par les habitans du pays. Les bêtes ne sont pas moins comprises dans la défense que les hommes ; et si quelqu'une d'entre elles avait le malheur de tuer un serpent, le roi ne manquerait pas de donner aussitôt un édit foudroyant, qui ordonnerait la destruction entière de toute l'espèce. En 1697, un porc, qui avait été tourmenté par un serpent, se jeta dessus et le dévora. Les prêtres ayant porté leur plainte au roi contre le sacrilége, ce prince donna ordre aussitôt d'exterminer tous les porcs du pays ; et cet ordre sanglant eut son exécution, malgré les plaintes des particuliers qui réclamaient le droit sacré des propriétés.

Aussitôt que le maïs commence à verdir, et qu'il est de la hauteur d'un pied, la loi veut que l'on tienne les porcs renfermés, parce que c'est dans ce temps que les serpens sacrés font leurs petits. Alors les officiers du roi parcourent tout le pays, et font main basse sur tous les porcs qu'ils rencontrent;

et ils exécutent leurs ordres avec d'autant plus de fidélité, que tout ce qu'ils tuent est pour eux.

Dans toutes les parties du royaume de Juida, on voit des temples destinés à l'entretien des serpens sacrés. Personne ne passe devant ces sanctuaires, sans rendre quelque espèce de culte au génie qu'on y adore, et sans demander ses ordres.

Ces peuples, persuadés sans doute que la Divinité se sert de ce reptile pour verser sur eux ses bienfaits, lui rendent, en plusieurs circonstances, des honneurs excessifs. Ils invoquent le grand serpent dans les pluies et dans les sécheresses extraordinaires, pour la fertilité des terres et l'heureux succès des moissons; dans les affaires qui regardent le bien public et le gouvernement; dans les maladies de leurs bestiaux, ou pour leur demander qu'ils en soient préservés; enfin, dans toutes les affaires et les peines qu'ils croient surpasser le pouvoir de leurs fétiches ordinaires. Ils font des présens considérables à ces animaux. Le roi et les grands lui font des offrandes magnifiques, telles que des étoffes de coton, des vivres, des liqueurs, des marchandises d'Europe, et de tout ce qu'ils ont de plus précieux : ce sont les prêtres qui profitent de toutes ces richesses.

Les plus grandes fêtes qu'on célèbre à l'honneur du serpent, sont deux processions solennelles qui suivent immédiatement le couronnement du roi. Si la mère de ce prince vit encore, c'est à elle qu'il appartient de présider à la première; et trois mois après, il conduit lui-même la seconde. Chaque année il s'en fait une autre qui a le grand maître de la maison du roi pour guide. Quant au culte journalier que l'on rend à ce fétiche, il consiste principalement en chants et en danses, dont les prêtres accompagnent les offrandes que le peuple fait à ce génie protecteur de l'État.

Cette superstition a donné naissance à un usage que la convoitise des prêtres pourrait fort bien avoir imaginée. Tous les ans, depuis le temps où l'on sème le maïs, jusqu'à ce qu'il soit parvenu à la hauteur d'un homme, le peuple croit que le serpent prend plaisir à rechercher toutes les jolies filles pour lesquelles il conçoit de l'inclination, et qu'il leur inspire une espèce de fureur qui demande de grands soins pour leur guérison. Alors les parens sont obligés de mener ces filles dans un édifice qu'on bâtit près du temple, où elles doivent passer plusieurs mois pour attendre le rétablissement de leur santé : ils leur fournissent, pendant cette retraite, toutes les provisions nécessaires à leur subsistance ; et le zèle est si grand pour cette contribution, que les prêtres n'ont pas besoin de s'en procurer ailleurs pour vivre. Lorsque le temps des remèdes est expiré, et que les filles se croient guéries d'un mal dont l'imagination seule a peut-être été frappée, elles ont la liberté de sortir, après avoir payé les frais occasionnés pour leur logement et pour les soins qu'ont exigé leurs indispositions. Elles sortent ordinairement de ces retraites aussi furieuses que des bacchantes. Le principe de cette fureur est l'ordre que les prêtres donnent à ces filles de contrefaire ains. les furieuses, sous peine d'être rigoureusement punies, si elles venaient à révéler le secret.

Les deux sexes partagent également le ministère de la religion. A Juida, comme chez les Juifs, le sacerdoce est héréditaire dans les familles. La tribu sacerdotale est fort nombreuse, car tout concourt à y favoriser la multiplication de l'espèce. L'habit ordinaire des prêtres n'est pas différent de celui du peuple ; et on ne peut les reconnaître que par les cicatrices qu'on leur fait sur le corps dès leur bas âge. Ils ont cependant le droit de se vêtir comme les grands, quand ils sont en état de soutenir cette dépense.

Les prêtres et les prêtresses sont si respectés, que ce titre les met à couvert du dernier supplice pour tous les crimes qu'ils peuvent commettre. A la tête du sacerdoce est un chef qui le gouverne, et qui jouit d'une considération aussi distinguée que le roi. Le pouvoir de ce grand pontife balance même quelquefois celui du prince ; parce que les nègres, persuadés qu'il converse souvent avec la Divinité, croient qu'il peut leur faire beaucoup de mal ou de bien. Il profite habilement de cet ascendant que la stupidité publique lui accorde, pour exiger du roi et des grands tout ce qui convient à ses besoins.

Le grand sacrificateur a seul le droit d'entrer dans le sanctuaire du serpent. A la qualité de chef du sacerdoce, il joint celle de grand du royaume et de gouverneur d'une province. Tous les autres prêtres sont soumis aveuglément à ses ordres. Il parvient à sa dignité par le suffrage de la nation, et souvent c'est la cabale qui détermine les nègres à la lui accorder. D'ailleurs ce pontife, comme les prêtres subalternes, n'a aucun revenu déterminé : la crédulité du peuple fait son plus riche patrimoine.

Les femmes élevées à l'ordre des prêtresses, s'appellent *bétas*. Leur dignité leur inspire ordinairement beaucoup de morgue et de fierté : elles prennent le titre d'*enfans de Dieu*. Tandis que toutes les autres femmes sont soumises à leurs maris, celles-ci en exigent des hommages, et exercent sur eux et sur leurs biens un empire absolu : elles sont en droit d'ordonner qu'ils les servent et leur parlent à genoux. Aussi les plus sensés des nègres se donnent-ils bien de garde d'épouser ces *bétas*, et consentent encore moins que leurs femmes soient élevées à cette dignité.

Quoique les nègres de Juida ne soient ni Juifs ni Mahométans, l'usage de la circoncision des enfans est cependant établi chez eux, sans que les habitans puissent en apporter d'autre raison que l'exemple de leurs ancêtres : aussi n'y paraît-il aucune cérémonie religieuse. Quelquefois on soumet des filles à cette opération sanglante : elle se fait d'ailleurs à différens âges , et selon le caprice des familles. Les uns la souffrent à quatre ans, d'autres à cinq, à six, à huit, même à dix ans. Cette circoncision ne ressemble d'ailleurs en rien à celle des Hottentots; elle est parfaitement la même que celle des Juifs.

On connaît fort peu de crimes capitaux dans ce royaume. Le meurtre et l'adultère des femmes du roi, sont les seuls qui soient distingués par ce nom. L'idée seule de la peine que l'on fait souffrir aux adultères fait frémir. Bosman dit avoir été témoin de l'exécution de quelques meurtriers. Ils furent éventrés vifs, leurs entrailles arrachées et brûlées ; ensuite les corps furent remplis de sel , et plantés sur un pieu au milieu de la place publique. Quant aux adultères, le supplice auquel la loi les condamne est inexprimable. Les officiers du roi font creuser deux fosses longues de six ou sept pieds, sur quatre de largeur et cinq de profondeur : elles sont si près l'une de l'autre, que les deux criminels peuvent se voir et se parler. Au milieu de l'une, on plante un pieu auquel on attache la femme , les bras liés derrière le dos ; on la lie également par les genoux et par les pieds. Au fond de l'autre fosse, les femmes du roi font un amas de petits fagots, au bout desquels on plante deux petites fourches de bois. L'amant est lié contre une broche de fer et serré si fortement, qu'il ne peut se remuer. On place là broche sur les deux fourches de bois qui servent comme de chenets : on met alors le feu aux fagots. De cette manière, l'extrémité de la flamme touche au corps et rôtit le coupable par un feu lent. Pour diminuer la cruauté d'un tel supplice, on a le soin de tourner la tête du criminel vers le fond de la fosse, de manière qu'il est quelquefois étouffé par la fumée avant qu'il ait pu ressentir l'ardeur du feu. Lorsqu'il ne donne plus aucun signe de vie, on délie le corps et on le jette dans la fosse.

Aussitôt que l'homme est mort, les autres femmes du roi sortent du palais au nombre de cinquante à soixante, et aussi richement vêtues qu'aux plus grands jours de fêtes. Elles sont escortées par les gardes du prince au son des tambours et des flûtes ; chacune porte sur sa tête un grand pot d'eau bouillante, qu'elles vont jeter l'une après l'autre sur la tête de leur malheureuse compagne. Comme il est impossible qu'elle ne meure pas dans cet horrible supplice, on délie aussitôt le corps, on arrache le pieu et l'on jette l'un et l'autre dans la fosse, qui est remplie ensuite de pierres et de terre.

Si la femme d'un grand a souillé le lit nuptial, le mari a le droit de la tuer, pourvu qu'il la surprenne dans le crime : autrement, il ne peut que la vendre, à moins que le roi ne lui permette de se rendre justice de l'opprobre dont elle l'a couvert. Cependant ces peuples, si rigoureux à punir les fautes commises par leurs épouses, ne sont pas fort délicats sur le choix des personnes auxquelles ils s'unissent. Chez eux, lorsque les filles sont surprises en flagrant délit, loin d'être déshonorées par une grossesse prématurée, cet événement leur sert de recommandation pour trouver un mari, parce qu'elles n'ont pas de meilleures preuves à donner de leur fécondité, et que l'avantage d'une nombreuse famille équivaut à celui que l'on retire des richesses. D'ailleurs, les maris sont toujours libres de quitter leurs femmes par le divorce ; mais, dans ce cas, ils doivent payer aux parens le double de ce que la fête du mariage leur a coûté. Les femmes sont dédommagées de la rigueur de cette loi, par la liberté qu'elles ont de quitter leurs maris, sans autre obligation que celle de restituer les dépenses qu'il a faites pour la noce.

Une autre loi, fort gênante pour les femmes, leur défend, sous peine de mort ou d'esclavage, d'entrer au palais royal ou dans ceux des grands, pendant le temps de leurs indispositions périodiques. Chaque famille a, vers l'extrémité de son enclos, une ou plusieurs cabanes où les femmes passent cet espace de temps sous la conduite de quelques vieilles matrones. La loi ne permet pas qu'elles retournent auprès de leurs maris sans avoir été lavées et soigneusement purifiées.

RELIGION, MOEURS, IDOLATRIES

DES

PEUPLES DE LA BAIE DE HUDSON, etc.

Le nord de l'Amérique est si peu connu, et ce que les relations nous en disent est si incertain, qu'il serait impossible de donner une description raisonnable de la religion de ses peuples. Voici tout ce que j'ai pu en recueillir. Les Sauvages qui habitent aux environs de la baie de Hudson, n'ont aucun principe distinct de religion (*Relation de la baie de Hudson*) ; et chacun, à ce que rapporte un voyageur qui a décrit assez exactement cette baie, s'y fait un Dieu à sa mode, auquel il a recours dans ses besoins, par exemple, quand il est malade. C'est ne dire que très-peu de choses en s'exprimant de la sorte. Nous ne savons pas mieux quelle idée les Sauvages du détroit de Frobisher et des côtes situées au nord-ouest de l'Europe, se font de la Divinité. Peut-être est-elle la même que celle des autres Sauvages de l'Amérique septentrionale ; mais, puisqu'on ne saurait dire précisément en quoi consiste leur idolâtrie, il vaut autant se taire sur ce sujet, que de payer de fables la curiosité du lecteur.

Un voyageur (La Poterie) dit, avec beaucoup de raison, que la vie errante éloigne l'esprit du Sauvage de la connaissance de Dieu : cette réflexion est sensée. Nous avons une preuve de cette vérité dans la conduite des gens du monde. Cependant, continue-t-il, en parlant seulement des peuples les plus septentrionaux de l'Amérique, les Sauvages ne sont point insensibles au bonheur et aux disgrâces qui leur arrivent. Ils semblent avoir quelque principe du Manichéisme. Ils reconnaissent..... un bon et un mauvais esprit : ils appellent *Kitchimanitou* le Dieu de prospérité, celui dont ils s'imaginent recevoir tous les secours de la vie, qui préside à tous les effets heureux de la nature. Ils appellent *Matchimanitou* le mauvais esprit, l'ennemi de la prospérité de l'homme, celui qui les afflige, auquel ils attribuent les maux qu'ils souffrent. Ils croient que le soleil est le bon principe, et la lune le mauvais ; ce qui a quelque rapport à la croyance des anciens, qui attribuaient à la lune des influences malignes et pernicieuses. Les Sauvages dont je parle, semblent reconnaître le soleil pour le souverain maître de l'Univers. Ils l'encensent avec du tabac, et cela s'appelle chez eux *fumer le soleil* (La Poterie). Voici comment ils pratiquent cette cérémonie religieuse. Les chefs de famille s'assemblent dès la pointe du jour chez quelqu'un des principaux chefs : celui-ci allume le calumet, le présente trois fois au soleil levant ; et, pendant qu'il le conduit avec ses deux mains selon le cours du soleil, jusqu'à ce qu'il arrive au point où il a commencé, il lui adresse ses vœux, lui demande sa protection, le supplie de le diriger en ses entreprises, et lui recommande toutes les familles du canton. Ensuite le chef fume dans le calumet, et le présente à l'assemblée, afin que ceux qui la composent fument le soleil chacun à leur tour.

Ils ne pratiquent la cérémonie de faire fumer le soleil qu'en des occasions de conséquence ; car, dans le culte ordinaire, ils s'adressent à leur Manitou, qu'ils portent toujours avec eux, et qu'ils reçoivent ordinairement de leurs jongleurs. L'auteur de l'*Histoire de l'Amérique septentrionale* (La Poterie) dit que certains Sauvages, qui habitent vers les côtes septentrionales, croient que, dans les tempêtes, l'esprit de la lune se met au fond de la mer, et y excite l'orage. Pour l'apaiser, ils lui sacrifient ce qu'ils ont de meilleur dans le canot, jetant tout à la mer, même le tabac. Le sacrifice est accompagné de chants et de quelques autres cérémonies qui tendent à chasser ce mauvais esprit.

Pour savoir l'événement de leurs affaires, ces Sauvages s'adressent à leurs jongleurs, et ceux-ci rendent leurs oracles avec beaucoup de cérémonies, et d'une manière qui ne manque pas d'artifice. Le jongleur fait, avec des perches enfoncées dans la terre, une cabane ronde, qu'il entoure de peaux de caribous ou d'autres animaux, avec une ouverture en haut assez large pour passer un homme. Ce jongleur s'y enferme seul, chante, pleure, s'agite, se tourmente,

fait des invocations, des imprécations ; demande au Matchimanitou ce qu'i
souhaite. Celui-ci répond avec fracas : en quoi il n'y a rien qui choque la haute
idée que tous les hommes se font de la Majesté Divine. Cette idée ne permettait
pas aux Païens de croire que les Dieux parlassent sans beaucoup de bruit, ni
même sans commettre quelque désordre dans la nature. Si le Jupiter d'Homère
hausse le sourcil, l'Olympe tremble ; s'il parle, les élémens sont émus. D'abord
l'enthousiasme du jongleur se fait apercevoir par un bruit sourd, comme d'une
roche qui tombe ; et toutes les perches sont agitées avec une violence si surprenante, que l'on croirait que tout se renverse. C'est au milieu de cette agitation
sacrée, que le jongleur rend l'oracle. Je donne cette description sur la foi du
sieur de la Poterie.

RELIGION, MOEURS, IDOLATRIES

*Des Peuples qui habitent sur les bords du Mississipi, des
Canadiens, des Sauvages de Terre-Neuve, des Iroquois, etc.*

Si l'on en croit le P. Hennepin, on ne voit aucun véritable sentiment de religion,
ni aucun culte réglé parmi ces peuples. *Quelques idées confuses et quelque espèce
de vénération pour le soleil, qu'ils reconnaissent, mais seulement en apparence, pour celui qui a tout fait, et conserve tout,* font à peu près leur
religion. Quand les Nadouessans et les Issatis prennent du tabac, ils jettent leurs
regards sur le soleil ; et comme cet astre semble être le seul objet qui excite dans
leur esprit quelque dévotion, lorsqu'ils ont allumé le calumet, ils le lui présentent et le prient d'y fumer. Ces peuples, et tous ceux qui habitent sur les
bords du Mississipi, ne donnent qu'au soleil les faibles marques de cette reconnaissance que nous devons à l'Être-Suprême. Ils lui offrent les prémices de leur
chasse dans la cabane de leur chef, qui met sans doute à profit les offrandes que
son peuple fait à cet astre. Quand ils aperçoivent l'aurore, ils envoient au soleil
levant la première fumée de leurs calumets, en marmottant quelques paroles,
qui sont peut-être leurs prières du matin ; ensuite ils fument vers les quatre
parties du monde. On assure que les habits de cérémonie de quelques-uns de ces
peuples, ont ordinairement deux soleils figurés, et qu'ils portent sur le corps des
représentations de taureaux sauvages, de cerfs, de serpens, etc.

La plus grande partie de ces barbares croit la création du monde. Le ciel, disent-ils, la terre et les hommes ont été faits par une femme qui gouverne le monde avec son fils. C'est, continue le P. Hennepin, peut-être à cause de cela que ces Sauvages comptent leurs généalogies par les femmes. Le fils est le principe du bien, et la femme la cause du mal : cependant ils croient que l'un et l'autre jouissent également d'une parfaite félicité. La femme, disent-ils encore, tomba du ciel enceinte, et fut reçue sur le dos d'une tortue, qui la sauva du naufrage. D'autres Sauvages de ce même continent croient qu'un certain Esprit, que les Iroquois appellent *Otkon*, ceux de la Virginie *Otkée*, et d'autres Sauvages qui demeurent au bas du fleuve Saint-Laurent, *Atahauta*, est le créateur du monde, et qu'un nommé *Messou* en a été le réparateur après le déluge..... Ils disent que Messou allant un jour à la chasse, ses chiens se perdirent dans un grand lac, qui, venant à se déborder, couvrit la terre en peu de temps..... Ils ajoutent que, par le moyen de quelques animaux, il répara le monde avec cette terre. Les Sauvages qui habitent au haut du fleuve Saint-Laurent et du Mississipi disent qu'une femme descendit du ciel, et voltigea quelque temps en l'air, cherchant où poser son pied. La tortue lui offrit son dos. Elle l'accepta, y fit sa demeure. Dans la suite, les immondices de la mer se ramassèrent autour de la tortue, et il s'y forma insensiblement tout autour une grande étendue de terre..... Cependant la solitude ne plaisant point à cette femme......, il descendit d'en-haut un Esprit qui, la trouvant endormie, s'approcha d'elle. Elle devint enceinte après cette approche, et accoucha de deux garçons qui sortirent de son côté. Ces enfans, devenus grands, s'occupèrent à la chasse ; et comme l'un était beaucoup plus habile chasseur que l'autre, la jalousie fit naître bientôt la discorde. Ils vécurent dans une haine irréconciliable. Le maladroit, dont l'humeur était farouche, traita son frère si mal, que celui-ci fut obligé de quitter la terre, et de se retirer dans le ciel. Après cette retraite, l'Esprit retourna vers la femme ; et de cette seconde entrevue naquit une fille, qui est la mère des peuples de l'Amérique septentrionale. Le lecteur pourra trouver quelque rapport entre cette fable et l'histoire de Caïn et d'Abel, telle que Moïse nous l'a conservée.

Champlain nous rapporte, dans ses voyages, une autre opinion de quelques Sauvages du Canada sur la création, etc. Il y a, disent-ils, un seul Dieu créateur de toutes choses. Après avoir créé la nature, il prit un certain nombre de flèches, les planta dans la terre, et tira l'homme et la femme de ce germe, digne du caractère de ces peuples, qui ne vivent que pour se détruire par la guerre. Ils croient une *quaternité*, c'est-à-dire, une Essence Divine en quatre personnes, à savoir : Dieu, qui est le père, le fils, la mère et le soleil. Cette mère est le principe du mal.

Otkon, Otkée, chez les Virginiens ; *Atahauta, Manitou,* chez les Canadiens, etc., sont des noms qui, dans les différens langages de ces peuples, expriment peut-être la même idée : c'est l'Esprit universel qui donne l'être et le mouvement à la matière : c'est la cause première dont les Sauvages conçoivent la puissance et les facultés à leur manière, et toujours fort confusément. Mais pourrait-on même attendre un pareil raisonnement de ces peuples, puisque, si l'on en croit le P. Hennepin, ils n'ont jamais fait, en matière de religion, le moindre usage de leur raison, et qu'ils sont même, selon lui, *incapables de raisonnemens communs et ordinaires sur ce sujet ? Cependant*, ajoute-t-il, *on trouve pourtant chez eux des sentimens confus de Divinité. Les uns reconnaissent le soleil pour Dieu, d'autres un Génie qui domine dans l'air. Quelques-uns regardent le ciel comme une Divinité, etc. Les nations du Sud semblent croire un Esprit universel. Ils s'imaginent qu'il y a un esprit en chaque chose, et même dans celles qui sont inanimées.* Ils leur adressent des prières et des vœux ; ils conjurent les rivières, les torrens, et ces cascades effroyables que les relations du Mississipi et du Canada appellent des *sauts :* ils accompagnent ces conjurations de l'offrande de quelques peaux de castor, qu'ils attachent aux branches d'un arbre voisin du saut. S'il y a sur leur route quelque torrent ou des chutes d'eau, ils y jettent une robe de castor, du tabac, de la porcelaine, etc. C'est un sacrifice par lequel ils espèrent attirer sur leurs personnes la bénédiction de l'Esprit qui réside dans le torrent. Le détail des prières consiste à demander bonne chasse à l'Esprit du saut, à le supplier de se laisser traverser sans risque, à implorer sa protection contre l'ennemi, et à le mettre de la partie dans la vengeance qu'ils méditent. Revenus de leur expédition, ils lui immolent des prisonniers.

Cependant, continue ce religieux, ils n'ont point de cérémonies extérieures de religion qui montrent qu'ils rendent quelque culte à la Divinité. On ne leur voit ni sacrifices, ni temples, ni prêtres, ni aucune marque de religion.... Ils croient seulement qu'un Esprit universel leur inspire ce qu'ils doivent faire, qu'il dirige leurs songes et pensées ; jusques-là que, s'ils se croient inspirés à tuer un homme, ou à faire quelque autre mauvaise action, ils ne croiront pas commettre un crime en exécutant leur projet. On sent assez les contradictions de ce bon Père, dans tous les raisonnemens qu'il fait sur la religion des Mississipiens.

Ces peuples ont des jongleurs qui rendent les oracles, interprètent les songes, qu'ils regardent comme des ordres et des avertissemens de Dieu, prédisent l'avenir (Hennepin), se vantent même de faire venir la pluie, le beau temps, le calme, l'orage, la fertilité, et de rendre la chasse heureuse. On peut croire qu'ils ne manquent ni de détours ni d'adresse pour défendre leurs impostures, quand l'événement ne répond pas à la prédiction. Je ne m'étendrai pas davantage sur leurs jongleries, qui ne diffèrent en rien de celles dont j'ai déjà parlé.

Les Natchès, autre peuple du Mississipi, ont chez eux, de temps immémorial, une espèce de temple, où ils conservent du feu qu'un prêtre, destiné à la garde du temple, a soin d'entretenir allumé. Cet édifice est dédié au soleil, dont ils prétendent que la famille de leur chef est descendue. Les Tensas, ou Taenças, adorent la même Divinité. Ces peuples lui consacrent aussi des temples, des autels, des prêtres, avec un feu qu'ils entretiennent, comme les Natchès, à son honneur. Ce feu perpétuel était, comme l'on sait, le symbole du soleil chez plusieurs nations de l'antiquité. A tous les déclins de la lune, ils portent, par forme de sacrifice, à la porte du temple, un grand plat rempli de ce qu'ils ont de plus délicat, dont leurs prêtres font une offrande à cet astre déifié.

Les peuples du Canada donnent le nom de *Grand Esprit* à cet Être-Suprême, que les autres Sauvages reconnaissent pour l'Esprit universel. Ces peuples raisonnent très-conséquemment, s'il faut en croire le voyageur auquel un moine défroqué, le sieur Guedeville, ex-catholique, a prêté sa plume et son caractère. « Ils prouvent, dit-il, l'existence de l'Être-Suprême par la composition de l'Uni-
» vers, qu'il font remonter à un Être supérieur et tout-puissant : d'où il s'ensuit
» que l'homme n'a pas été fait par hasard..... Ils adorent cet Être supérieur
» de la manière du monde la plus abstraite, et voici comment ils s'expliquent....
» L'existence de Dieu étant inséparablement unie avec son essence, il contient
» tout, et il donne le mouvement à toutes choses. Enfin, tout ce qu'on voit et
» tout ce qu'on conçoit est ce Dieu, qui, subsistant sans bornes, sans limites
» et sans corps, ne doit pas être représenté sous la figure d'un vieillard, ni de
» quelque autre chose que ce puisse être, quelque belle, vaste ou étendue
» qu'elle soit : ce qui fait qu'ils l'adorent en tout ce qui paraît au monde. Cela
» est si vrai, que, dès qu'ils voient quelque chose de beau, de curieux ou de
» surprenant, sur-tout le soleil et les autres astres, ils s'écrient ainsi : *ô Grand*
» *Esprit ! nous te voyons par-tout.* C'est de cette manière qu'en réfléchissant
» sur les moindres bagatelles, ils reconnaissent un Être créateur, sous ce nom
» de *Grand Esprit*, ou de *Maître de la vie.* » Pourrait-on mieux paraphraser et justifier plus ingénieusement la manière obscure et incertaine dont il paraît que ces peuples sauvages expriment leur croyance, touchant le premier principe de la nature ? La méthode avec laquelle il les fait raisonner sur les mystères de la religion chrétienne, n'est pas moins subtile. On y voit étalées toutes les difficultés qu'un libertin est capable de former ou de recueillir pour la détruire.

Sacrifices et Adorations des Sauvages du Canada.

J'ai dit que les peuples du Canada et ceux de la baie de Hudson, etc., donnent le nom de Kitchi-Manitou au Grand Esprit. Ils lui attribuent le bien, comme, au contraire, ils attribuent le mal à ce mauvais génie dont j'ai déjà parlé sous le nom de Kitchi-Manitou ; mais, outre cela, ils établissent des intelligences bien ou mal-faisantes dans tout ce qu'ils trouvent merveilleux ; et, selon que les choses leur paraissent utiles ou pernicieuses, ils font présider sur elles de bons ou de mauvais génies. La Hontan dit qu'ils mettent l'or et l'argent au nombre des choses que les mauvais génies gouvernent : l'idée est assez juste. Ils voient une partie des soins et des fatigues que les Français se donnent pour amasser des richesses : que diraient-ils, s'ils voyaient ici l'avarice des Européens dans toute son étendue?

Les Sauvages, dit La Hontan, ne font jamais de sacrifices de créatures vivantes au Kitchi-Manitou ; mais ils brûlent à son honneur des marchandises qu'ils trafiquent avec les Français, et souvent pour plus de cinquante mille écus. On choisit un jour serein et un temps calme : alors, chaque Sauvage porte son offrande sur le bûcher ; ensuite, quand le soleil est le plus élevé sur l'horizon, les jeunes Canadiens se rangent autour du bûcher avec des écorces allumées, pour y mettre le feu. Les guerriers chantent et dansent jusqu'à ce que le sacrifice soit consumé, pendant que les vieillards haranguent le Kitchi-Manitou, et présentent de temps en temps au soleil leurs calumets allumés. Les danses et les chansons durent toute la journée, et les hommages du calumet se rendent depuis le lever du soleil jusqu'à son coucher, en observant de l'adorer à son levant, à son midi et à son couchant.

Pl. 181. *Le grand Sacrifice des Canadiens à Kitchi-Manitou, ou le Grand Esprit.*

Dans le formulaire de leurs prières, ils demandent au Grand Esprit, à ce Kitchi-Manitou, qu'ils reconnaissent pour le maître de leur vie, qu'il les protège contre les méchans, et qu'il leur accorde sa faveur; qu'il conserve le courage et la force des guerriers; qu'il fortifie l'esprit des vieillards, et qu'il leur inspire de bons conseils; qu'il augmente et conserve leurs familles; qu'il garantisse leurs enfans des mauvais esprits et de la main des méchans, afin que ces enfans consolent et réjouissent la vieillesse de leurs parens. Ils le prient de répandre sa bénédiction sur les moissons, sur les villages et sur les chasseurs; de les instruire de sa volonté par des songes, et de les conduire après leur mort au pays des âmes.

Leurs chansons roulent sur la beauté des ouvrages de la nature, sur la bonté de Dieu, sur leurs victoires et la défaite de leurs ennemis. Les femmes font des harangues au soleil quand il se lève, et lui présentent en même temps leurs enfans. Les guerriers sortent du village pour danser la danse du Grand Esprit, lorsque cet astre va se coucher : cependant il n'y a point de jour fixe pour les sacrifices et pour les danses particulières.

181.
Tom. VII. Nº 45.

LE GRAND SACRIFICE des CANADIENS à QUITCHI - MANITOU ou le GRAND ESPRIT.

Cérémonies nuptiales.

Une Relation de la baie de Hudson nous dit que les Sauvages de cette baie prennent autant de femmes qu'il en peuvent nourrir : ils ont même la coutume d'épouser les sœurs de leurs femmes, parce qu'ils croient qu'elles s'accommoderont mieux ensemble que si elles étaient étrangères (*Voyage du Nord*). Un autre auteur assure que le même usage se pratique par les peuples de la Louisiane, et que rien n'y est plus commun que de voir quatre ou cinq sœurs, femmes d'un même mari. Celle qui devient mère la première, a des prérogatives, qui consistent à être exempte de plusieurs travaux du ménage. A l'égard des préliminaires du mariage, un Sauvage qui en veut à quelque fille, abrége ordinairement la galanterie. Il s'explique dès qu'il a conçu de l'amour; et, pour obtenir l'objet qui le charme, il régale la famille de sa maîtresse, et fait quelques présens au père, qui la lui accorde : il l'emmène sans marchander pour la dot.

Le P. Hennepin dit que le mariage n'est point un contrat civil. Le mari et la femme n'ont pas intention de s'obliger pour toujours. Ils se mettent ensemble pour tout le temps qu'ils s'accordent entre eux, et que la sympathie subsiste entre les parties. La discorde commence-t-elle à se glisser dans le ménage, ils se séparent sans autre formalité. Ils marient leurs filles très-jeunes, même avant l'âge de puberté : celle-ci a soin de son petit ménage; le mari va à la chasse, et porte à son beau-père les profits de sa journée. Souvent on se marie sans entrer dans tout le détail de l'amour : point de caresses, point de badinage pour se connaître avant que de s'unir d'un nœud, souvent si funeste ailleurs. L'amoureux Sauvage demande sans façon à celle dont il veut faire sa femme, si elle veut de lui; elle répond oui ou non, sans aller consulter sa famille. Le consentement, donné tête à tête, est suivi d'abord d'une espèce de cérémonie, que l'on peut regarder comme l'effet d'une modestie de Sauvagesse, et de la future économie de cette femme. Le soir de ses noces, la fiancée prend une hache, s'en va couper du bois dans les champs, en prend ensuite sa charge, met son bois à terre devant la porte de la cabane du futur époux, et s'assied auprès de son bien-aimé, qui, pour toute caresse, lui dit : *Il est heure de se reposer.* Quelque temps après, celui-ci se rend auprès d'elle, et se couche. Le P. Hennepin ajoute que l'amitié de ces Sauvages est fort incertaine, et qu'après avoir rompu ensemble, ils ne se voient plus qu'avec la dernière indifférence. Quand la séparation se fait, la femme emporte quelquefois ses hardes et les pelleteries; quelquefois aussi elle n'emporte qu'une bande d'étoffe qui lui sert de jupe, avec une couverture. Les enfans suivent leur mère, qui continue de les nourrir, parce que les biens de chaque famille, ou de chaque tribu, son

4*

communs. Il y en a qui suivent leur père; mais, en général, les Sauvages qui font divorce, laissent les enfans à leurs femmes, et disent qu'ils ne croient pas qu'ils soient à eux. Cela est fondé, s'il est vrai qu'elles soient aussi commodes que le prétend le P. Hennepin : elles n'aiment pas le joug de la foi conjugale. Les hommes ne sont pas de meilleure foi. Un Sauvage qui se trouve en course, loue une femme pour quelques jours, ou même pour quelques semaines, sans que les parens de cette femme y trouvent à redire, parce qu'ils gagnent des pelleteries à ce commerce. La femme légitime, ou, pour mieux dire, la première femme, garde le logis, et fait les semailles, pendant que l'autre court le pays avec le mari; mais, de retour chez lui, il renvoie cette compagne de voyage avec des présens, et revient à sa femme domestique, à moins que les charmes de la voyageuse n'aient ruiné sa rivale dans l'esprit du mari commun. La femme a le même droit : il lui est permis de se dédommager de l'absence de son époux.

Il y a des Sauvages qui, aussi jaloux que des Italiens, punissent avec sévérité les infidélités de leurs femmes. Ils leur coupent le nez ou les oreilles, les tuent même, sans qu'il leur en coûte autre chose qu'un présent aux parens de la défunte, pour essuyer, disent-ils, leurs larmes.

Les guerriers Sauvages ne se marient point avant vingt-cinq ou trente ans, de peur d'épuiser leur jeunesse dans le commerce des femmes. Ceux qui approchent d'elles avant cet âge passent, en quelque façon, pour des lâches, ou du moins pour des gens qui ne sont bons ni à la guerre ni à la chasse. Qu'on ne s'imagine pas qu'ils en soient plus chastes pour vivre dans le célibat. Les Canadiens croient qu'une chasteté constante cause des vapeurs et des maux de reins : ainsi le jeune guerrier, qui veut entretenir sa santé, doit *courir l'allumette* une fois toutes les semaines, terme dont on se sert pour désigner les courses nocturnes des amans du Canada.

Sur le rapport du baron de La Hontan, on ne parle jamais de la galanterie aux Sauvagesses durant le jour : elles prétendent que la nuit est plus propre pour les fleurettes. « Dès qu'un jeune homme, après avoir rendu deux
» ou trois visites à sa maîtresse, soupçonne qu'elle l'a regardé de bon œil,
» voici comment il s'y prend pour en être tout-à-fait persuadé. Il faut remar-
» quer que les Sauvages vivent dans une espèce d'égalité conforme aux senti-
» mens de la nature, et qui les met à l'épreuve des voleurs et des ennemis
» domestiques, ce qui fait que leurs logemens sont ouverts de nuit et de jour......
» Deux heures après le coucher du soleil, les..... esclaves ont soin de cou-
» vrir les feux avant que de se retirer. Alors le jeune Sauvage entre, bien
» enveloppé, dans la cabane de sa belle, allume au feu une espèce d'allumette,
» puis..... s'approche du lit de la dame. Si elle éteint l'allumette, il se
» couche auprès d'elle; mais si, au lieu de cela, elle s'enfonce dans la couverture,

SAUVAGE qui alume une ALUMETTE, pour aller trouver sa MAITRESSE.

SAUVAGE en conversation avec sa MAITRESSE étant assis sur le pied de son Lit.

SAUVAGE dont la MAITRESSE se cache dans sa
couverture ne voulant pas le recevoir .   184.

SAUVAGE dont la MAITRESSE éteint L'ALUMETTE
pour le recevoir .   185.

» il se retire ; car c'est une marque qu'elle ne veut pas le recevoir. » Cette allumette est représentée ici en quatre figures.

Pl. 182. *Sauvage qui allume une allumette pour aller trouver sa maîtresse.*

Pl. 183. *Sauvage en conversation avec sa maîtresse, étant assis sur le pied de son lit.*

Pl. 184. *Sauvage dont la maîtresse se cache dans la couverture, ne voulant pas le recevoir.*

Pl. 185. *Sauvage dont la maîtresse éteint l'allumette pour le recevoir.*

Le même auteur assure que ces amoureuses Sauvagesses boivent le jus de quelques racines pour s'empêcher de concevoir, ou pour faire périr leur fruit ; car, s'il arrivait qu'une fille eût fait un enfant, elle ne trouverait jamais à se marier : il faut donc qu'elles soient bien sûres de ne manquer jamais l'avortement. « Ce qui est le plus singulier, ajoute-t-il, c'est qu'elles permettent au galant » de s'asseoir sur le pied de leur lit simplement pour causer, et que, s'il en » survient un moment après un autre qui soit plus de leur goût, elles n'hésite-» ront point à lui accorder les dernières faveurs. La raison de ceci est..... » qu'elles ne veulent point dépendre de leurs amans..... »

Un Sauvage du Canada, après s'être acquis la réputation de brave guerrier en se signalant contre les ennemis de sa nation, prend-il la résolution de se marier ? il fait un bail d'un certain nombre d'années. Les engagemens à vie seraient pour eux un vrai supplice, ou tout au moins un esclavage insupportable.

L'auteur de l'*Histoire de l'Amérique septentrionale* dit, qu'après que le galant s'est assuré du cœur de sa belle, il parle à son père, ou du moins à son plus proche parent, qui prend la commission d'aller trouver de nuit celui de la fille. Il l'éveille, allume sa pipe, et la lui présente en lui demandant sa fille. Quand les sentimens sont d'accord, le père du jeune homme fait assembler tous les parens de son côté : c'est pour leur déclarer qu'il va marier son fils. Ces parens apportent dans sa cabane le plus de marchandises qu'ils peuvent pour doter le jeune Sauvage. La mère du garçon porte une partie de ces marchandises à la cabane de la fille, et la mère de la fille dit à celle-ci qu'elle l'a mariée à un tel. Il est de son honneur d'y consentir sans réplique ; et, par un abus étrange, ajoute l'auteur, les mères et les frères aînés peuvent prostituer cette fille, parce

que son corps n'est pas à elle, mais à ses parens. Cependant elle pleure sa virginité, à ce qu'il dit en un autre endroit. Celle qui a reçu les présens les distribue
à toute la famille, en lui donnant avis de la nouvelle alliance. Chacun contribue
à la dot de la mariée. La mère et la sœur du jeune homme apportent aussi des
présens à la future, que l'on équipe superbement le jour de ses noces. Cela veut
dire qu'on lui met une peau de castor sur le corps, et qu'on lui parfume les
cheveux avec de la graisse d'ours. Ainsi ajustée, elle se rend chez sa belle-mère,
qui la dépouille de ses ornemens, lui en donne d'autres en échange, et y ajoute
une chaudière. Elle retourne chez son père : on l'y déshabille encore. La mère
lui donne une charge de maïs, qu'elle apporte à son mari, qui la déshabille une
troisième fois. Les deux familles se partagent tous les présens de la dot.

Pl. 186. *Cérémonie nuptiale du Canada.*

La continence du nouveau marié est exemplaire ; il la porte jusqu'à se
défendre pendant six mois les approches de la place qu'il a eu la gloire de
conquérir. Cependant il lui est permis, suivant les lois canadiennes, de con-
sommer le mariage quatre jours après la cérémonie ; mais il se persuade que la
modération est un témoignage authentique de l'estime qu'il a conçue pour son
épouse, et veut qu'on croie qu'il n'envisage que l'honneur de s'allier dans la
famille. « Au bout de l'an, ajoute le même auteur, la mariée s'en retourne. . . . .
» chez sa mère, qui devient maîtresse de la chasse, de la pêche et de tout ce
» que son gendre peut avoir. Celui-ci, qui ne trouve plus sa femme au logis,
» se doute bien qu'elle est chez sa mère ; il va l'y trouver, lorsqu'il croit que
» tout le monde est endormi. Le père et la mère de la jeune femme sont aux
» aguets pendant qu'elle repose (ou fait semblant de reposer), après tous ces
» préliminaires, au coin de son feu. Le marié n'est pas sitôt entré, qu'il con-
» naît que ce feu lui est destiné ; il s'assied auprès de sa femme. Le beau-père
» se lève avec indifférence, remplit sa pipe et la lui donne à fumer. La belle-
» mère . . . . . lui apporte un plat de viande, le met à ses pieds : il mange sans dire
» mot. » Pour conclusion, il reste deux ans avec son beau-père ; et pendant ce
temps-là, chasse, pêche, commerce, tout appartient à sa belle-mère. Voici (La
Poterie) le formulaire que doivent suivre d'abord ces deux nouveaux mariés
dans leur manière de vivre. La bienséance leur défend de se parler pendant le
jour, excepté pour se dire quelques duretés : la pudeur sauvage exige expressé-
ment cette démarche. Lorsque les deux ans sont accomplis, le gendre se sépare
du beau-père, et fait son ménage particulier, à moins qu'il ne pense à se donner
une belle-sœur pour seconde femme. « Le mari ne doit. . . . . en prendre d'autre
» que de la part des parens de son beau-père, qui peut lui donner ses autres

CEREMONIE NUPTIALE du CANADA.

» filles. S'il n'en a pas, la belle-mère adopte pour son gendre une fille esclave,
» ou lui donne quelque nièce. » C'est l'intérêt, dit-on, qui fait la règle de cette
coutume. « Tout ce qui revient au gendre appartient à la belle-mère ; et comme
» il arriverait que, s'il prenait une seconde femme dans quelque autre famille, la
» mère de cette seconde femme aurait le même droit que celle de la première,
» on a jugé à propos de fixer, en quelque façon, l'inconstance des maris
» Sauvages, en les obligeant de n'épouser que les filles d'une même famille, lors-
» qu'il leur prend envie d'avoir plusieurs femmes à-la-fois. On trouve quelque
» chose de pareil dans l'histoire de Jacob. Il épousa Rachel et Lia ; il épousa
» jusqu'à leurs servantes. La première femme a des prérogatives sur les autres ;
» ce qui est une source de jalousie dans la famille des femmes, et cause des que-
» relles domestiques que le mari commun souffre, et regarde avec un sang-froid
» dont il prétend même se faire honneur. Il croit que la jalousie de ses femmes
» est un témoignage de leur amour. »

Passons aux suites du mariage. Les (La Poterie) Sauvages de la Nouvelle-
France préfèrent les filles aux garçons, et prétendent qu'elles sont le soutien de
la famille.

Une femme attaquée du mal périodique du sexe, est éloignée de la société
civile. On éteint tous les feux de sa cabane ; on nétoie le foyer, on en jette
toutes les cendres ; on allume de nouveaux feux avec une pierre à fusil. La
malade est condamnée à demeurer dans une cabane éloignée et tout-à-fait
séparée des autres. La séparation dure huit jours. On ne boit pas même dans
le ruisseau où elle a bu, on évite d'y puiser de l'eau ; et la malade a soin d'y
mettre des marques qui font connaître l'état où elle est. Lorsqu'une fille se
trouve atteinte pour la première fois de la maladie du sexe, elle est trente jours
sans voir personne, que des femmes qui ont soin d'elle ; et pendant ce temps-là
elle se matache avec du charbon. Quand une femme est enceinte, elle n'a plus
de commerce avec son mari jusqu'à ce que l'enfant ait deux ans ; et si elle est
près d'accoucher, on lui prépare une cabane où elle reste trente jours, et quarante (le baron de La Hontan), si elle accouche de son premier enfant. Toutes
ces coutumes ont du rapport aux lois judaïques. A l'égard de celle qui veut que
le mari et la femme n'aient aucun commerce ensemble jusqu'à ce que leur enfant
ait deux ans, elle est trop raisonnable pour que le lecteur n'en reconnaisse
pas tout le mérite. Si elle est vraie, les Sauvages ne sont pas trop sauvages sur
cet article. Le même auteur ajoute que, quand l'accouchée est en danger de
mort, on la rapporte dans son logement ordinaire ; mais, après qu'elle est réta-
blie, ou si elle vient à mourir, on abat la cabane que l'on transporte en un autre
endroit.

Pl. 187. *Manière dont les peuples du Canada font le Divorce.*

La stérilité est une des principales causes du divorce des Américains, quoiqu'il soit permis chez ces peuples de se séparer quand on le juge à propos. Le baron de La Hontan dit que les Canadiens s'avertissent ordinairement huit jours d'avance, et allèguent alors les meilleures raisons qu'ils peuvent trouver pour se quitter avec quelque apparence d'honnêteté. En général, ces Sauvages n'y regardent pas de si près, et donnent pour toute raison quelque maladie supposée, le désir de se reposer, ou la tranquillité dont ils ont besoin pour rétablir leur santé. Heureux remède, dont la recette est trop chère en Europe pour l'employer aussi facilement qu'en Amérique ! Cependant il est certain que cette recette nous serait d'un grand usage, et qu'elle porte avec soi un caractère de félicité qui n'est pas commun. Quand, au Canada, un mari et une femme ont résolu de se séparer, voici la cérémonie qu'ils pratiquent. On porte dans la cabane où le mariage s'est fait auparavant, les petits morceaux de la baguette qui avaient servi à cette occasion : on les brûle solennellement ; après quoi voilà un divorce formel, qui se fait sans dispute ni querelle. Les femmes ont également, comme les hommes, la liberté de se remarier, et cela est juste ; cependant, une espèce de bienséance ne veut pas qu'elles *convolent en secondes noces* du vivant du premier mari. Lorsque le mari et la femme se séparent, les enfans se partagent également ; car les enfans, nous dit le baron, sont le trésor des Sauvages. Si le nombre est impair, la femme en a plus que le mari. A cinquante ans, les femmes ne trouvent plus de maris.

Des Jongleurs ; de la manière dont ces Peuples en usent avec les Malades, etc.

Les Canadiens sont fort sains , mais ils sont sujets à la petite vérole et aux pleurésies ; quand un homme meurt à l'âge de soixante ans , ils disent qu'il est mort jeune, parce qu'ils vivent souvent cent ans et même au-delà. Mais lorsque, dans un âge décrépit, leur vigueur est absolument épuisée, ils se déterminent à une mort volontaire. Le vieillard fait un festin à sa manière, y convie la famille, et lui adresse la parole dans un dernier discours qui roule sur l'union et les intérêts de la maison. Ensuite, il choisit celui de ses enfans qu'il aime le mieux, lui présente une corde qu'il se passe courageusement autour du col, et le prie de l'étrangler, parce qu'il se regarde comme un fardeau inutile au monde. Les Massagètes rendaient autrefois un pareil service à leurs vieux parens. Les Sauvages de la baie s'estiment heureux de mourir dans un âge décrépit ; ils se flattent

MANIERE dont les PEUPLES du CANADA font le DIVORCE. 187.

de renaître en l'autre monde à l'âge des enfans à la mamelle, et de vivre alors dans une jeunesse éternelle ; mais, s'ils ont le malheur de mourir jeunes, il leur arrive tout le contraire en l'autre vie : ils renaissent vieux et infirmes. Cette idée ridicule pourrait bien s'être formée sur une opinion reçue autrefois des Juifs et de plusieurs autres peuples, que la longue vie est un présent du ciel ; qu'elle est la récompense de la vertu ; et que les Dieux punissent, par les infirmités en cette vie, et ensuite par la mort, ceux qui ne sont pas gens de bien.

Un des remèdes le plus en usage parmi tous ces peuples, c'est la sueur. Ils ont diverses manières de faire suer ; mais celle que les nations du haut du Mississipi pratiquent, est trop remarquable pour ne pas en donner ici la méthode. On fait faire une étuve, dans laquelle le malade entre tout nu, avec des personnes aussi nues que lui, et qui doivent avoir soin de le frotter. Cette étuve est couverte de peaux de taureaux sauvages, de cailloux et de morceaux de rochers tout rouges. Le malade enfermé dans cette étuve doit retenir de temps en temps son haleine ; et pendant qu'un jongleur chante de toute sa force, ceux qui sont dans l'étuve avec le malade chantent aussi en frottant le corps du pauvre patient.

Ils ont l'usage de guérir les maux de cuisse et de jambe par le moyen des scarifications qu'ils font à ces parties, avec un couteau de fer ou de pierre ; ensuite, ils frottent ces plaies avec de l'huile d'ours, ou avec de la graisse de bêtes fauves. Ils ont des remèdes contre le venin des serpens, et savent composer des breuvages contre les fièvres.

Tous ceux qu'on appelle *jongleurs* sont, parmi ces peuples, médecins et prêtres. Ils ne parviennent à la dignité de jongleur qu'après un noviciat. Le P. Hennepin dit qu'on ne peut s'imaginer rien de plus horrible que les cris et les contorsions de ces jongleurs, lorsqu'ils mettent en pratique leurs prétendus enchantemens ; mais, en général, les cures qu'ils peuvent faire avec le secours de ces tours de passe-passe, paraissent plutôt l'effet du hasard, que de la connaissance des maladies.

Un jongleur, dit La Hontan, est une espèce de médecin, ou, pour mieux dire, de charlatan, qui, s'étant guéri d'une maladie dangereuse, est assez fou pour s'imaginer qu'il est immortel, et qu'il a la vertu de guérir toutes sortes de maux en parlant aux bons et mauvais esprits.... , Tout le monde se raille de ces jongleurs en leur absence.... ; on les regarde comme des fous qui ont perdu le bon sens par quelque violente maladie : cependant on les laisse approcher des malades, soit pour les réjouir, ou pour voir ces opérateurs gesticuler, sauter, crier, hurler, etc.... Tout ce tintamarre se termine par demander un festin de cerf ou de grosses truites pour la compagnie, qui a le plaisir de se divertir.

Pl. 188. *Jongleur qui vient guérir un malade.*

Pl. 189. *Esclaves qui pleurent le mort.*

Ce jongleur vient voir le malade et l'examine fort soigneusement, promettant en même temps de faire déloger le mauvais esprit. D'abord, il se retire seul dans une petite tente faite exprès, où il chante, danse et hurle comme un *loup-garou;* ensuite, il vient sucer le malade en quelque partie du corps, fait des gesticulations bizarres, et lui dit, en tirant des osselets de sa bouche, que ces osselets sont sortis de son corps; qu'il prenne courage, puisque sa maladie est peu de chose, et qu'afin d'être plutôt guéri, il doit envoyer ses esclaves..... à la chasse aux élans et aux cerfs......, dont sa guérison dépend. C'est par des artifices presque aussi grossiers que nos charlatans tâchent de se maintenir en Europe. N'oublions pas une particularité remarquable : c'est que, si le jongleur manque d'adresse à trouver des raisons pour justifier la mort de la personne qu'il traite, on le tue souvent sans autre forme de procès.

L'ouverture de la jonglerie se fait par un festin. Les anciens assistent à la cérémonie : le médecin s'y rend, chargé d'un sac qui contient ses médicamens, et tenant à la main une gourde emmanchée dans un bâton qui passe au travers. Il entonne des chansons sur ses remèdes, et marque la cadence avec sa gourde, qui est remplie de petites pierres. L'enthousiasme saisit bientôt ceux qui composent l'assemblée : l'on n'entend plus que le mélange des voix et des gourdes. Après cela, le médecin étale des drogues, fait quelques invocations, et recommence à chanter, toujours dans une agitation extraordinaire ; ensuite il s'approche de son malade avec toute la confiance d'un habile médecin, et tourne plusieurs fois en cadence autour de lui, pendant que l'assemblée chante. Enfin, il touche le patient par-tout le corps, lui déclare gravement qu'il a un sort en tel endroit de son corps, qu'il faut l'ôter, que la maladie est difficile, et qu'il faudra faire bien des choses pour réussir. Les parens du malade écoutent l'arrêt de cet Esculape, s'abandonnent à sa bonne-foi, et lui demandent ses bons offices pour le patient. On chante des chansons sur la plaie, ou sur la partie malade, et l'on apporte une chaudière pour y mettre les présens destinés au prêtre-médecin, qui, tout occupé en apparence des moyens qu'il doit employer pour guérir son patient, songe, ou fait semblant de songer aux remèdes nécessaires. Revenant ensuite comme d'un profond assoupissement, il déclare qu'il connaît le mal. On le croit, on lui livre le malade. Après qu'il l'a bien tourmenté par les remèdes qu'il lui applique, ou qu'il lui fait avaler, et par les mouvemens violens qu'il lui fait faire, il annonce aux assistans que le malade est guéri, ou qu'il ne l'est pas.

JONGLEUR qui vient guérir un MALADE.

ESCLAVES qui pleurent le MORT.

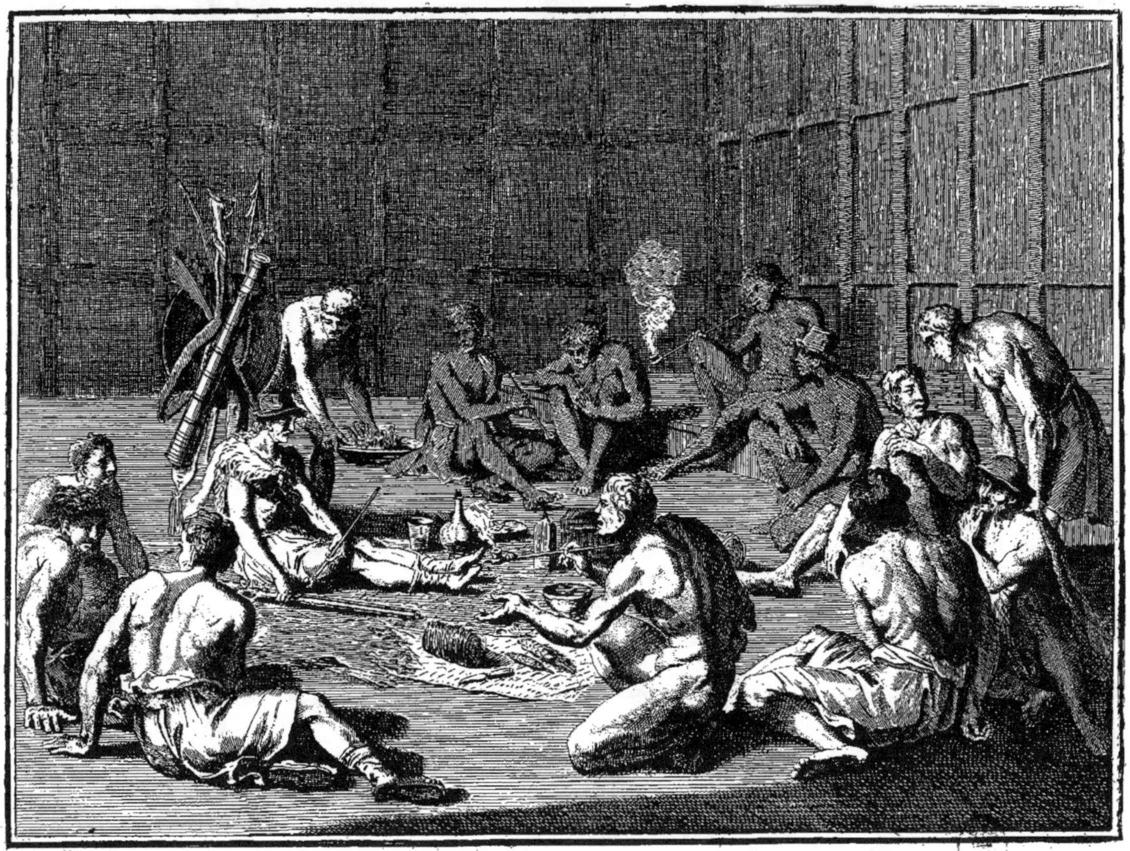

B. Picart direxit 1723.

Les PARENS demandent au DÉFUNT la cause de sa MORT.

Il se tire d'affaire en attribuant le défaut de succès au mauvais état du malade, à la puissance du sort, à la volonté des esprits qui s'opposent à sa jonglerie.

Quelques-uns de ces jongleurs donnent des secrets ou des charmes pour la guerre et pour la chasse.

Cérémonies funèbres des Peuples du Canada, du Mississipi, etc.

Pl. 190. Les parens demandent au défunt la cause de sa mort.

Le P. Hennepin rapporte que les Nadouessans pleurent ceux qu'ils ont perdus à la guerre, pour exciter leurs compatriotes à la vengeance, et jusqu'à ce qu'elle ait été satisfaite. La Relation qui porte le nom du chevalier de Tonti, dans le tome V du *Recueil de Voyages au Nord*, parle d'une nation du Mississipi qui pleure à la première vue des étrangers. La raison en est qu'ils s'imaginent que leurs parens ou amis décédés ne sont qu'en voyage, qu'ils attendent leur retour, et espèrent toujours de les rencontrer parmi ces voyageurs étrangers. Ils pleurent beaucoup plus à la naissance de leurs enfans qu'à leur décès, parce qu'ils regardent leur naissance comme une entrée dans un champ de misère et d'infortune.

Ils croient la transmigration et l'immortalité de l'âme. Quelques Sauvages s'imaginent qu'elle doit passer dans le corps de quelque animal ; d'autres se flattent qu'après avoir été grands guerriers et gens de bien, ils iront revivre chez une nation parfaitement heureuse, à qui la chasse ne manque jamais : si, au contraire, ils ont mal vécu, ils doivent s'attendre de ressusciter chez une nation malheureuse et dénuée de chasse. Les Caciques ou chefs des Natchès, prétendant être descendus du soleil, croient y retourner après leur mort. Les peuples qui habitent aux environs du Mississipi et du Canada s'imaginent que l'âme n'abandonne point le corps incontinent après la mort : ils enterrent avec lui son arc, ses flèches, du blé, de la viande, afin qu'il ait de quoi se nourrir en attendant qu'il soit arrivé au pays des âmes ; et, comme ils en donnent à toutes les choses sensibles, ils disent que les hommes chassent encore après leur mort les âmes des castors, des élans, des renards, etc. Les raquettes ont aussi des âmes pour les animer, sans quoi les chasseurs de l'autre monde ne pourraient pas s'en servir à passer les neiges : les âmes des arcs et des flèches leur aident à tuer les bêtes ; celles de l'hameçon et des filets, à pêcher, etc. Ils croient que les âmes des défunts se promènent pendant quelque temps parmi les vivans, et prennent part à toutes leurs réjouissances : aussi leur laissent-ils une portion de leurs festins.

Pl. 191. *Réjouissances des peuples du Canada, pendant que l'on porte le défunt à la cabane des morts.*

La sépulture se fait avec autant de magnificence qu'ils le peuvent ; ils parent les morts, leur peignent le visage et le corps de plusieurs sortes de couleurs. Après cela, ils les mettent dans un cercueil d'écorce d'arbre, dont ils polissent fort proprement la superficie avec des pierres-ponces fort légères. Ils font une palissade autour du tombeau, qui est toujours élevé à sept ou huit pieds de terre.

Ces Sauvages font des festins pour les malades et pour les morts. Ces repas répondent à la circonstance qui en est la cause. Tout s'y passe avec tristesse ; les parens du mort gardent le silence ; la danse et le chant en sont exclus. Tous les conviés y font des présens aux parens, et les jettent à leurs pieds après leur avoir fait un compliment. *Voilà,* disent-ils, *pour le couvrir, ou pour lui faire une cabane, ou pour environner son tombeau d'une palissade,* etc.

Les femmes portent le deuil un an entier ; et, pendant ce temps-là, il ne leur est point permis de se divertir. Le père et le frère du mari défunt ont soin de la veuve. Le baron de La Hontan dit, au contraire, que le veuvage des peuples du Canada ne dure que six mois. Et si, pendant ce temps-là, celui des deux conjoints qui reste songe à l'autre deux nuits de suite pendant le sommeil, il s'empoisonne d'un grand sang-froid..... ; mais si le veuf ou la veuve ne rêve qu'une seule fois au défunt ou à la défunte, ils disent que l'Esprit des songes n'était pas bien assuré que le mort s'ennuyât au pays des âmes, puisqu'il n'a fait que passer, sans avoir osé revenir : alors ils ne se croient plus obligés d'aller tenir compagnie au mort. Il est bien juste qu'en de pareils cas ils attendent une seconde sommation ; et quand ils n'iraient voir le défunt qu'à la dixième, ce serait un grand effort de bonne-foi et d'amitié.

Plusieurs de ces nations solennisent des fêtes à l'honneur des morts. On tire leurs os des tombeaux, on les transporte même en d'autres sépulcres, après les avoir ornés de peaux et de colliers de porcelaine. Tout cela sert, disent-ils, à soulager les pauvres défunts. La célébration de ces fêtes revient tous les ans ; mais ils n'ont point de jour limité pour cette sorte de solennité : ils s'envoient réciproquement des députés pour solenniser ces anniversaires. En un mot, les peuples de l'Amérique septentrionale pratiquent très-scrupuleusement tout ce qui peut honorer la mémoire des défunts.

Le mort s'en va bien équipé et bien muni : on lui donne des souliers neufs, un batte-feu, une hache, des colliers de porcelaine, un calumet, une chaudière, de la viande, du tabac et un pot de terre plein de sagamite ; c'est de la

REJOUÏSSANCES des PEUPLES du CANADA, pendant que l'on porte le DÉFUNT, à la Cabane des MORTS.

CONVOI FUNÊBRE des PEUPLES du CANADA.

bouillie faite de blé. Si le mort était un guerrier, on l'équipe à la guerrière; on lui donne son arc et ses flèches. Les âmes des flèches ne manquent jamais de suivre leur maître. Il n'y a pas jusqu'à celles des chaudières qui ont servi au guerrier défunt, qui ne soient de la partie, et qui ne se fassent un plaisir de l'aller servir dans un pays délicieux, qu'ils placent à leur occident, et qu'ils croient habité par des chasseurs éternels : car la seule idée qu'ils ont de ce paradis, c'est qu'ils y chasseront aux siècles des siècles. Cette idée charnelle leur ôte le moyen de comprendre celle que nous nous faisons des félicités du ciel.

Pl. 192. *Convoi funèbre des peuples du Canda.*

Dès qu'un Sauvage est mort, ses esclaves se marient à d'autres femmes esclaves, et deviennent libres. Les enfans qui proviennent de ces mariages sont adoptés et réputés enfans de la nation, parce qu'ils sont nés dans leurs villages, dans leur pays, et qu'ils ne doivent pas, disent-ils, porter le malheur de leurs pères, ni venir au monde dans l'esclavage, puisqu'ils n'ont certainement contribué en rien à leur création. Ces mêmes esclaves ont soin d'aller tous les jours, en reconnaisance de leur liberté, offrir au pied du cercueil de leur maître quelques pipes de tabac.

Lorsqu'il meurt un enfant aux Sauvages de la baie de Hudson, le père ou la mère lui coupe une partie des cheveux. La mère porte vingt jours le deuil de l'enfant, et raconte sa douleur aux bons amis de la famille, qui viennent lui rendre visite. Le mari leur fait un festin, leur donne à fumer, et ceux-ci lui font des présens. Les amis doivent, par devoir, manger tout ce qui leur est présenté; mais le père affligé ne mange rien, et se contente de la fumée de son tabac.

Ceux qui ont assisté aux obsèques profitent de la dépouille du mort; et s'il n'avait rien, c'est à ses parens à y suppléer. Le deuil consiste à ne se couper ni graisser de quelque temps les cheveux, à se négliger entièrement, et à ne porter que des haillons. Le père et la mère portent le deuil de leur fils; les garçons le portent du père, et les filles de la mère.

Cérémonies de guerre des Peuples du Canada, du Mississipi, etc.

Les Sauvages de l'Amérique ont le calumet de guerre et le calumet de paix; ils se distinguent par la diversité des plumes. Lorsqu'une nation, après avoir porté le calumet chez une autre, est attaquée de l'ennemi, celle qui a reçu le calumet est obligée de défendre les intérêts de la nation attaquée. Si, dans le fort du combat, un médiateur présente le calumet, on fait aussitôt suspension d'armes. Si les deux partis l'acceptent et fument dans le calumet, la paix est faite, et chacun se retire chez soi. Mais il est permis de le refuser, sans violer pour cela le droit que les Sauvages lui attribuent, et qui est le même que chez nous le droit des gens. Son plumage rouge signifie la guerre, et que l'on offre du secours; le blanc et le gris, mêlés ensemble, signifient une paix profonde, et un secours offert non-seulement à ceux à qui l'on présente le calumet, mais encore à leurs alliés. Un calumet rouge d'un côté, et de l'autre blanc et gris, marque en même temps la paix et la guerre; la paix pour le peuple que le côté mêlé de blanc et de gris regarde, la guerre pour ceux vers qui le rouge est tourné.

Les grandes entreprises des Sauvages sont toujours précédées d'une danse du calumet. Cette danse cimente les alliances; elle prépare à la guerre; elle marque aussi la joie publique, comme chez nous les feux qu'on allume après une victoire signalée et à la naissance des Princes, etc.; enfin, elle est l'équivalent de nos bals : car les Sauvages du Canada donnent souvent aux étrangers qu'ils distinguent le divertissement du calumet, comme nous celui du bal.

Cette danse du calumet, que le baron de La Hontan et les voyageurs appellent la *danse de guerre*, se fait l'hiver dans une cabane, et l'été en pleine campagne. Alors on environne de branches d'arbres la place du bal; on y étend une grande natte de jonc peinte de diverses couleurs; et sur cette natte, qui sert de tapis de pied, on pose le Manitou, le Dieu tutélaire de celui qui fait la danse. On place le calumet à la droite de ce Dieu, ou du moins c'est lui qui préside à la cérémonie; et l'on élève autour du calumet un trophée d'arcs, de flèches, de casse-têtes et de haches. A mesure que l'assemblée se forme, on va saluer la Divinité. L'hommage consiste à la parfumer de tabac. Ceux qui ont les plus belles voix occupent les meilleures places; les autres se placent en rond sous les branches : les uns et les autres y sont assis sur leur derrière. Un des principaux de l'assemblée prend respectueusement le calumet, et, le soutenant des deux mains, le fait danser en cadence en dansant lui-même, observant toujours de s'accorder aux voix des chanteurs. Tous les mouvemens du calumet sont bizarres, et peut-être significatifs, etc.

Ces Sauvages déclarent la guerre en renvoyant un prisonnier à la nation avec laquelle ils veulent se brouiller. On lui donne une hache dont le manche est peint de rouge et de noir, avec ordre de la remettre à ses compatriotes. On renvoie même quelquefois jusqu'à trois ou quatre prisonniers, après avoir exigé d'eux, avant de partir, qu'ils ne serviront point en cette guerre. Les déclarations de guerre commencent par un festin, auquel le chef de l'entreprise invite tous ses amis. C'est un conseil de table qui pourrait bien avoir du rapport à ceux des anciens Germains.

Les préparatifs de guerre durent l'espace de deux à trois mois. Le chef chante toutes les nuits des chansons de guerre, jeûne de deux en deux jours, fait la chaudière à part, prépare avant son départ un festin solennel, auquel tous les guerriers du canton sont invités ; attache des chaudières et des colliers de porcelaine aux perches de sa cabane, donne des présens et en reçoit. Avant que d'aller en campagne, il harangue les anciens, en leur déclarant à-peu-près le temps qu'il destine à sa course ; ensuite il se met en marche, et chante sa *chanson de mort*. Cette chanson est remplie de termes qui expriment tout ce que la fureur peut dicter, et qu'il abandonne son corps au hasard de la guerre. Il chante, dit-on, jusqu'à l'exécution de l'entreprise. Son visage est alors mataché de noir ; ses soldats se matachent à-peu-près de même, afin, disent-ils, que leurs ennemis ne les voient point pâlir de frayeur. Il mange seul. Quelques peuples du Canada font, le lendemain de leur départ, une fête solennelle, pour obtenir du Grand Esprit un heureux retour.

Les guerriers emmènent avec eux des femmes et des concubines. Quand ils sont près des terres de l'ennemi, ils envoient à la découverte, et détachent quelques-uns d'entre eux, afin que le corps de bataille ne soit point surpris. Lorsqu'ils ont fini leurs entreprises, qui sont pour l'ordinaire des coups fourrés et des embuscades, ils enlèvent la chevelure des morts, et font ce qu'ils appellent le *cri lugubre*. Ces peuples, tout dépouillés qu'ils nous paraissent de l'humanité, croient qu'il est du devoir des hommes d'accorder sans délai aux morts les honneurs de la sépulture. Ils se partagent dans leurs familles les prisonniers qu'ils ont faits, principalement aux femmes qui ont perdu leurs maris, ou aux filles qui ont perdu leurs pères ; mais ce qu'il y a de singulier, c'est que ces prisonniers, qu'ils exposent en public avec une baguette à la main de sept à huit pieds, ornée de bouquets de plumes blanches, chantent pendant qu'on décide de leur sort.

Si celle à qui un prisonnier vient d'échoir veut qu'il meure, elle lui dit que son père, son frère ou son mari n'ont point d'esclave pour le servir dans le *pays des morts* ; qu'il faut donc qu'il parte incessamment pour les aller servir. Souvent elles disent à l'esclave condamné à mort : *Il faut que ta mort apaise l'âme de celui que tu as tué.* Les Iroquois ornent de ce qu'ils ont de plus précieux le prisonnier destiné au feu ; ils le conduisent au poteau du supplice, garni de colliers de porcelaine depuis les pieds jusqu'à la tête.

Après la condamnation, l'on attache l'esclave au poteau, et on lui brûle tout le corps avec des instrumens de fer, pendant qu'il chante sa chanson de mort. La constance du misérable que l'on brûle de la sorte est admirable. On ne lui voit point verser de larmes ; s'il en versoit, on lui reprocherait sa faiblesse. Après bien des tourmens réitérés, on lui enlève la chevelure avec la peau, qu'on laisse pendre sur les épaules du patient ; on lui applique sur la tête une écuelle pleine de sable brûlant, pour lui étancher le sang. Ensuite on le délie du poteau, ce qu'ils appellent donner la vie au prisonnier, et on le conduit à coups de pierres du côté du soleil couchant; car les Sauvages placent le séjour des âmes à l'occident. Alors on le déchiquette tout en vie encore; et quand enfin il est expiré, tout le monde court la nuit, et frappe à droite et à gauche à coups de bâtons : c'est ainsi, disent-ils, qu'ils chassent l'âme de ce prisonnier, qui pourrait bien s'être cachée pour tirer vengeance des maux et des indignités qu'on a fait souffrir à son corps. Lorsqu'il est prouvé que les prisonniers ont tué des femmes ou des enfans, ils sont traités beaucoup plus cruellement.

Il arrive assez souvent que celle à qui l'on donne un prisonnier pour esclave se laisse toucher à la pitié, lui accorde la vie, lui ôte les liens de captivité, se l'attache par ceux de l'amour. Quel que puisse être le motif qui fait accorder la vie à l'esclave, il faut le réhabiliter solennellement dans l'état de liberté dont il était déchu par les malheurs de la guerre. On l'*adopte*, et, pour cet effet, on le conduit au bord de l'eau pour l'y laver.

Année de ces Peuples.

L'année des Hurons et de plusieurs autres peuples du Canada et de Mississipi est composée de douze mois lunaires synodiques, avec cette différence qu'au bout de trente lunes, ils en laissent passer une de surnuméraire, qu'ils appellent la *lune perdue*. Tous ces mois lunaires ont des noms qui leur conviennent. Ils appellent le mois de mars la *lune aux vers*, à cause que ces insectes commencent alors d'éclore ; le mois d'avril, la *lune aux plantes ;* le mois de mai la *lune aux hirondelles*, et ainsi des autres. Les peuples Flamands ont le même usage dans leur langue. Ils appellent le mois de février, le *mois dans lequel on émonde les arbres ;* le mois d'avril, *mois où les prés sont en état d'être fauchés*, etc.

RELIGION, MOEURS, IDOLATRIES

Des Peuples de Cibola, de la Nouvelle-Albion, du Nouveau-Mexique, de Californie, etc.

Sɪ l'on doit ajouter foi à la Relation du moine Marc de Nisa, qu'Antoine de Mondosa, vice-roi de Mexique, envoya avec quelques autres Espagnols à la découverte des côtes septentrionales de l'Amérique, situées sur la mer du Sud, Zuny ou Cibola est un État assez bien réglé, pour ne devoir pas être regardé comme la demeure d'un peuple sauvage. Les gens y habitent en des villes où l'on voit des maisons de pierre : ils sont sous une forme de gouvernement qui laisse entrevoir qu'ils n'ignorent pas absolument ce qui sert à entretenir la police ; mais cela n'empêche pas que ce peu de religion qu'on a reconnu en eux ne soit extrêmement bizarre, s'il est vrai, comme le rapporte François Vasquès, que ce peuple de Cibola n'adore que l'eau, « à cause, lui disaient-ils, qu'elle fait » croître les grains et les autres alimens ; ce qui montre qu'elle est l'unique » soutien de notre vie. »

François Drack, le fameux navigateur anglais du seizième siècle, découvrit la Nouvelle-Albion (la Californie), sur la mer du Sud, à 38 ou 4o degrés de latitude septentrionale. Il crut reconnaître des marques de religion chez les habitans de cette côte. Il vit des femmes qui se déchiraient les joues, qui pleuraient, qui se maltraitaient en plusieurs façons, et tout cela lui parut quelque chose de religieux. Il eut l'honneur de saluer le roi, ou le cacique du pays, et toute sa cour. Leur parure et leurs ornemens, qui consistaient en plumes, peaux de lapins et couches de couleurs placées bizarrement sur le corps du roi et de ses courtisans, ne furent pas capables de tenter Drack, en faveur de qui le roi de la Nouvelle-Albion voulut abdiquer sa couronne. Sa majesté la posa lui-même sur la tête de l'Anglais, lui mit autour du cou la chaîne royale, et accompagna d'une chanson toute cette cérémonie. Mais il eut beau faire, l'Anglais refusa la dignité royale avec autant de générosité que le souverain de la Nouvelle-Albion la lui offrait.

Tout ce qu'on peut dire de la religion des peuples du Nouveau-Mexique, c'est qu'ils adorent des idoles. Les plus dévots de ces Idolâtres ont chez eux des oratoires pour servir le diable : ils lui offrent de la viande pour son entretien. Ils lui dédient des chapelles en des lieux élevés (*Purchas*) ; le diable va s'y divertir, et s'y délasse ordinairement lorsqu'il se trouve obligé de voyager d'une ville à l'autre. On remarquera que les voyageurs s'épargnent un grand détail, en faisant intervenir le diable dans toutes les idées que les peuples idolâtres se font de l'Être-Suprême. (Selon les missionnaires, ou théologiens du christianisme, qui dit un Idolâtre, quel qu'il soit, dit toujours un homme qui adore le diable.) Les Sauvages de la province de Los Quires paraissent adorer le soleil, la lune et les étoiles.

Fernand Alarchon, croyant avoir remarqué que les Californiens adoraient le soleil, usa, pour les gagner, d'un moyen qui n'a rien d'apostolique. Mais, après tout, il s'agissait de procurer de nouveaux sujets à son roi, et des fidèles à la religion. Il leur déclara que le soleil l'avait envoyé pour les exhorter à la paix et à l'union. Quelques Indiens doutèrent de la vérité de la mission : Pourquoi, lui répondirent-ils, a-t-il tardé si long-temps à vous envoyer? *J'étais trop jeune auparavant,* leur dit-il. La réponse était bonne à donner à un Sauvage. La conclusion de la conférence fut que les naturels le reconnurent pour fils du soleil. Le prétendu fils du soleil voulant faire des élus, éleva une croix de bois, et commanda à ses Espagnols de l'adorer pour servir d'exemple aux infidèles. Il prescrivit à ceux-ci le temps et la forme de l'adoration. Ayant remarqué, sans doute, qu'ils adoraient au matin le soleil levant, il leur dit qu'il fallait adorer la croix à la même heure.

La polygamie est en usage chez ces peuples. On dit que les Indiens de Cibola n'épousent qu'une seule femme. Ceux de Californie ne permettent pas que leurs filles fréquentent les hommes. Ils punissent de mort l'adultère. Le veuvage des femmes dure six mois, après quoi il leur est permis de se remarier.

Les Indiens de Cinaloa adoptent dans leur famille, selon l'usage reçu parmi les Nadonessans et autres peuples de l'Amérique septentrionale. On fourre dans le gosier de celui qui doit être adopté, une baguette qui lui fait rejeter avec violence tout ce qu'il a dans le corps : c'est-là sa régénération.

Lorsqu'un d'entre eux tombe malade et paraît en danger de mort, on creuse une fosse. Dès qu'il est expiré, on le brûle avec sa maison et ses effets; on enterre ses cendres, et l'on répand sur la fosse une poudre, dont ceux qui honorent la mémoire du défunt composent un breuvage fort : ils en boivent jusqu'à l'ivresse. Les Californiens ont aussi la coutume de brûler leurs morts, et avec eux tout ce qui leur a appartenu. Quand, pour toute preuve, on n'aurait devant les yeux que cet usage bizarre, il n'en faudrait pas davantage pour se convaincre que ces peuples sont persuadés de l'immortalité de leur âme.

KIWASA IDOLE des VIRGINIENS.

RELIGION, MOEURS, IDOLATRIES

DES

PEUPLES DE LA VIRGINIE.

U**n** trait d'histoire sert à défendre la grandeur d'âme des peuples que nous appelons *Sauvages* (*Purchas*). Oppechancanough, empereur des Virginiens, ayant eu le malheur de tomber entre les mains des Anglais, le chevalier Berckley, gouverneur de la colonie anglaise, voulut un jour le faire voir en public. Le prince Virginien, à qui la vieillesse avait tellement appesanti les yeux, qu'il ne pouvait les ouvrir sans le secours d'un de ses sujets, entendant beaucoup de gens autour de lui, se fit ouvrir les yeux à l'instant. La vue de cette multitude le mit en colère. Il demanda fièrement qu'on fît venir le gouverneur, lui fit des reproches de la manière dont on le traitait, et lui dit avec dédain : « Si le sort » vous avait fait tomber entre mes mains, je n'aurais jamais eu la lâcheté de » vous exposer à la risée de mon peuple. » Je rapporte cette circonstance, parce qu'elle sert à justifier les Indiens de l'Amérique sur plusieurs idées grossières et puériles que certains voyageurs leur attribuent, non-seulement par rapport à la religion, mais même par rapport aux notions les plus communes de la bienséance.

Pl. 193. Kiwasa, idole des Virginiens.

Les Virginiens donnent divers noms à cette idole. Les uns l'appellent *Okée*, d'autres *Quioccos* ou *Kiwasa*. Peut-être faut-il regarder ces noms comme des épithètes qui changent, selon les fonctions qu'ils attribuent à cette Divinité, ou selon les différentes idées qu'ils s'en forment dans leurs exercices de dévotion et dans leurs discours ordinaires. D'ailleurs, ils croient que cette idole n'est pas un seul être, et qu'il y en a plusieurs de même nature, outre les Dieux tutélaires. Ils donnent à tous ces êtres ou génies le nom général de *Quioccos*.

Le dessinateur n'a pas représenté l'idole Kiwasa dans son temple; il l'a placée en pleine campagne, dans une cabane faite de nattes, sur une espèce de siége ou d'autel, que les Virginiens nomment *paworance*. Ces peuples consacrent à cette Divinité des chapelles et des oratoires, où l'on voit souvent plusieurs différentes représentations de l'idole. Ils en tiennent même chez eux dans l'intérieur du logis; ils les consultent dans l'occasion, et leur communiquent leurs affaires.

6*

Elles leur servent alors de Dieux tutélaires ; et c'est d'elles, disent-ils, que la bénédiction découle sur la famille.

Ces Idolâtres représentent souvent Kiwasa avec une pipe à la bouche ; et même il fume réellement, car la pipe est allumée. La vérité est qu'un prêtre se cache derrière l'idole, et fume adroitement pour elle. L'obscurité où le Dieu habite ne permet pas qu'on distingue le fumeur, ni que le peuple, se voyant trompé, perde le respect qu'il doit aux directeurs de sa religion. C'est de la même façon que plusieurs Dieux des peuples de notre hémisphère ont sué, gémi et pleuré.

Kiwasa se manifeste souvent par des oracles ou par des visions. On le consulte pour la chasse, ou pour des objets de moindre importance. Comme, chez eux, un caprice est l'effet de l'inspiration de Dieu, si, dans le temps qu'ils vont à la chasse, il leur vient dans l'esprit de jouer, ils se déterminent au jeu, parce qu'ils croient que leur Dieu l'ordonne ainsi, et que, même dans les plus vils sujets, leur volonté doit dépendre immédiatement de la sienne. Lorsqu'il est nécessaire de l'invoquer, quatre prêtres se rendent au temple du Dieu, et le conjurent par le moyen de certaines paroles qui sont inconnues au peuple. Alors Kiwasa se déguise sous la forme d'un bel homme, orne le côté gauche de sa tête d'une touffe de cheveux qui lui descend jusqu'aux talons ; et, paraissant en cet état au milieu de l'air, prend aussitôt le chemin du temple. D'abord il s'y promène avec agitation ; mais il se calme un moment après, et fait appeler huit autres prêtres. L'assemblée étant formée, il lui déclare sa volonté ; après quoi il reprend le chemin du ciel.

Pl. 194. *Le Dieu des vents, autre idole des Virginiens.*

Les Virginiens honorent aussi le soleil. Dès la petite pointe du jour, les dévots de l'un et de l'autre sexe vont, à jeûn, se laver dans une eau courante. L'ablution dure jusqu'à ce que le soleil paraisse, et même les enfans âgés de dix ans sont obligés à cet acte religieux. Quand le soleil est sur l'horizon, on lui offre du tabac. La Divinité que l'on voit ici représentée après l'idole Kiwasa, est un autre objet de l'adoration des peuples de la Virginie : c'est elle qui dirige les vents et les saisons. Toutes les choses dont son image est chargée sont symboliques.

Ces Idolâtres n'épargnent ni les offrandes ni les sacrifices à leurs Dieux ; et le plus léger sujet de crainte leur fournit l'occasion (*Purchas*) de faire fumer la graisse, ou le tabac, en l'honneur de ces Divinités ; qu'ils croient toujours prêtes à les accabler (*Histoire de la Virginie*). S'ils entreprennent un voyage, ils brûlent du tabac *pour obtenir l'assistance du soleil*......; s'ils traversent un

Le DIEU des VENTS, autre Idole des VIRGINIENS. 194.

A. Pera sculp. dir. 1721.

lac ou une rivière, ils y jettent du tabac, ou même ce qu'ils ont de plus précieux, pour obtenir un heureux passage de l'Esprit qu'ils croient présider en
ces lieux. Lorsqu'ils reviennent de la chasse, de la guerre, ou de quelque autre
entreprise considérable, ils offrent une partie de leurs dépouilles, du meilleur
tabac, des fourrures, des couleurs dont ils se peignent, la graisse et les meilleurs
morceaux du gibier qu'ils ont pris. Les anciens pratiquaient une partie de ces
usages.

Ils ont aussi *quelques traditions ridicules*...... Vers les cascades de la
rivière James, il y a un rocher où paraissent distinctement plusieurs marques
qui ressemblent aux traces d'un géant, et qui sont éloignées autour de cinq
pieds l'une de l'autre. Les Indiens croient..... qu'un de leurs Dieux ayant
marché sur ce roc, y laissa les empreintes de ses pieds.

Ils élèvent souvent des pyramides et des colonnes de pierre, qu'ils peignent
et qu'ils ornent selon leur goût. Ils leur rendent même toutes les marques extérieures d'un culte religieux, non pas comme au souverain Dieu, mais comme
à des représentans de Dieu, parce que, selon les Virginiens, ces choses sont des
symboles et des hiéroglyphes de l'Être-Suprême. Ils honorent sa Majesté devant
le signe, ils l'honorent dans le signe, sans pourtant honorer le signe. C'est dans
la même intention qu'ils gardent chez eux certains paniers faits de pierre, qui,
sans doute, leur représentent aussi quelque caractère de la Divinité. Ils offrent
des sacrifices aux rivières et aux fontaines, parce que leur cours éternel est l'image
de l'éternité de Dieu.

Ils élèvent des autels par-tout où il leur arrive quelque chose de remarquable.....; mais il y a un autel particulier qu'ils honorent préférablement à
tous les autres. Avant l'entrée des Anglais en Virginie, le grand autel était en
un lieu que les Virginiens appelaient *Uttamussak*. On voyait là le principal
temple du pays, et ce lieu était le siége métropolitain des prêtres. On y voyait
aussi trois grandes maisons, chacune de soixante pieds de longueur, et toutes
remplies d'images : ils conservaient les corps de leurs rois dans ces maisons
religieuses, pour lesquelles les naturels du pays avaient un si grand respect, qu'il
n'était permis qu'aux rois et aux prêtres d'y entrer ; le peuple n'y entrait jamais,
et n'osait même approcher de ces sanctuaires qu'avec la permission des premiers.
Le grand autel était d'un cristal solide de trois ou quatre pouces en carré.....
On sacrifiait sur cet autel aux jours solennels; et, comme en général les hommes
se persuadent sans peine que tout ce qui sert aux mystères ne peut manquer
d'avoir un caractère d'excellence, n'oublions pas que le cristal était si transpa-
rent, qu'on pouvait voir au travers le grain de la peau d'un homme; avec cela
il était d'un poids si prodigieux, qu'incapables de le traîner plus loin, on fut
obligé de l'enfouir dans le voisinage, pour le cacher aux yeux des Anglais. Cette

pesanteur miraculeuse n'est pas sans exemples dans les religions de notre monde : combien de peines et de fatigues n'a-t-il pas fallu essuyer pour vaincre la résistance des Dieux, des demi-Dieux et des autres vicaires de la Divinité, dont les statues ou les images s'opiniâtraient à ne pas bouger d'une place ? Entre les prérogatives extraordinaires qu'Homère donne si libéralement à ses Dieux, il n'a eu garde d'oublier la pesanteur.

J'ai dit que les Virginiens appellent leurs autels *paworances*. C'est pour cela qu'ils respectent beaucoup un petit oiseau qui répète continuellement ce mot....; ils disent que cet oiseau est l'âme d'un de leurs princes..... Ils ajoutent qu'un Indien.... ayant tué un de ces oiseaux, sa témérité lui coûta cher ; il disparut peu de jours après, et l'on n'entendit plus parler de lui..... Lorsqu'en voyage ils se trouvent près d'un paworance, ils ne manquent pas d'instruire les jeunes gens qui se rencontrent avec eux, de l'occasion qui l'a fait bâtir, et du temps auquel la chose s'est faite ; ils les exhortent à rendre à l'autel le respect qui lui est dû. C'est par ces instructions orales que se perpétue chez eux la tradition des miracles de leurs Dieux, des merveilles de leur religion, et de la doctrine qu'elle enseigne.

Les Virginiens, dit l'auteur de l'*Histoire de la Virginie*, reconnaissent un Dieu bienfaisant qui demeure dans les cieux, et dont les influences bénignes se répandent sur la terre : il est éternel, souverainement heureux, souverainement parfait, souverainement tranquille, *et, qui pis est, souverainement indifférent*. Il répand ses biens sur les hommes, sans choix, sans distinction, sans s'embarrasser de leurs affaires....; il les abandonne entièrement à leur franc arbitre, tandis qu'il reste dans une indolence d'où le culte qu'on lui rend n'est pas capable de le tirer. Il est donc inutile de le prier, puisque rien n'est capable de le toucher. Voilà un système très-mal lié, et peut-être aussi très-mal rapporté par ceux qui ont écrit sur la religion de ces peuples. Purchas dit que les Virginiens adorent le démon, sous le nom d'*Okée* ou *Kiwasa*; qu'ils se croient immédiatement inspirés de lui en tout ce qu'ils pensent : d'où il résulte qu'il agit sur leur volonté, et que par conséquent il s'embarrasse des occupations des hommes.

PI. 195. *Prêtre de la Virginie vu du côté droit.*

PI. 196. *Prêtre de la Virginie vu du côté gauche.*

L'habit des prêtres est une espèce de jupe de femme plissée, qu'ils mettent autour du cou, et qu'ils attachent sur l'épaule droite; mais ils tiennent toujours un bras dehors pour s'en servir en cas de beson ; ce manteau est arrondi par le

PRÊTRE de la VIRGINIE vû du côté droit.   PRÊTRE de la VIRGINIE vû du côté gauche.

MAGICIEN de la VIRGINIE.

197.

bras, et ne va que jusqu'au milieu de la cuisse ; on le fait de peaux bien préparées et mollettes, avec la fourrure en-dehors.

Ces prêtres ont la tête rasée de près, excepté sur le sommet, où ils laisent une crête déliée, qui va depuis le haut du front jusqu'à la nuque du cou ; ils laissent sur le haut du front une bordure de cheveux qui, soit par leur force naturelle, soit par la roideur que leur donnent la graisse et les couleurs dont ils les plâtrent, deviennent hérissés, et s'avancent en dehors comme la corne d'un bonnet.

Les magiciens ou devins coupent aussi leurs cheveux ras, et ne laissent qu'une crête ; ils portent sur l'oreille la peau d'un oiseau dont le plumage est obscur, et ils se barbouillent avec de la suie, ou quelque autre chose de cette nature, de même que les prêtres : par modestie, ils pendent à leur ceinture la peau d'une loutre, dont ils font passer la queue entre leurs jambes ; ils y attachent aussi une poche qui s'appuie sur la cuisse, et dont le dessous est orné de quelques longues franges ou d'aiguillettes.

Le devin est l'associé du prêtre, non-seulement à l'égard des fraudes, mais pour les profits qui en reviennent ; et quelquefois ils officient l'un pour l'autre.

Pl. 197. *Magicien de la Virginie.*

Le service religieux se fait en une langue générale qui n'est entendue que des principaux de la nation, à-peu-près comme chez nous le latin.

En général, leurs dévotions ne sont que des cris de joie mêlés de danses et de chansons, excepté qu'en temps de tristesse et d'affliction, ces cris de joie sont convertis en hurlemens. Les prêtres président à la dévotion, ornés de leurs ornemens sacerdotaux, qui sont entre autres la gourde et des peaux de serpens ou de belettes, dont les queues s'attachent proprement sur le sommet de la tête, en guise de tiare. Ces prêtres commencent le chant, et font l'ouverture de l'exercice religieux. Souvent ils y ajoutent les conjurations magiques. Le bruit, les gestes, les grimaces, tout contribue à rendre ces conjurations affreuses.

Un de leurs actes de piété est de jeter au feu le premier morceau de ce qu'ils mangent à leurs repas. Leurs danses sont une dépendance du culte des Virginiens ; il est difficile d'y distinguer le profane d'avec le religieux. Ils dansent de deux manières, à ce que dit l'auteur de l'*Histoire de la Virginie*, seuls ou plusieurs ensemble ; mais ils n'ont aucun égard ni au temps ni à la figure. A la première, il n'y a qu'une seule personne, ou trois tout au plus. Cependant les autres, qui sont assis en cercle sur le pavé, chantent à toute outrance, et secouent les sonnettes. Les danseurs chantent quelquefois eux-mêmes, lancent des regards terribles et menaçans, frappent des pieds contre terre, et font mille postures et mille grimaces. L'autre danse se fait en rond, autour d'un cercle planté de pieux où l'on voit quelque sculpture, ou tout autour d'un feu qu'ils allument dans une place commode (c'est la dévotion qui est représentée par la figure). Chacun y paraît avec la sonnette, ou l'arc et la flèche à la main..... Ils se couvrent aussi de *feuillages,* s'ajustent de la manière la plus bizarre qu'ils puissent imaginer, et dansent dans cet équipage : quelquefois ils mettent trois jeunes femmes au milieu du cercle.

Tous les soirs ils font des feux ; l'on y chante et l'on y danse : c'est un rendez-vous pour ceux qui veulent se divertir.

Cérémonies de paix et de guerre, et leurs Hiéroglyphes.

Les Virginiens ont l'usage du calumet, comme les peuples dont nous avons déjà parlé. Lorsqu'ils doivent recevoir des étrangers, le Werowance, accompagné de ses gens, va au-devant des étrangers à quelque distance du lieu de sa résidence, les prie de s'asseoir sur des nattes que ses gens portent exprès, et les invite en même temps à la cérémonie du calumet, laquelle est suivie d'une petite conversation. Après cela, on se rend à la demeure du Werowance, qui ordonne de leur laver les pieds, les régale et leur donne ensuite un divertissement, composé de chansons et de danses grotesques..... Quand il est heure de se coucher, on choisit deux jeunes filles des plus belles qui se trouvent pour avoir soin.... de l'ambassadeur ou des principaux étrangers. Ces filles le déshabillent ; et, lorsqu'il est au lit, elles s'y glissent doucement, une de chaque côté. Elles croiraient même violer les droits de l'hospitalité, si elles ne satisfaisaient à tous ses désirs ; et leur réputation souffre si peu de cette complaisance, que les autres filles leur portent envie, comme du plus grand honneur qu'on leur puisse faire. Cela ne s'observe qu'à l'égard des étrangers de la première distinction.

Lorsque la paix est conclue, ils enterrent un tomahawk, pour témoigner que toute inimitié est éteinte. C'est ce que les Canadiens appellent *enterrer la hache.* Ils plantent souvent un arbre sur le tomahawk, pour montrer que l'amitié va fleurir entre eux comme un arbre. Lorsqu'on est sur le point de faire la guerre, le Werowance consulte les prêtres et les devins, assemble les principaux de la nation, et tient un conseil général. Les jeunes hommes qui se trouvent à ces assemblées se peignent tout le corps de blanc, de rouge, de noir, et ils se barbouillent de rouge la moitié du visage, et l'autre moitié de noir ou de blanc. Ils font de grands cercles de différentes couleurs autour de leurs yeux, avec des monstaches monstrueuses, et mille autres figures grotesques sur tout le reste du corps. Pour se rendre plus..... terribles, ils sèment des plumes, du duvet ou du poil de quelque bête, sur la peinture toute fraîche. En cet équipage, ils se rendent au conseil, commencent à danser avec les flèches ou le tomahawk à la

108.
Tom. VII. Nº 5.

Les VIRGINIENS, adorent le FEU, & se réjouïsent, après avoir été délivrez de quelque danger Considérable.

main. Ils chantent en même temps la gloire de la nation et les prouesses de
leurs ancêtres, et font avec leur tomahawk des signes qui marquent qu'ils vont
faire un terrible carnage de leurs ennemis.

Pl. 198. *Les Virginiens adorent le feu, et se réjouissent après
avoir été délivrés de quelque danger considérable.*

Au retour de la guerre ils allument des feux, auprès desquels ils dansent,
tenant une gourde ou une sonnette à la main. Les prêtres président à toutes ces
fêtes, décorés de leurs ornemens sacerdotaux, tels que la gourde, une jupe et
des peaux de serpens ou de belettes, dont les queues s'attachent sur le sommet
de la tête. Il leur appartient d'entonner les hymnes et de faire l'ouverture de la
cérémonie.

Leurs Mariages et l'Éducation de leurs enfans.

On assure que les Indiens de la Virginie regardent le mariage comme une
action fort solennelle, et que les vœux qu'ils font alors passent pour sacrés et
inviolables..... Il est permis au mari et à la femme de se quitter, s'ils ne vivent
pas de bonne intelligence; mais cependant le divorce y est en mauvaise odeur,
et les personnes mariées poussent rarement leurs démêlés jusqu'à la séparation..... Quand on en vient là, tous les liens du mariage se rompent; les parties
ont la liberté de se remarier.....; chacun prend les enfans qu'il aime le plus.....;
et si les parties intéressées ne sont pas d'accord sur cet article, on sépare les
enfans en nombre égal, et l'homme choisit le premier.

Les hommes ont du penchant à la jalousie; mais leur honneur n'en est pas
mieux à couvert. Quand même un mari s'épargnerait tous les soins de la vie, et
ne retiendrait que celui-là, il pourrait être assuré d'avoir de l'occupation pour
le reste de ses jours. C'est apparemment par un effet de cette jalousie qu'ils
excluent de la couronne les enfans de leur souverain, et la transportent à son
frère maternel, s'il en a quelqu'un, ou, à son défaut, aux enfans de sa sœur
aînée, parce que le côté de la femme leur paraît toujours le plus sûr; mais le
mâle, au même degré, succède préférablement aux femmes, quoique celles-ci
soient préférées aux mâles qui se trouvent dans un degré plus éloigné.

A l'égard de leurs enfans, dès qu'ils sont nés, ils les plongent dans l'eau froide.
Lorsqu'ils deviennent un peu grands, et jusqu'à ce qu'ils approchent de l'âge
viril, ils les gouvernent à-peu-près comme les Canadiens et les autres Indiens de
l'Amérique septentrionale.

Leurs prêtres sont médecins; ils guérissent par les sueurs les maladies causées par un froid subit ou par des chaleurs excessives. Ils sucent les apostèmes, ils scarifient les plaies, et appliquent le feu aux tumeurs.

Les prêtres étudient les qualités des plantes ; mais ils cachent au peuple cette science et l'art de guérir les maladies. Ils mettent cette connaissance au rang des mystères, et croient qu'elle ne doit être communiquée qu'à ceux qui se destinent à la prêtrise : ils disent que Dieu les punirait, s'ils découvraient leurs remèdes.

Les Virginiens conservent religieusement les corps de leurs rois et de leurs chefs. Ils fendent d'abord la peau tout le long du dos, et l'arrachent toute entière, s'il est possible. Ils décharnent ensuite les os, sans offenser les nerfs, afin que les jointures puissent rester ensemble. Après avoir fait sécher les os au soleil, ils les remettent dans la peau, qu'ils ont eu soin de tenir humide avec un peu d'huile ou de graisse, ce qui la garantit de la corruption. Lorsque les os sont bien placés dans la peau, ils en remplissent adroitement les vides avec du sable très-fin, et ils la recousent; en sorte que le corps paraît aussi entier que s'ils n'en avaient pas ôté la chair. Ils portent le cadavre ainsi préparé dans un lieu destiné à cet usage; ils l'y étendent sur une grande planche nattée, qui y est à quelque élévation du sol, et ils le couvrent d'une natte pour le garantir de la poussière. La chair, qu'ils ont tirée du corps, est exposée au soleil sur une claie; et quand elle est tout à-fait sèche, ils l'enferment dans un panier bien cousu, et la mettent aux pieds du cadavre. Ils placent dans ces tombeaux une idole de Kiwasa, qui, à ce qu'ils prétendent, a soin de garder ces corps. Un prêtre se tient nuit et jour dans ce mausolée, auprès d'un feu allumé : c'est là qu'il s'acquitte de quelques pieux devoirs auxquels il s'imagine que les défunts s'intéressent. S'il ne le croit pas, il le fait pourtant accroire au peuple.

Pl. 199. *Tombeaux des Rois de la Virginie.*

On voit dans cette gravure la disposition du corps et la cérémonie du prêtre.

À l'égard des particuliers, ils sont ensevelis dans des fosses assez profondes, après les avoir enveloppés de peaux ou de nattes. On pose sur des bâtons les corps, avec leurs principaux effets, et l'on couvre tout cela de terre. Après la sépulture du corps, *les femmes mettent leur visage en deuil*, par le moyen de charbon noir détrempé dans une certaine quantité d'huile, qu'elles préparent pour cet usage : elles heurlent et se lamentent vingt-quatre heures de suite.

Ils croient l'immortalité de l'âme, et qu'après cette vie, elle est, suivant ses mérites, heureuse ou malheureuse. Leur enfer, c'est une grande fosse qu'ils placent à l'extrémité de l'univers, au soleil couchant : c'est là que les méchantes âmes doivent brûler sans miséricorde. D'autres disent qu'elles sont suspendues entre le ciel et la terre. Ils ajoutent que la vérité de ces souffrances leur est

199.
Tom VII. N.º 53.

TOMBEAUX des Rois de la VIRGINIE.

confirmée par des morts qui leur apportent de temps en temps, comme ils le
pratiquaient autrefois chez nous, et comme ils le pratiquent encoré en quelques
pays, des nouvelles de l'autre monde. Cet enfer s'appelle *Popogusso*. Les Wero-
wances et les prêtres vont à coup sûr dans un paradis, qu'ils placent aussi au
soleil couchant et derrière les montagnes. C'est là que ces bienheureux se réjouissent éternellement ; mais quelles réjouissances ! Couronnés de plumes, le
visage barbouillé de quelques couleurs bizarres ; avec cela possesseurs paisibles
de certaines bagatelles, dont les plus considérables sont le tabac et la pipe ; ils
dansent et chantent avec leurs ancêtres : tel est l'objet de leur immortalité. C'est
bien peu de chose, sans doute, et cependant ils en excluent la populace. Il n'y
a chez eux de résurrection que pour les prêtres et pour les grands.

Leurs Années, leurs Mémoriaux.

Ils comptent le nombre des années par celui des hivers, qu'ils appellent
Cohonk, du cri des oies sauvages, qui ne viennent chez eux qu'en hiver. Ils
distinguent l'année en cinq différentes saisons : la première est quand les arbres
bourgeonnent ou fleurissent, au printemps; la seconde, lorsque les épis sont
formés et bons à rôtir ; la troisième est l'été ; la quatrième, la moisson.....;
la cinquiéme, l'hiver..... Ils comptent les mois par les lunaisons, sans avoir
aucun égard au nombre qu'il y en a dans l'année, et leur donnent, suivant la
coutume du Canada, le nom des choses qui sont remarquables en ces lunaisons. Par exemple, ils ont la lune des cerfs, la lune du grain, la première et
la seconde lune de Cohonk, etc. Ils ne partagent point les jours en heures ;
mais ils en font trois portions, qu'ils nomment le montant, le stant, et la des-
cente du soleil.

Il comptent par unités, par dixaines, par centaines, etc. ; et pour ce qui
concerne la manière de conserver la mémoire des événemens, ou des affaires
de la vie civile, ils ont l'usage de certains cordons qui ont du rapport aux
quippos des Péruviens. Ils se servent aussi de certains morceaux de bois, sur
lesquels ils font des coches, etc.

RELIGION, MOEURS, IDOLATRIES

DES

PEUPLES DE LA FLORIDE.

Les peuples de la Floride sont Idolâtres, et tiennent le soleil et la lune pour des Divinités, qu'ils adorent sans leur offrir des prières ni des sacrifices. Toutefois ils ont des temples, mais ils ne s'en servent que pour y enterrer ceux qui meurent, et pour y enfermer ce qu'ils ont de plus précieux. Ils élèvent aussi aux portes de ces temples, en forme de trophées, les dépouilles de leurs ennemis. Voilà tout ce que l'Ynca Garcilasso de la Vega nous dit de la religion des Floridiens.

Sous le nom de *Toïa*, les Floridiens adorent le diable (*Purchas*), ou plutôt ce mauvais principe qu'ils opposent à leur Suprême Divinité. Persuadés que cette dernière puissance ne saurait leur nuire à cause de la bonté dont elle est douée, ils tâchent d'apaiser l'autre, dont, à ce qu'ils disent, ils sont cruellement tourmentés.

Un autre auteur dit que les peuples de la Caroline adorent un seul Dieu, créateur de toutes choses, à qui leur grand pontife offre des sacrifices ; mais ils ne croient pas que les affaires des hommes méritent ses soins.

A l'égard des peuples qui habitent autour des monts Apalaches, ils adorent le soleil, comme auteur de la vie et créateur de la nature. Il semble qu'ils aient conservé quelques traces du déluge universel ; car ils disent que, le soleil ayant retardé de vingt-quatre heures sa course ordinaire, les eaux du grand lac Theomi se débordèrent de telle sorte, que les sommets des plus hautes montagnes en furent couverts, à la réserve de celle d'Olaimy, que le soleil garantit de l'inondation générale, à cause du temple qu'il s'y était bâti de ses propres mains, et que les Apalachites consacrèrent dans la suite comme un lieu de pélérinage où ils allaient porter à cet astre leurs hommages religieux. Tous ceux qui purent gagner cet asile furent préservés du déluge. Au bout de vingt-quatre heures, le soleil reprit ses premières forces ; et, renvoyant les eaux dans leurs bornes, dissipa les vapeurs que ces eaux avaient répandues sur la terre. C'est en reconnaissance de cette délivrance mémorable, que les Floridiens, qu'on appelle *Apalachites*, ont cru devoir adorer le soleil.

SACRIFICE que les FLORIDIENS font au SOLEIL, de leurs PREMIERS nez.

Le temple consacré au soleil et à son culte par les Floridiens d'Apalaché, est une grotte spacieuse, taillée naturellement dans le roc, à l'orient de la montagne. On dit qu'elle a deux cents pieds de long, qu'elle est ovale, que sa voûte s'élève à six-vingts pieds de hauteur, et que de la voûte percée au milieu jusqu'au-dessus du terrain de la montagne, il vient assez de jour pour éclairer cette grotte.

Le temple de Talomeco, où est la sépulture des caciques, a plus de cent pas de long sur quarante de large; les murailles hautes à proportion, et le toit fort élevé pour suppléer au défaut de la tuile, et pour donner plus de pente aux eaux. La couverture est de roseaux fort déliés, fendus en deux, dont les Indiens font des nattes qui ressemblent aux tapis de jonc des Maures; ce qui est très-beau à voir. Cinq ou six de ces tapis, mis l'un sur l'autre, servent pour empêcher la pluie de percer et le soleil d'entrer dans le temple; ce que les particuliers de la contrée et leurs voisins imitent dans leurs maisons.

Sur le toit de ce temple, il y a plusieurs coquilles de différentes grandeurs et de divers poissons, rangées dans un très-bel ordre. Mais on ne comprend pas d'où on les peut avoir apportées, ces peuples étant si éloignés de la mer, si ce n'est qu'on les ait prises dans les fleuves et les rivières qui arrosent la province.

Dans le milieu du temple, il y a trois rangs de caisses sur des bancs séparés. Les plus grandes de ces caisses servent de base aux médiocres, et celles-ci aux plus petites; et d'ordinaire ces pyramides sont composées de cinq ou six caisses. Comme il y a des espaces entre un banc et un autre, cela n'empêche point d'aller de côté et d'autre, et de voir dans le temple tout ce qu'on veut.

Toutes ces caisses sont remplies de perles; de sorte que les plus grandes renferment les plus grosses perles, et ainsi en continuant jusqu'aux plus petites, qui ne sont pleines que de semence de perles.

Pl. 200. *Sacrifice que les Floridiens font au Soleil, de leurs premiers nés.*

Quelques peuples de la Floride sacrifient leurs premiers nés au soleil, ou plutôt à leurs souverains. Du moins est-il certain que cette cruelle cérémonie se fait en présence d'un de ces princes ou caciques, qu'ils appellent *Paraoustis*. Pendant que la mère du petit enfant se couvre la face, pleure et gémit devant le bloc sur lequel la victime doit être écrasée, et que les femmes qui l'ont accompagnée chantent et dansent en faisant un cercle, une autre femme paraît au milieu du cercle, tenant l'enfant entre ses bras, et le montrant de loin au Paraousti. Cette femme danse comme ses compagnes, et chante en dansant les louanges du Paraousti. Après cela, le prêtre, qui paraît dans le lointain de la planche au milieu de six autres Floridiens, vient écraser cet enfant. La victime doit toujours être un garçon.

Pl. 201. *Offrande que les Floridiens font d'un cerf au Soleil.*

Ces mêmes peuples offrent, avec beaucoup de cérémonie, la représentation d'un des plus grand cerfs au soleil. Après avoir rempli la peau de toutes sortes d'herbes, ils l'ornent de fleurs et de fruits, et l'élèvent au sommet d'un grand arbre, la tête tournée au soleil levant. Cette cérémonie se fait tous les ans, vers la fin du mois de février : elle est toujours accompagnée de prières et de chansons, que le Paraousti et un des premiers Jouanas entonnent eux-mêmes à la tête des dévots. Les Floridiens demandent au soleil qu'il lui plaise de bénir les fruits de la terre, et de lui conserver sa fécondité. La peau du cerf reste exposée sur l'arbre jusqu'à l'année suivante.

Le peuple s'assemble sous la conduite d'un Paraousti, pour aller rendre ses devoirs à Toïa. Les voyageurs, ignorant ce que c'était que ce Toïa, ont dit tout court que c'était le diable. J'ai fait remarquer plus haut que Toïa est le mauvais principe. Quoi qu'il en soit, cette cérémonie paraît être un acte de contrition, par lequel ils croient obtenir la faveur de cette idole. Les Floridiens s'assemblent dans une grande place, que les femmes ont ornée et préparée le jour qui précède la cérémonie. Après que l'assemblée s'est formée en cercle, trois Jouanas, peints de plusieurs sortes de couleurs depuis les pieds jusqu'à la tête, paraissent au milieu du cercle avec des tambours, au son desquels ils dansent et chantent en faisant des gestes et des grimaces extraordinaires. L'assemblée répond en chœur au chant de ces prêtres, qui, après avoir fait trois ou quatre tours de danse, quittent brusquement la partie et s'enfuient dans les bois. C'est là qu'ils vont consulter Toïa. Cette fuite mystérieuse interrompt la dévotion; mais les femmes la continue tout le jour par des pleurs et des hurlemens. Elles font des taillades et des incisions avec des écailles de moules aux bras de leurs filles, et jettent en l'air, comme un hommage dû à Toïa, le sang qui découle de ces plaies, en invoquant trois fois cette idole. Deux jours après, les Jouanas reviennent des bois où ils s'étaient retirés pour la consulter, et dansent en la même place qu'ils avaient quittée si brusquement. La danse finit par un repas, dont une abstinence de trois jours ne les met guère en état de se passer; mais elle était inévitable, parce que les Dieux se manifestent plus librement à ceux qui jeûnent. Le cerveau s'échauffe par l'abstinence, et reçoit plus facilement les impressions de l'enthousiasme.

OFRANDE que les FLORIDIENS font d'un CERF au SOLEIL. 201.

CEREMONIE, observée par un des ROIS de la FLORIDE, avant que de faire une Expedition.

Leurs Cérémonies de guerre.

Pl. 202. *Cérémonies observées par un des Rois de la Floride, avant que de faire une expédition.*

Les Floridiens sont extrêmement vindicatifs : on reconnaît ce caractère à tous les autres Américains. Pour mieux s'exciter à la vengeance, les premiers tiennent certaines assemblées où l'un d'eux est placé dans un lieu assez écarté : un autre se lève, et, prenant un javelot, va frapper le premier de toute sa force, sans que celui qui est frappé se remue en aucune façon. Le javelot passe en d'autres mains, jusqu'à ce que le blessé tombe par terre : alors les femmes et les jeunes gens le relèvent en pleurant, lui donnent à boire du *casine*, qui est le breuvage ordinaire des guerriers, et le portent dans une cabane où l'on recommence à pleurer autour de lui. Les femmes et les filles apprêtent quelques remèdes pour la guérison du blessé, pendant que l'assemblée boit, se réjouit, chante les prouesses de ses ancêtres et s'anime à la vengeance : toute la cérémonie est une commémoration de la mort de leurs compatriotes, et leur remet devant les yeux les mauvais traitemens qu'ils ont reçus de leurs ennemis ; et la vue du blessé ne manque jamais d'inspirer à toute la nation une haine irréconciliable.

Avant de marcher à la guerre, ils assemblent un conseil où les Jouanas donnent leurs avis : rien ne s'y résout sans leur participation, et sans qu'ils aient consulté auparavant l'oracle de leur idole. Les fumées du casine contribuent autant que l'oracle à faire prendre des résolutions désespérées, qui sont les seules que tous ces peuples connaissent ; mais il n'appartient qu'aux guerriers de boire du casine, et l'on n'en boit qu'après avoir donné les preuves de sa valeur.

Avant que de faire une expédition, le Paraousti se tourne du côté du soleil, le conjure de lui être favorable ; et prenant de l'eau dans une écuelle de bois, après avoir fait plusieurs imprécations contre l'ennemi, jette cette eau en l'air de telle manière qu'elle retombe en partie sur ses guerriers. *Puissiez-vous*, leur dit-il en même temps, *répandre de cette façon le sang de vos ennemis !* Il prend une seconde fois de l'eau, la répand sur le feu qui est à côté de lui, et s'adressant aux mêmes guerriers : *Puissiez-vous*, ajoute-t-il, *détruire nos ennemis avec autant de promptitude que j'éteins ce feu !* Des cris effroyables et des grimaces expressives accompagnent ces deux actions.

Pl. 203. *Un des Rois de la Floride, consultant son Magicien avant que de marcher à l'ennemi.*

Le prétendu magicien se met sur un bouclier, dans une attitude d'après la gravure. Le magicien trace un cercle de figures inconnues, au milieu duquel il s'enferme. Ces figures servent à donner au peuple une grande opinion de sa science. Après un quart-d'heure d'agitation, de grimaces, de contorsions aussi violentes que les mouvemens convulsifs les plus furieux, il perd cette attitude forcée ; le Dieu abandonne son ministre, qui, se relevant tout étourdi, va rendre compte au Paraousti du succès de la conférence spirituelle, lui déclare le nombre de ses ennemis, la manière dont ils sont campés, et le succès de l'expédition.

Ils enlèvent le crâne et la chevelure à leurs ennemis, comme les autres peuples de l'Amérique septentrionale, et pendent à des perches dressées exprès les bras et les jambes de ceux qu'ils ont tués à la guerre. Ils font une assemblée autour de ces perches pour écouter les malédictions qu'un Jouana prononce contre l'ennemi. Trois hommes sont à genoux devant le prêtre, qui tient une petite idole à la main ; un de ces trois hommes bat la mesure sur une pierre avec sa massue, et répond aux imprécations du prêtre pendant que les deux autres chantent au bruit de leurs calebasses.

Pl. 204. *Floridiennes, qui, ayant perdu leurs maris à la guerre, viennent implorer l'assistance du Roi. Hermaphrodites, destinés à servir les malades, et à enterrer les morts.*

Les femmes de ceux qui sont morts à la guerre vont implorer l'assistance du Paraousti ; elles se présentent à lui baignées de larmes, effet de l'amour qu'elles portent à leurs maris. Que ce soit adresse ou sincérité, on ne doit pas douter que ces larmes n'excitent puissamment la vengeance des guerriers.

Les hermaphrodites, qui, comme nous l'avons dit, sont des personnes d'un genre de vie fort suspect, servent à porter les fardeaux et les provisions de guerre ; ils servent aussi à transporter les malades, les blessés, et à enterrer les morts.

Leurs Cérémonies funèbres, leurs Opinions touchant l'immortalité de l'âme.

Pl. 205. *Veuves de la Floride, qui sèment leurs cheveux sur les Tombeaux de leurs maris.*

Les Floridiennes vont pleurer et gémir sur les tombeaux de leurs époux ; et, pour dernier témoignage de la tendresse conjugale, elles se coupent entièrement

Un des ROIS de la FLORIDE, consultant son MAGICIEN, avant que de marcher a l'Ennemi.

203

FLORIDIENNES, qui ayant perdu leurs maris, a la guerre, viennent implorer l'asistance du ROY.
HERMAFRODITES, déstinez a servir les malades, et a enterrer les morts.

Veuves de la FLORIDE, qui répandent leurs cheveux sur les Tombeaux de leurs Maris. 205.

266.
Tom. VII. N.° 57.

Manière d'ensevelir les ROIS, et PRETRES de la FLORIDE.

les cheveux, et les sèment sur ces tombeaux. Leur deuil est à terme, comme celui de nos veuves. Les Floridiennes ne peuvent se remarier qu'après que leurs cheveux sont revenus à leur première longueur, c'est-à-dire, lorsqu'ils passent leurs épaules.

Ils ensevelissent leurs Paraoustis (les rois) avec toute la magnificence dont ils sont capables. Le tombeau est entouré de flèches plantées en terre par la pointe; on met au-dessus de ce monument la coupe qui servait à ce souverain : trois jours se passent en pleurs et en jeûnes à son honneur et sur son tombeau. Les Paraoustis ses alliés viennent le pleurer avec les mêmes cérémonies ; on se rase la tête pour l'amour de lui ; enfin, des pleureuses de profession le pleurent trois fois le jour pendant six mois, le matin, à midi et le soir. On brûle tout ce qu'il a possédé en sa vie; et le même usage s'observe à la mort des prêtres. On les ensevelit dans leurs maisons ; l'on brûle et la maison et les effets du défunt. On dit que les peuples de la Floride, après avoir brûlé ces corps sacrés, en réduisent les os en poudre, et les donnent à boire un an après aux proches parens des défunts. Les Floridiens des provinces que Fernand de Soto visita, enterrent avec leurs souverains des esclaves tout en vie pour les aller servir en l'autre monde.

Ceux d'Apalache embaument les corps de leurs parens et amis défunts. Ils les laissent à-peu-près trois mois dans le baume ; après quoi ces corps, desséchés par la force des drogues aromatiques , sont revêtus de belles peaux, et mis en des cercueils de cèdre. Les parens gardent le cercueil chez eux l'espace de douze lunes entières ; ensuite on le porte à la forêt voisine, et l'on enterre le défunt au pied d'un arbre. Ils en usent plus noblement à l'égard de leurs Paraoustis. Après les avoir embaumés, revêtus de leurs ornemens, parés de plumes et de colliers, on les garde trois années dans l'appartement où ils sont morts; et pendant ce temps-là, ils sont enfermés dans ces cercueils de bois dont nous venons de parler. Ce terme étant expiré, on les porte au tombeau de leurs prédécesseurs, à la pente de la montagne d'Olaimy. On les descend dans une grotte, dont on ferme l'ouverture avec de gros cailloux, et l'on pend aux branches des arbres voisins du tombeau les armes dont ils se servaient à la guerre, comme autant de témoignages de leur valeur.

Pl. 206. *Manière d'ensevelir les Rois et les Prêtres de la Floride.*

Les Apalachites croient l'immortalité de l'âme, et que ceux qui ont bien vécu sont portés au ciel et placés entre les étoiles. Ils assignent la demeure des méchans dans les précipices des hautes montagnes du Nord, parmi les ours, au milieu des neiges, des glaces et des frimas. Les autres peuples de ces vastes contrées croient aussi la récompense des bons et la punition des méchans après cette vie. Ils appellent le ciel le *haut monde ;* et, au contraire, *bas monde,* l'endroit qui sera le séjour éternel de ceux qui auront mal vécu sur la terre. C'est en ce dernier endroit que règne Cupai, ce mauvais génie que les autres Floridiens appellent *Toïa,* et que nous appelons le *Diable.*

Les Indiens de la Caroline croient la transmigration des âmes : quand il meurt quelqu'un parmi eux, on enterre avec lui des provisions et quelques ustensiles pour ses besoins.

Les Indiens de la Floride n'épousent d'ordinaire qu'une femme, qui est obligée de garder la fidélité à son mari, sur peine d'être punie d'un châtiment honteux, ou même d'une mort cruelle. Pour les grands du pays, ils se dispensent de l'usage qui ne permet qu'une femme au peuple : ils en prennent autant qu'ils veulent ; mais il n'y en a qu'une de légitime, et les autres ne sont que des concubines. Les enfans qui naissent de ces dernières ne partagent pas également les biens du père avec les enfans de la femme légitime.

Les Apalachites ne se marient pas hors de leurs familles. Les mariages sont souvent conclus par les parens dès la tendre jeunesse de leurs enfans ; et les enfans, devenus grands, ratifient, dit-on, ce que les parens on conclu. Il leur est permis de contracter mariage dans tous les degrés qui sont au-dessous de frère et de sœur.

Ces derniers peuples donnent à leurs enfans mâles les noms des ennemis qu'ils ont tués, ou des villages qu'ils ont brûlés, ou des prisonniers qui sont morts à leur service. Pour les filles, elles portent ceux de leurs mères ou grand'mères décédées ; car ils évitent, par une espèce de superstition, que deux personnes de la famille portent le même nom. Les mères élèvent leurs enfans, tant garçons que filles, jusqu'à l'âge de douze ans ; après quoi les garçons passent sous la discipline du père.

On assure que les maris n'ont point de commerce avec leurs femmes, depuis qu'elles se trouvent enceintes jusqu'à ce qu'elles soient accouchées. Le scrupule va même à ne point manger de ce qu'elles ont touché pendant le temps de leur grossesse.

(Coreal). Les Floridiens des environs de Panuco se marient tard, et cependant on assure qu'à dix ou douze ans, les filles ne le sont plus que de nom. Les femmes des îles Lucaies (Les Sauvages de ces îles ont été détruits par les Espagnols) portent, pour la bienséance, un tablier de coton : les filles le prennent quand elles sont en âge de devenir femmes.

Les Floridiens de la Caroline se servent d'hiéroglyphes et d'emblêmes pour conserver la mémoire des événemens. Ils ont soin d'instruire leurs enfans de ce qui concerne leurs familles et la patrie, afin que ces choses passent de génération en génération. Aux lieux où il s'est fait quelque combat, et en ceux où quelque colonie s'est établie, on élève une petite pyramide de pierre. Le nombre des pierres marque celui des morts, ou celui des fondateurs et de ceux qui habitèrent les premiers les lieux où se trouve la pyramide.

RELIGION, MOEURS, IDOLATRIES

DES

PEUPLES DES ILES CARAÏBES.

LES Espagnols ont détruit la plus grande partie des habitans de ces îles ; et, à leur exemple, les autres Européens ne les ont pas mieux traités : mais ni les uns ni les autres n'ont pu ôter à ces malheureux Sauvages la liberté de se plaindre de leurs injustices, et des cruautés qu'ils ont souffertes sous la domination de leurs nouveaux hôtes (*Histoire des Antilles*, par Rochefort). *Vous m'avez chassé de mes terres, leur disent les Caraïbes ; elles ne vous appartenaient pas : vous n'aviez rien à y prétendre. Tous les jours vous me menacez d'enlever le peu qui me reste. Faudra-t-il donc que le misérable Caraïbe aille habiter la mer avec les poissons ? Vos terres sont donc bien mauvaises, puisque vous les quittez pour venir m'enlever les miennes. Pourquoi venez-vous de gaieté de cœur me persécuter ?* L'avarice et l'ambition nous ont fait oublier les maximes de l'Évangile. Il est vrai que nos conquêtes ont un beau prétexte, qui est de gagner les âmes des Américains à J.-C. Mais, nous dira l'Indien converti : « Pourquoi donc ne me regardez-vous pas comme frère,
» puisque le Christianisme affranchit les hommes ; et qu'en les exhortant à
» l'humilité, il leur inspire la douceur et des sentimens d'humanité que vous
» avez perdus pour nous ? » La politique du siècle répond : « Notre intérêt
» demande votre abaissement ; il nous faut des esclaves pour travailler à l'en-
» tretien de vos terres ; nous ne vous les avons enlevées que pour les mieux
» faire valoir, et pour en tirer des richesses qui vous étaient inconnues et
» inutiles. »

Si l'on croit Rochefort, bien loin de servir un Dieu, les Caraïbes n'ont pas même de nom pour exprimer la Divinité. Quand on veut leur parler de Dieu, il faut user de périphrase pour leur faire connaître cet Être-Suprême. Ils regardent la terre comme une bonne mère, qui nourrit ses créatures ; mais ils ne comprennent pas ce qu'on leur dit de l'Essence divine et des mystères de la religion. On nous dit la même chose de la plus grande partie des peuples de l'Amérique ; mais il y a quelque apparence qu'on exige tout-à-la-fois trop de choses de ces barbares. On veut qu'ils conçoivent du premier coup la Divinité, telle que nous la concevons, et qu'ils croient au premier mot et sur leur parole des gens qui leur viennent annoncer des mystères dont ils n'ont été convaincus eux-mêmes qu'après beaucoup d'expérience.

Les Caribes, ou Caraïbes, reconnaissent deux principes, l'un bon et l'autre mauvais, qu'ils appellent *Maboïa*. Rochefort dit qu'ils croient plusieurs bons Esprits, et que chacun s'imagine en avoir un pour soi en particulier, auquel ils donnent le nom de *Chemen*.

Ils offrent aux Chemens de la cassave et les prémices de leurs fruits. Quelquefois, par un principe de reconnaissance, ils font un festin à leur honneur. Ces offrandes ne sont accompagnées ni d'adoration ni de prières. On les pose simplement, à l'un des bouts de la case, sur des tables de jonc et de latanier. Les Esprits s'y rendent pour manger et boire ces présens : preuve de cela, c'est que les Caraïbes assurent que l'on entend remuer les vases où l'on a mis ces présens, et le bruit des mâchoires de ces Dieux.

Pour se garantir des mauvais traitemens du Maboïa, ils font de petites images semblables à la forme sous laquelle il leur apparaît. Ils portent ces images au cou, et prétendent qu'elles leur procurent du soulagement.

Ils ont une infinité de présages et de superstitions. Je n'en rapporterai que deux. Ils prétendent que les chauves-souris sont des Chemens, dont l'office est de faire la garde pendant la nuit. Ils gardent souvent dans une calebasse les cheveux ou les os de quelqu'un de leurs parens défunts. Ils les consultent dans l'occasion ; et leurs boïés leur font accroire que l'esprit du mort les avertit des desseins de leurs ennemis.

Les boïés, prêtres-médecins des Caraïbes, ont chacun leur génie particulier, qu'ils se vantent de pouvoir évoquer par le chant de certaines paroles et la fumée du tabac. On n'évoque ce génie ou ce démon que pendant la nuit, dans un lieu où il n'y a ni feu ni lumière. Ces mêmes boïés sont, dit-on, sorciers, et savent le secret de tuer leurs ennemis par des charmes qu'ils font contre eux.

Les Caraïbes attribuent leurs maladies à Maboïa. Comme on observe que ce peuple est fort mélancolique, il y a beaucoup de probabilité que les apparitions nocturnes du démon, et les tourmens qu'on leur fait souffrir, sont l'effet d'une imagination vivement frappée.

Si le malade revient en santé, on fait un festin au Maboïa. On lui présente à boire et à manger sur un matoutou. La cassave et l'ouicou qu'on lui sert restent toute la nuit sur la table ; et comme, à ce qu'ils disent, l'Esprit ne mange et ne boit que spirituellement, tout ce qu'on lui a servi se trouve le lendemain dans l'état où il était le soir. Le boïé se met en possession de ces offrandes, si vénérables aux Caraïbes, qu'il n'est permis qu'aux vieillards et aux premiers de la nation d'y toucher. A la fin du festin, on noircit le convalescent avec des pommes de junipa, ce qui le rend aussi laid qu'un diable.

Leurs fêtes, ou, pour mieux dire, leurs débauches, sont fréquentes. Ils solennisent de cette façon le retour d'une expédition, la naissance de leurs enfans, le temps où on leur coupe les cheveux, et celui auquel ils commencent d'aller à la guerre. La tenue d'un conseil de guerre, la coupe du bois, le défrichement d'une terre, la construction d'un canot, sont aussi pour eux des temps de solennité. Ces fêtes, assemblées ou débauches, s'appellent *Vin*.

Leur manière de faire la guerre consiste en surprises et en embuscades. Ils se couvrent de branches et de feuilles depuis les pieds jusqu'à la tête, et se font un masque avec une feuille de basilier, qu'ils percent à l'endroit des yeux.

Leurs flèches sont empoisonnées : elles sont toutes coupées par de petites hoches, qui sont des hardillons fort proprement travaillés, et taillés de manière qu'ils n'empêchent pas la flèche d'entrer.....; mais elle ne peut sortir sans élargir considérablement les plaies.

Les époux Caraïbes sont jaloux : un soupçon d'infidélité, bien ou mal fondé, suffit, sans autre formalité, pour mettre en droit de casser la tête à leurs femmes.

A douze ans ou environ, on donne le tablier aux filles : c'est le signal de modestie et de chasteté. Aux îles Lucaies, dès qu'une mère reconnaît, à certains accidens naturels, que sa fille peut être reçue au nombre des femmes, les parens s'assemblent et font une fête, après laquelle on lui donne un rézeau de coton rempli d'herbes, qu'elle porte désormais autour des cuisses. Avant cela, elle était absolument nue. Il est vrai que la nudité ne fait aucune impression sur leurs sens, et qu'on nous assure qu'ils ont assez de vertu pour dire qu'en cet état, il ne faut se regarder qu'entre les deux yeux.

Les familiarités avec les garçons sont défendues aux filles Caraïbes reconnues pour nubiles. Les mères les gardent à vue. Cependant, nous dit le P. Labat, il est rare qu'une fille demeure jusqu'à cet âge sans être retenue par quelque garçon, qui la regarde, dès qu'il a déclaré sa volonté, comme sa femme future, en attendant qu'elle soit en âge de la devenir réellement.

Après qu'un Caraïbe est mort, on assemble tous ses parens, afin qu'ils soient convaincus qu'il est mort de mort naturelle ; et s'il s'en trouvait un seul qui n'eût pas vu le défunt, tous les autres ensemble ne pourraient pas lui persuader la manière dont il serait mort. Il croirait qu'ils auraient tous contribué à sa mort; en conséquence, il serait obligé d'en tuer quelqu'un pour la venger. On met le mort dans un puits creusé au coin d'un carbet d'environ quatre pieds de diamètre et de six à sept pieds de profondeur (c'est le nom qu'on donne aux cabanes des Caraïbes). Il y est accroupi, les coudes sur les genoux ; les paumes de ses mains soutiennent ses joues. Il est peint de rouge, avec des moustaches et des raies noires d'une autre teinture que celles ordinaires, qui ne sont que de junipa. Ses cheveux sont liés derrière la tête; son arc, ses flèches, son bouton et son couteau à côté de lui. On l'ensable jusqu'aux genoux seulement, pour le soutenir dans sa posture; car le sable n'atteint pas aux bords de la fosse. Après que tous les parens ont fait l'examen du corps, on comble la fosse. Un autre voyageur (La Borde) ajoute qu'ils enterrent avec lui un valet pour le servir, et son chien pour le garder.

Après avoir descendu le mort dans sa fosse, on fait un feu tout auprès, et chacun s'accroupit autour de ce feu. Les hommes s'y placent derrière les femmes, et les invitent à pleurer, en les touchant sur le bras : alors ils pleurent tous à-la-fois, en faisant de longues et fréquentes exclamations sur la mort du pauvre défunt, et lui demandant la cause de sa mort.

Ils croient qu'un même homme a plusieurs âmes, et que celle du cœur est immortelle. Ils en logent une à la tête; celle-ci est la seconde en dignité : les autres occupent les jointures et les endroits du corps où il y a battement d'artère. La première est immortelle; après être sortie de ce monde, elle va occuper en l'autre un beau jeune corps tout neuf : les autres âmes restent pour animer des bêtes, ou devenir, tout au plus, de mauvais génies.

Ils comptent les mois par lunes, et règlent les années sur les récoltes; mais, en général, ils les comptent par le cours de la poussinière.

207.
Tom. VII. Nº 58.

CÉRÉMONIE Religieuse des Habitans de l'Isle ESPAGNOLLE.

RELIGION, MOEURS, IDOLATRIES

DES

HABITANS DE L'ILE ESPAGNOLE.

Pl. 207. *Cérémonie religieuse des Habitans de l'Ile Espagnole.*

Leur religion est la même que celle des autres Antilles : il faut seulement remarquer ici que ce peuple se vantait qu'autrefois leurs démons leur avaient prédit la conquête et la destruction de leur pays par une nation habillée et portant barbe, qui renverserait leur culte, abolirait leurs usages, et massacrerait leurs enfans. En mémoire de cet oracle, ils établirent un formulaire de prières accompagnées d'offrandes à leurs démons; mais le terme qui marquait la décadence du pouvoir de ces Esprits infernaux était arrivé : il fallut se rendre.

Leurs Zèmes (qui sont les mêmes que leurs Chemens) se communiquaient aux prêtres, et quelquefois se faisaient entendre au peuple, soit que ce fût un artifice du démon, ou une ruse du böié. On jugeait de la réponse de l'oracle par la contenance du prêtre. S'il dansait et chantait, c'était bon signe; s'il avait l'air triste, le peuple s'affligeait, s'abandonnait aux larmes, à la douleur, et jeûnait jusqu'à ce qu'il y eût espérance de réconciliation avec les Dieux.

La polygamie y était établie : on y prenait autant de femmes qu'on en pouvait entretenir. Les caciques en avaient pour le moins une trentaine. Il paraît, par le rapport des historiens du Nouveau-Monde, qu'après leur mort, on leur en expédiait deux ou trois pour les servir en l'autre vie. Malgré cette pluralité de femmes, ils donnaient dans un goût également abominable et bizarre; digne sujet cependant des éloges qu'un archevêque et un abbé lui ont consacrés dans leurs vers. Il croyaient aux revenans : ils s'imaginaient que les morts couraient la nuit; belle matière pour exercer leur piété, s'ils avaient eu l'esprit de s'en aviser. Ces morts, tout morts qu'ils étaient, en voulaient quelquefois aux femmes; mais, quand c'était au fait et au prendre, il se trouvait que ces morts ne valaient pas les vivans. Les ombres n'avaient la permisssion d'emprunter la forme humaine qu'avec certaines restrictions, qui ne les rendaient ni aimables aux femmes, ni redoutables aux maris.

RELIGION, MOEURS, IDOLATRIES

DES

MEXICAINS ET DES PEUPLES VOISINS.

Il serait difficile de concilier la politesse de ces peuples avec la barbarie de leur religion; dont le culte consistait principalement à sacrifier des hommes et à verser leur sang devant les idoles. Mais n'aurait-on pas la même peine à concilier, avec la douceur et l'humanité du Christianisme, la barbarie des Espagnols envers les peuples qu'ils ont subjugués dans ce puissant empire du Nouveau-Monde? La même fureur animait le zèle des uns et des autres. Ceux-là, guidés par une superstition aveugle, sacrifiaient des hommes à leurs faux Dieux; ceux-ci, conduits par un zèle amer, qui se prêtait à une avarice insatiable, exterminaient à la gloire du vrai Dieu ceux qui détruisaient les hommes, pour mieux honorer les fausses Divinités. Ce prétexte était plausible, disaient-ils: rien ne flattait davantage les passions de ces Chrétiens qui entreprirent les premiers la conquête de l'Amérique. Prétendant faire un usage plus légitime de ses richesses, consacrer à Dieu leurs conquêtes, et lui amener, par l'exemple, des milliers d'élus du Nouveau-Monde, ils se croyaient, ou plutôt se disaient en droit d'employer la force, quand ils le jugeraient nécessaire, et de ravir ce qui ne leur appartenait pas, parce qu'ils désarmaient l'impiété, et qu'ils ôtaient au démon le moyen de nuire. Ces raisons sont absurdes, nous dira-t-on. A cela je réponds: La pratique et l'expérience ne nous ont-elles pas appris qu'elles sont d'un très-bon usage, quoiqu'elles n'aient pu être goûtées des Américains; et que, faute de les bien connaître, ils se soient laissés aller à murmurer contre la barbarie des Espagnols, et à condamner leurs mœurs, plus féroces que celles du Nouveau-Monde?

Les premiers Mexicains étaient des Sauvages assez semblables à ceux des parties les plus septentrionales de l'Amérique, d'où l'on croit qu'ils tiraient leur origine. Ils vivaient de chasse dans les forêts et dans les montagnes, sans police, sans aucune forme de gouvernement : ils adoraient le soleil, et lui sacrifiaient des oiseaux. Ces Sauvages, que l'on appelait *Chicanicas*, vivant de la sorte, laissaient les meilleures terres incultes. Les Navatelcas, qui comprenaient six ou sept peuples venus du Nord, s'emparèrent peu à peu de ces terres, les peuplèrent

VITZLIPUTSLI.

TLALOCH, ou TESCALIPUCA.

les cultivèrent. Leurs colonies se formèrent, autant qu'on peut en faire la supputation par les hiéroglyphes des Mexicains, dans le neuvième. siècle. Trois cent deux ans après cette première expédition, il s'en fit une autre; ce fut celle des Mexicains d'aujourd'hui, plus fameuse, sans comparaison, que la première. Ceux-ci subjuguèrent les Navatelcas, sous la conduite de leur capitaine et législateur Mexi. Le succès de l'expédition était infaillible. Vitzliputzli, le Dieu de la nation, lui avait promis la conquête des terres qu'il allait chercher. Il marcha à la tête de ce peuple aventurier. Quatre prêtres, qui recevaient ses oracles, le portaient dans un coffret de roseaux. Vitzliputzli leur dicta son culte, et les cérémonies suivant lesquelles il voulait être servi; il leur donna des lois. Lorsqu'il fallait camper, on lui dressait un tabernacle au milieu du camp, et l'on plaçait le coffret et l'arche sur l'autel. Ils ne marchaient et ne campaient qu'après avoir consulté l'idole et reçu ses ordres. Sa marche fut très-longue et très-lente. En quittant les lieux où ils avaient eu ordre de camper, ils y laissaient les vieillards et les personnes infirmes pour y former des colonies. Un jour que plusieurs d'entre ces derniers se baignaient, Vitzliputzli ordonna aux Mexicains de leur voler leurs hardes, et de se remettre aussitôt en marche. Les délaissés, piqués de cet outrage, changèrent de mœurs et de langage, conservant en même temps une haine implacable contre leurs anciens compatriotes. Vitzliputzli signala son pouvoir par des miracles qu'il est inutile de rapporter. Lorsqu'ils furent enfin arrivés à la terre qui leur était promise, le Dieu apparut en songe à un prêtre, et lui ordonna de s'établir dans cet endroit du lac où l'on trouverait un aigle perché sur un figuier qui aurait sa racine dans un rocher. Le prêtre fit rapport de la vision : on chercha le signe indiqué. Après avoir cherché quelque temps, on trouva le figuier qui poussait dans un rocher, et, sur le figuier, l'aigle tenant entre ses griffes un petit oiseau. C'est là que fut bâtie la célèbre ville de Mexique. Le jour suivant, les Mexicains firent un tabernacle pour l'idole, en attendant qu'on pût lui bâtir un temple. La ville fut, par son ordre, divisée en quatre quartiers, et le tabernacle de Vitzliputzli resta au milieu. Ce Dieu voulut que chaque quartier se fît un Dieu tutélaire.

Pl. 208. *Vitzliputzli.*

Après Vitzliputzli, le plus grand de tous les Dieux était le soleil. Vitzliputzli était une figure humaine, faite d'un bois précieux, que l'on représentait assise sur un siége de couleur d'azur, supporté par un brancard, d'où l'on voyait sortir aux quatre côtés quatre têtes de serpens : le front de l'idole était peint en bleu; elle avait sur le nez une raie bleue qui traversait d'une oreille à l'autre. Cette idole était placée sur un autel fort élevé, entouré de rideaux : on l'avait faite de figure humaine, assise sur un trône soutenu par un globe d'azur, qu'ils appelaient le ciel. Il sortait des deux côtés de ce globe quatre bâtons, dont le bout était taillé en tête de serpent. Cela formait un brancard, que les sacrificateurs portaient sur leurs épaules quand ils produisaient l'idole en public. Elle avait sur la tête un casque de plumes de diverses couleurs en figure d'oiseau, avec le bec et la crête d'or bruni. Son visage était affreux et sévère, et encore plus enlaidi par deux raies bleues qu'elle avait, l'une sur le front et l'autre sur le nez. Sa main droite s'appuyait sur une couleuvre ondoyante, qui lui servait de bâton ; la gauche portait quatre flèches, qu'ils révéraient comme un présent du ciel, et un bouclier couvert de cinq plumes blanches mises en croix. Tous ces ornemens, ces marques et ces couleurs avaient leur signification mystérieuse. Le globle marquait l'étendue de la puissance de Vitzliputzli. Ce Dieu était couvert de perles et de joyaux.

Pl. 209. *Tlaloch*, ou *Tescalipuca*. (*Voy.* Pl. 208.)

Tlaloch, confondu par quelques-uns avec Tescalipuca, dont je vais parler, ressemblait assez à l'idole que l'on vient de décrire : aussi les Mexicains tenaient-ils ces Dieux pour frères, et pour si bons amis, qu'ils partageaient entre eux le pouvoir souverain sur la guerre, égaux en forces et uniformes en volonté. Par cette raison, ils ne leur offraient à tous deux qu'une même victime ; les prières étaient en commun. Ils les remerciaient également des bons succès, et, pour me servir des termes du traducteur de la *Conquéte du Mexique*, tenaient, pour ainsi dire, leur dévotion en équilibre.

Pl. 210. *Tescalipuca, représenté d'une autre façon.*

Pl. 211. *Prêtres Mexicains.*

Tescalipuca était la Divinité de la pénitence. Les Mexicains l'invoquaient dans l'adversité, parce qu'ils croyaient qu'elle châtiait les péchés du genre humain par la peste et la famine, etc. On la voit dans la gravure représentée en deux manières. De la première, elle était assise sur un siége placé au milieu d'un autel. Sa figure, faite d'une pierre noire reluisante comme du jais, et couverte de joyaux, avait la forme humaine comme Tlaloch et Vitzliputzli. Elle portait des pendans d'oreilles d'or ; un bijou, attaché à une chaîne de même métal, qu'elle avait au cou, lui couvrait toute la poitrine : un petit tuyau de cristal, de la longueur de demi-pied, lui perçait la lèvre inférieure. Quelquefois on attachait au bout du tuyau une plume verte ou bleue, ce qui n'était pas l'effet du caprice, mais un symbole appartenant à cette Divinité. De ses cheveux,

B. Picart del. 1723.

TESCALIPUCA *representé d'une autre façon*

210.

PRÊTRES MEXICAINS.

211.

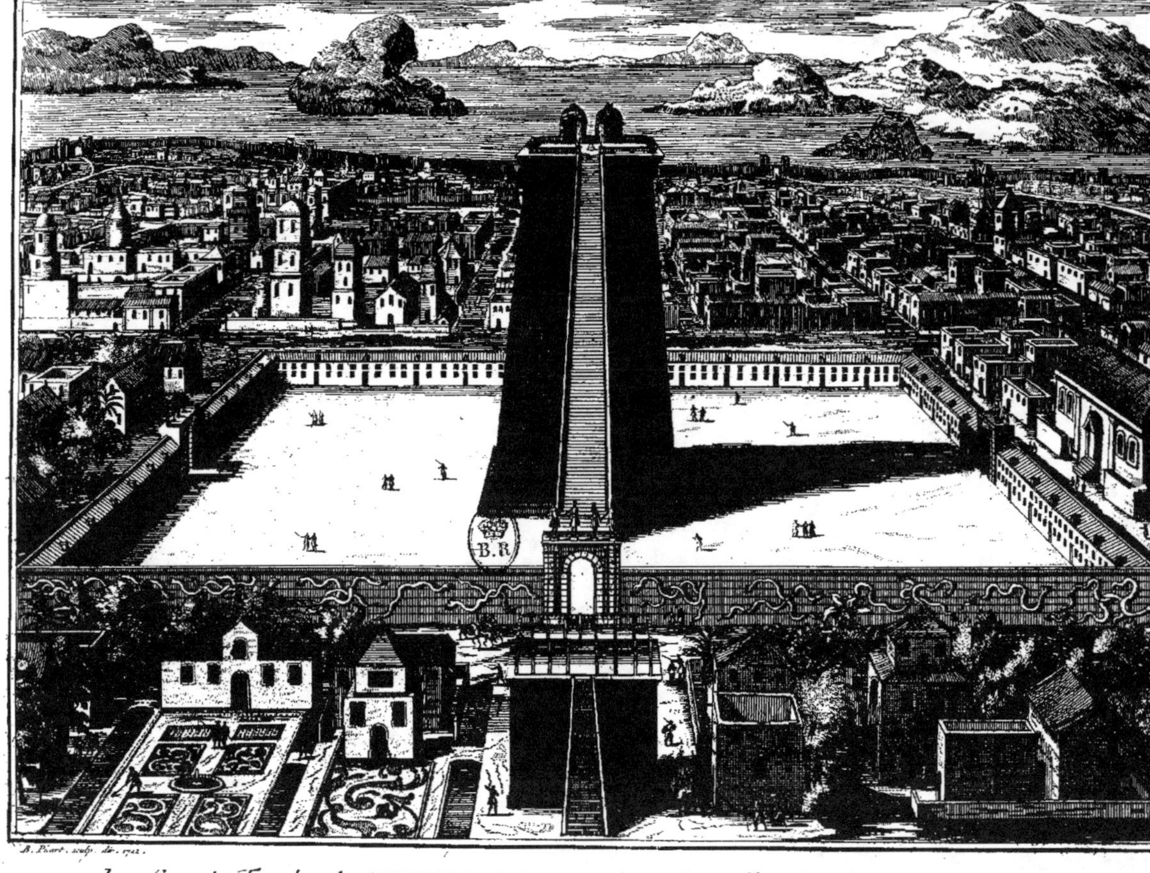

Le Grand Temple de *VITSLIPUTSLI* dans la Ville de *MEXIQUE* ~

212.

tressés avec un cordon d'or, pendait une oreille, autre symbole pour apprendre aux affligés et aux pécheurs repentans qu'ils pouvaient se confier en la miséricorde divine, et qu'elle exaucerait leurs prières. Sa droite était armée de quatre flèches, ce qui signifiait le châtiment des péchés et la vengeance du ciel, qui se fait sentir aux hommes par la peste, la guerre, la famine et la pauvreté. Sa gauche tenait un miroir d'or bien poli et si reluisant, qu'il rendait très-distinctement les objets. De la même main, il tenait derrière ce miroir un éventail de plumes de toutes sortes de couleurs, ce qui apprenait aux hommes que rien n'était caché à ce Dieu vengeur. L'idole était environnée d'emblêmes; dont on ne nous a pas dit le mystère.

L'autre forme sous laquelle on représente cette idole était, comme la précédente, celle d'un homme assis majestueusement sur un trône soutenu par une espèce d'autel, et caché derrière un rideau rouge, sur lequel on avait ou peint ou brodé des têtes et des ossemens de morts. Cette idole avait l'air aussi effroyable, l'attitude aussi menaçante que l'autre. Elle avait le bras droit levé pour lancer un javelot qu'elle tenait à la main. De la gauche, elle soutenait un bouclier d'où l'on voyait sortir quatre flèches, autour de cinq pommes de pin disposées en croix. Le corps de l'idole était peint en noir, et sa tête, couverte de plumes de cailles. Elle avait autour d'elle plusieurs figures symboliques, et des richesses d'un prix inestimable.

Le Mercure, ou Plutus, des Mexicains était aussi représenté en forme humaine, excepté qu'il avait la tête d'un oiseau. Il portait sur la tête une mitre de papier peint, et tenait à la main une faulx. Son corps était couvert de joyaux sans prix, parure convenable à celui qu'ils adoraient comme le dispensateur des trésors.

Tozi, c'est-à-dire, notre Grand'Mère, était née mortelle. Vitzliputzli, nous dit-on, lui procura les honneurs de la Divinité, en ordonnant aux Mexicains de la demander pour reine à son père, qui était roi de Culhucacan : après quoi, il leur ordonna aussi de la tuer, de l'écorcher ensuite, et de couvrir un jeune homme de sa peau. C'est ainsi qu'elle fut dépouillée de l'humanité pour être élevée au rang des Dieux; et c'est du temps de cette apothéose que ce peuple, dont la superstition était barbare et cruelle, datait la coutume de sacrifier les hommes à ses idoles.

Pl. 212. *Le grand Temple de Vitzliputzli, dans la ville de Mexique.*

Il y avait dans la ville de Mexique huit temples également superbes, et bâtis à-peu-près de la même manière; mais celui de Vitzliputzli l'emportait sur tous les autres par sa grandeur extraordinaire, puisque, dans la cour de ce temple,

9*

on aurait pu bâtir une ville d'environ cinq cents maisons. La description de cet édifice, qui était autrefois le centre de l'idolâtrie mexicaine, se trouve dans l'*Histoire de la Conquête du Mexique.*

Pl. 213. *Sacrifice des Captifs.*

Rien ne peut être comparé au culte des Mexicains, que celui des Carthaginois et des Cananéens. Les Mexicains conduisaient ceux qui devaient être sacrifiés au charnier que l'on voit s'élever dans cette figure en manière de plate-forme ou de terrasse, soutenue par plusieurs troncs d'arbre ; les victimes, gardées à vue par quelques soldats Mexicains, attendaient au pied de là terrasse le moment auquel on devait les sacrifier, sans autre consolation que l'aspect d'un grand nombre de crânes enfilés aux perches qui passaient d'un tronc à l'autre : c'étaient les crânes de ceux qui avaient été immolés avant eux. Un prêtre, qui tenait à la main une idole faite de froment, de maïs et de miel, s'approchait de ces malheureux, et leur présentait à chacun en particulier cette idole, en leur disant : *Voilà votre Dieu* ; ensuite il se retirait par l'autre côté de la terrasse, et l'on conduisait, immédiatement après, les victimes sur la terrasse qui était, comme on l'a déjà dit, le lieu destiné au sacrifice. C'est là que six ministres de l'idole expédiaient ces victimes ; après qu'on leur avait arraché le cœur, on précipitait le corps du haut de la terrasse par l'escalier qui y conduisait. On assure que ceux qui avaient pris ces malheureux à la guerre, se les partageaient entre eux et les mangeaient : le moins qu'on sacrifiait de ces victimes en une seule fois, c'était quarante ou cinquante ; et les nations voisines ou sujettes des Mexicains, les imitaient en ce culte sanguinaire. Ceux de la province de Mechoacan furent les premiers qui, au rapport du célèbre Fernand Cortez, conquérant de l'empire du Mexique, témoignèrent vouloir abandonner un culte aussi injurieux à la Divinité, qu'il était indigne de l'humanité. Les prêtres qui sacrifiaient les hommes étaient appelés par distinction *Ministres des choses sacrées*, et cet emploi était le plus haut grade du sacerdoce ; le Grand-Prêtre avait seul le droit et l'honneur de fendre l'estomac de la victime.

En certaines fêtes, on revêtait un homme de la peau encore toute sanglante d'un de ceux qui avaient été sacrifiés. Un auteur Espagnol assure que même les rois et les gentilshommes ne dédaignaient pas de se travestir de la sorte, lorsque le captif sacrifié avait été une personne distinguée. Quoi qu'il en soit, celui qui était ainsi déguisé courait les rues et les places de la ville en demandant l'aumône à tous ceux qu'il rencontrait en son chemin, et frappant ceux qui la refusaient : cette espèce de mascarade ne finissait que quand la peau dont on

Sacrifice des CAPTIFS.

225

Penitences MEXICAINES .

était revêtu commençait à sentir mauvais. Les aumônes que cette course dévote avait produites s'employaient à des œuvres pies.

Pl. 214. *Pénitences Mexicaines.*

A l'égard de leurs pénitences, elles étaient du moins aussi rudes que celles des autres religions. Les prêtres, en qualité de médiateurs entre les Dieux et les hommes, offraient des victimes pour les pécheurs, et se chargeaient encore des iniquités des peuples. Lorsqu'ils devaient faire cette pénitence solennelle dont on voit ici la représentation, ils s'assemblaient à minuit dans le temple de l'idole; et, pendant que quelques-uns d'entre eux appelaient le peuple à la dévotion en sonnant d'une espèce de cor, un autre encensait l'idole. Un des ministres des faux Dieux commençait alors la pénitence, qui consistait en une petite effusion de sang qu'ils tiraient de la cheville du pied, en la perçant avec une épine de manguey, ou avec une lancette de pierre; ils se frottaient avec ce sang les tempes et les oreilles, après quoi ils allaient se laver en une eau que l'on appelait à cause de cela *l'eau du sang.* Pour mieux certifier le mérite et la vérité de cette pénitence extraordinaire, on avait accoutumé de montrer au peuple l'instrument qui l'avait produite. Les autres peines que les prêtres s'infligeaient en présence du Dieu (Tescalipuca) qui présidait à la pénitence et aux afflictions, consistaient à se flageller avec de gros nœuds de cordes de manguey, à se frapper l'un l'autre à grands coups de pierre, etc.

La planche 210 représente deux prêtres Mexicains, dont l'un tient en sa main le sacré couteau. Le chef de ces prêtres, ou pour mieux dire le grand prêtre, s'appelait *Topilzin* en mexicain. L'on prétend que sa dignité revenait à celle du souverain pontife chez les Catholiques. Il portait sur la tête une couronne de belles plumes de plusieurs couleurs; aux oreilles, des pendans d'or enrichis d'émeraudes; et dans le milieu de la lèvre, un petit tuyau bleu, semblable à celui que portait le Dieu de la pénitence. Il était revêtu d'une robe, ou plutôt d'une mante écarlate. L'habillement des prêtres changeait souvent, selon la circonstance des temps et des fêtes.

La prêtrise du Vitzliputzli était héréditaire; celle des autres Dieux était élective.

Les jeûnes de ces prêtres étaient d'une austérité surprenante: quelquefois ils jeûnaient cinq, six, et même dix jours de suite; ce qui leur était ordinaire, lorsque le temps des grandes fêtes approchait. Pendant ces jeûnes, ceux d'entre eux qui étaient mariés s'éloignaient entièrement des femmes. Leur chasteté serait certainement admirable, si seulement elle avait été fondée sur la raison; mais la défiance d'eux-mêmes, et ce principe de présomption qui domine dans ceux qui veulent s'attirer des louanges qu'ils ne sauraient mériter par une véritable vertu, effaçait la gloire de cette continence forcée. Pour plaire à leurs Dieux, ils pratiquaient tout ce qui pouvait détruire la génération, sans même épargner les parties que la nature lui a destinées. Ils se défendaient l'usage des boissons fortes, et donnaient à l'austérité de leur discipline une partie du temps que les hommes donnent au sommeil.

Tous ces prêtres possédaient de grands revenus, et recevaient les offrandes que le peuple faisait aux idoles; ce qui leur produisait des profits immenses, principalement aux grandes fêtes. C'était en ces fêtes solennelles qu'ils prenaient soin de l'instruire de ses devoirs, par le moyen de certaines exhortations qu'ils prononçaient en sa présence.

Ils avaient un ordre de vestales, vêtues de blanc, qui portait le nom de *Filles de la Pénitence*. Elles entraient en religion à l'âge de douze à treize ans. La clôture des filles n'étant que l'accomplissement d'un vœu que leurs parens avaient fait aux Dieux; après un certain temps elles pouvaient se marier.

Ils avaient aussi pour les jeunes gens un séminaire, un couvent semblable à celui des jeunes filles. Ils y entraient souvent dès l'âge de sept à huit ans, et n'en sortaient que pour se marier.

Leurs Fêtes.

Pl. 215. *Captif écorché après avoir été vaincu.*

Pl. 216. *Captif combattant contre un Prêtre Mexicain.*

A la fin de chaque mois, qui, chez les Mexicains, était de vingt jours, ils célébraient un jour solennel de dévotion mêlée de réjouissances. Alors on sacrifiait quelques captifs, et l'on courait les rues, vêtu des peaux de ces misérables victimes tout fraîchement écorchées : on dansait, on chantait, on recueillait des aumônes pour les prêtres; ce qui, chez eux comme ailleurs, passait pour être l'effet d'une véritable piété. Lorsque les grains commençaient à monter, ils se rendaient à une certaine colline pour sacrifier à Tlaloch, qui était aussi le Dieu des eaux, un garçon et une fille d'environ trois ans; et, parce que ces enfans étaient de naissance libre, on ne leur arrachait point le cœur, mais on se contentait de leur couper la gorge; après quoi l'on mettait leurs corps dans une mante neuve, et on allait les ensevelir dans un sépulcre de pierre. On réitérait ces sacrifices sanglans lorsque les grains avaient environ deux pieds de haut. Alors, on sacrifiait à ce même Dieu quatre enfans de l'âge de six à sept ans : ceux-ci étaient nés esclaves; ensuite on portait leurs corps dans une cave qui leur était destinée. L'origine de cette cérémonie cruelle était due, selon les Mexicains, à une grande sécheresse, qui, dégénérant en famine, les força autrefois d'aban

Captif écorché apres avoir été vaincu.

Captif combattant contre un Prêtre MEXICAIN.

donner le pays. Enfin, quand les grains pouvaient être moissonnés, chaque propriétaire prenait dans son champ une poignée de maïs, et l'offrait au Dieu Tlaloch avec de l'atolle, qui était un breuvage de grain et de copal, gomme précieuse, laquelle servait aux encensemens des idoles. A l'entrée de l'été, on couronnait de fleurs les Dieux, et l'on passait toute une journée à se réjouir. Une autre fête obligeait les principaux de l'empire à se rendre dans la capitale de l'État. Le soir de la fête, on travestissait une femme, qui devait représenter le Dieu du sel, et prendre part à la joie publique; mais on la sacrifiait le lendemain, et cette journée se donnait toute entière à la dévotion et au culte des idoles. Les marchands célébraient aussi des fêtes sanglantes à l'honneur de leur Mercure, dans le temple qui lui était consacré. Je ne dirai rien d'une autre fête en laquelle on écorchait une femme, et l'on revêtait de sa peau un Indien qui dansait deux jours de suite en cet équipage avec ses concitoyens; ni de celle qu'ils solennisaient en entrant dans le lac avec un grand nombre de canots, pour y noyer en cérémonie un garçon et une fille. Ils les envoyaient, disaient-ils, tenir compagnie aux Dieux du lac : cependant la journée se passait en jeûnes et en dévotion.

Ils célébraient au mois de mai la grande fête de Vitzliputzli. Deux jours auparavant, les religieuses faisaient, avec du maïs et du miel, une figure qui représentait ce Dieu. Après l'avoir ornée aussi superbement qu'il était possible, on la mettait sur un trône de couleur d'azur, lequel était supporté par un brancard. Les religieuses qui, le jour de la fête, prenaient le nom de *sœurs de Vitzliputzli,* le portaient en procession sur leurs épaules jusqu'à la place du temple, où les jeunes religieux recevaient l'idole; et, après lui avoir rendu leurs hommages, la portaient à leur tour sur les épaules, et la conduisaient jusqu'aux degrés du sanctuaire. C'est là que le peuple venait adorer cette image de Vitzliputzli, et s'humilier devant elle en se mettant de la poussière sur la tête; ce qui se pratiquait de même dans le culte qu'il rendait aux autres idoles. Les religieuses étaient vêtues de blanc, et couronnées de maïs rôti. Elles portaient au cou des chaînes de ce même maïs, qu'elles faisaient passer autour du bras gauche. Leurs joues étaient colorées d'un vermillon assez épais, et leurs bras couverts de plumes rouges de perroquet, depuis le coude jusqu'au poignet. Les jeunes hommes étaient vêtus de rouge, et portaient, comme les jeunes vestales, des couronnes de maïs.

Après cette humiliation, la procession des dévots allait faire des stations en trois villages différens, soit que ce fût un effet de la coutume, et peut-être de la sainteté de ces lieux où les stations étaient établies. D'abord, elle allait sacrifier sur une montagne à une lieue du Mexique. La procession faisait à-peu-près une course de quatre lieues. Au retour, on conduisait l'idole dans son sanctuaire au son des tambours, des trompettes et de cors ; on la couvrait de roses, et l'on semait toutes sortes de fleurs sur le pavé et même aux environs du temple ; enfin, les vestales sortaient du couvent, portant des morceaux figurés en os, composés de cette pâte qui était la matière de l'idole : elles les remettaient aux religieux, qui les posaient aux pieds de l'idole. Ces morceaux de pâte, que l'on appelait communément les *os et la chair de Vitzliputzli*, étaient consacrés solennellement par les prêtres avec certaines cérémonies particulières, accompagnées de danses et de cantiques à la gloire de l'idole. On rendait à cette pâte consacrée le même culte qu'aux Dieux, dont elle n'était d'abord que le signe et la figure. L'immolation des hommes suivait la consécration, et la cérémonie finissait par des danses et des chansons. A cela succédait une dévotion qui se trouve avoir du rapport à la communion des Chrétiens. Les prêtres dépouillaient de tous ses ornemens l'idole de pâte, et la réduisaient en plusieurs morceaux, de même que les petits pains consacrés. Ils les distribuaient au peuple en manière de sacrement, et communiaient l'assemblée d'une façon si semblable à celle qui se pratique dans le Christianisme, qu'on a de la peine à s'empêcher de traiter cette idolâtrie *d'usurpation que le démon a voulu faire des mystères de la religion chrétienne.* Cette communion était accompagnée d'une exhortation qui apprenait au peuple qu'il *mangeait la chair de son Dieu*, et même on administrait cette espèce de sacrement aux malades. Finissons par deux remarques sur la description de cet acte religieux ; c'est que les communiés donnaient pour offrande un dixième de maïs, et que la clôture de la fête se faisait par un sermon qu'un des plus anciens prêtres prononçait au peuple.

On célébrait la fête de Tescalipuca le 19 du même mois : les prêtres accordaient alors au peuple la rémission de ses péchés. On y sacrifiait un captif, que l'on pourrait presque regarder comme une image imparfaite de la mort que le Sauveur a soufferte pour le genre humain. Il se pouvait que les Mexicains eussent conservé quelques traces de ce mémorable événement. La veille de la fête, le prêtre de Tescalipuca se dépouillait de ses habits pour en recevoir d'autres de la part des nobles Mexicains, qui venaient, comme le reste du peuple, se réconcilier avec cette idole de la pénitence. On ouvrait les portes du temple à tous les pécheurs repentans : un des principaux ministres du Dieu paraissait alors en public, et sonnait du cor, espèce de flûte, en se tournant vers les quatre vents, comme s'il eût voulu appeler toute la terre à la pénitence : après quoi, il prenait de la poussière, et la portait à la bouche en montrant le ciel. Tout le peuple imitait le prêtre, et l'on n'entendait plus que des voix entrecoupées de sanglots, de pleurs et de gémissemens. On se roulait dans la poussière en implorant la miséricorde divine ; et ces frayeurs, qui troublent ordinairement la conscience des pécheurs qui se reconnaissent tels, agissait d'une telle force sur l'esprit des

Mexicains, qu'ils appelaient à leurs secours les ténèbres de la nuit, les vents, les orages, pour mieux échapper à la fureur de ce Dieu, toujours prêt, disaient-ils, à châtier les méchans. Et comme les lumières que les fausses religions offrent à ceux qu'elles veulent conduire à la vertu, ont assez de force pour exciter des remords dans le cœur des vicieux, et même pour leur faire sentir que le vice est contraire à l'humanité, il arrivait que ceux qui se sentaient coupables de crimes, les confessaient hautement, ne pouvant résister à là frayeur que le son du cor portait dans leur conscience. Toute cette agitation, si salutaire en apparence, puisqu'elle excitait pour quelque temps la repentance dans le cœur des Mexicains, aboutissait enfin à brûler beaucoup d'encens à l'honneur de l'idole dont on solennisait la fête. Le son du cor durait dix jours, savoir, depuis le 9 de mai jusqu'au 19; et tout ce temps-là était un temps d'affliction et de larmes. Le dernier jour on portait Tescalipuca. L'image du Dieu, environnée de branches de manguey, qui sont garnies de piquans, était assise dans une machine fermée de rideaux, semblable peut-être à une litière. Cette machine était portée en procession autour du temple par les prêtres barbouillés de noir, qui portaient la livrée de leur Dieu, et dont les cheveux étaient en partie tressés avec un cordon blanc. Deux ministres de l'idole marchaient à la tête de la procession avec l'encensoir à la main : toutes les fois qu'ils encensaient, la procession élevait dévotement les bras en regardant le soleil et le Dieu de la pénitence. Pendant la cérémonie, les autres dévots se donnaient la discipline sur les épaules avec des cordes de manguey. Quelques-uns ornaient de rameaux la cour et le temple, et parsemaient les chemins de fleurs.

Après la procession et la discipline des pénitens, chacun faisait ses offrandes. Les uns apportaient des joyaux et des ouvrages d'or et d'argent; les autres, de l'encens, du bois précieux, du maïs, etc. : les pauvres offraient des cailles, que les sacrificateurs jetaient au pied de l'autel après leur avoir coupé la tête. Le peuple se faisait ensuite un festin assez semblable à ces repas religieux que l'ancien Paganisme avait institués à la gloire de ses Dieux. Tout ce que l'on servait à l'idole portait le nom de *viandes sacrées :* elles étaient servies par des vestales qu'un vieux sacrificateur, vêtu d'une manière de surplis blanc, conduisait devant elle; et le même prêtre ramenait ces vestales au couvent, après qu'elles avaient servi la table du Dieu. Mais lorsque l'heure de desservir était venue, les jeunes gens et les ministres du temple prenaient les viandes et les portaient aux prêtres, qui seuls avaient le privilége de manger de ces mets divins. On faisait, après le sacré repas, le sacrifice de celui qui, pendant l'année, avait été l'image vivante du Dieu de la pénitence; et toute la cérémonie finissait, comme celle des autres fêtes, par des danses et des cantiques.

Les Mexicains célébraient tous les quatre ans un jubilé, qui n'était autre chose que la fête de la pénitence, telle que nous l'avons décrite, excepté qu'elle était plus solennelle, à cause que la rémission des péchés était plus ample et plus générale. On assure que les Mexicains immolaient alors plusieurs victimes humaines, et qu'il se faisait entre les jeunes gens une espèce de défi à qui monterait le plus vîte et d'une seule course au sommet du temple. L'entreprise était des plus difficiles, puisqu'elle méritait de grands applaudissemens à ceux qui avaient la gloire d'arriver les premiers au but, et que même on les distinguait entre leurs compatriotes. D'ailleurs, ils avaient le privilége d'enlever les viandes sacrées, dont ils faisaient un usage presque pareil à celui que l'on fait des reliques chez les Chrétiens.

Pl. 217. *Le Mercure des Mexicains, adoré à Cholula sous le nom de Quetzalcoualt.*

Quetzalcoualt, le Mercure des Mexicains, recevait particulièrement les adorations de tous ceux qui se mêlaient de trafic. Quarante jours avant la fête de ce Dieu, les marchands achetaient un esclave des mieux tournés, qui, pendant ce temps-là, représentait la Divinité, à laquelle il était destiné pour victime le jour de la fête ; mais on le lavait auparavant dans le *Lac des Dieux.* C'est ainsi qu'on appelait l'eau dans laquelle il devenait propre à cette fatale apothéose, qui finissait par sa mort. On l'ornait ensuite comme le Dieu qu'il était obligé de représenter. Il passait le temps de sa divinité à danser et se réjouir ; on secondait ses désirs, on l'adorait ; mais, de peur qu'il n'oubliât sa fatale destinée, deux anciens ministres de l'idole lui en rafraîchissaient le souvenir neuf jours auparavant. Il devait attendre patiemment son sort, et se résigner à sa destinée. S'il paraissait en être affligé, les deux prêtres lui donnaient à boire d'une liqueur qui, en lui rendant la gaieté qu'il avait perdue, le rendait sans doute insensible à sa destinée. Le jour de la fête, on adorait encore cette misérable victime, on l'encensait plusieurs fois de suite ; enfin, on l'immolait à minuit : on offrait son cœur à la lune, ensuite on le jetait devant l'idole. Le corps était précipité du haut du temple, ainsi que cela se pratiquait au culte de Vitzliputzli. La fête finissait par une danse.

Une fonction assez singulière des prêtres de cette Divinité, c'était de marquer la retraite au son d'un tambour qui se faisait entendre par toute la ville. A la pointe du jour, ils appelaient les gens au travail. Cette fonction appartenait au prêtre qui était de semaine.

Le Dieu dont j'ai décrit le culte était adoré d'une autre manière à Cholula (lieu de pélerinage pour les Mexicains). On l'y reconnaissait pour le *Dieu de l'air* ; on croyait aussi qu'il était le fondateur de la ville, l'instituteur des

90

Le MERCURE des MEXICAINS adoré à CHOLULA sous le nom de QUETZALCOUATL.

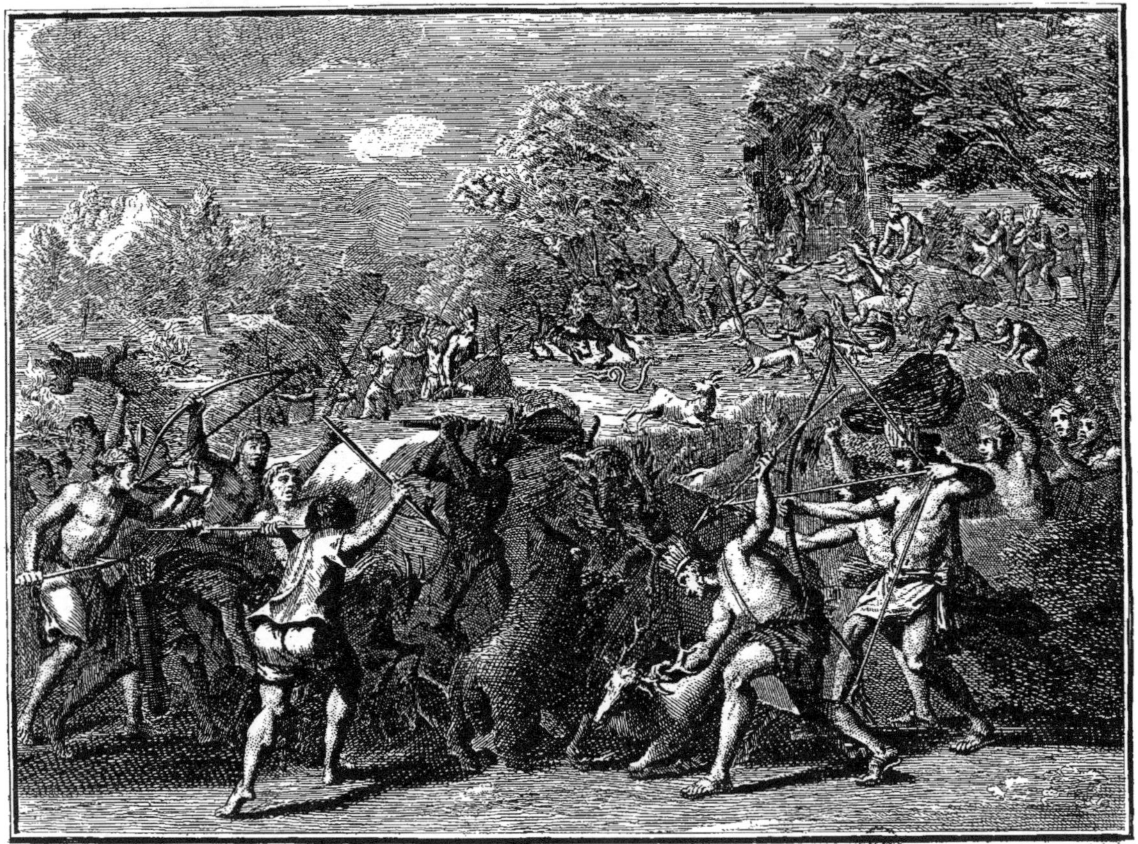

DIVINITÉ *qui préside à la* CHASSE.

228.

pénitences, et l'auteur des sacrifices. Son idole avait à-peu-près l'attitude que le dessinateur lui donne dans cette figure. Le manteau était parsemé de plusieurs croix rouges. Comme cette Divinité avait aimé pendant sa vie mortelle les jeûnes et les pratiques de pénitence, les dévôts jeûnaient, et se tiraient du sang de la langue et des oreilles pour lui plaire. Ce Dieu se mêlait aussi de la guerre. On lui sacrifiait cinq garçons et cinq filles de l'âge de trois ans, avant que de se mettre en campagne.

C'est à l'idole de Cholula que l'on attribuait les fameuses prédictions touchant la ruine de l'empire de Mexique ; prédictions qui furent suivies de prodiges dont il n'est pas nécessaire d'entreprendre le détail, d'autant plus qu'il y a grande apparence qu'elles furent imaginées ou exagérées par la crédulité des peuples.

Pl. 218. *Divinité qui préside à la chasse.*

Enfin les Mexicains, et sur-tout ceux de Tlascalla, adoraient un Dieu qui, pendant son séjour en ce monde, avait été grand chasseur. On l'honorait par une chasse solennelle. Pendant que le Dieu était sur un autel, placé au sommet d'une montagne, autour de laquelle on avait allumé plusieurs feux, les dévots chasseurs poursuivaient les bêtes sauvages, qui, pour échapper à la violence des flammes, se sauvaient vers le haut de la montagne. On les assommait là devant l'idole, et on lui sacrifiait le cœur de ces animaux. La chasse finissait par des chants d'alégresse et des cris de joie ; après quoi les chasseurs ramenaient l'idole en triomphe, et l'on achevait de signaler par un festin solennel la dévotion de cette journée.

Leurs Cérémonies de paix et de guerre, et leurs Hiéroglyphes.

Les marques de la dignité de l'ambassadeur étaient une mante, ou cape de coton, brodée d'une frange tressée avec des nœuds. Il portait à la main droite une flèche fort large, les plumes en haut ; et au bras gauche, une coquille en manière de bouclier. On jugeait du sujet de l'ambassade par les plumes de la flèche. Les rouges annonçaient la guerre, les blanches marquaient la paix. L'ambassadeur devait être respecté à la vue de ces marques ; mais il ne pouvait s'écarter des chemins royaux de la province par où il passait, à peine de perdre son droit de juridiction et de franchise.

Les sacrificateurs annonçaient la guerre par le son d'un instrument qu'ils appelaient *la trompette sacrée,* parce qu'il n'était permis qu'aux sacrificateurs de la sonner, pour animer le cœur des soldats de la part des Dieux. Le son de l'instrument était rauque et composé de tons lugubres, propres à inspirer au soldat une nouvelle férocité, en consacrant, dit le traducteur de la *Conquête du Mexique*, le mépris de la vie par un motif de religion. Le service des troupes Mexicaines était exact, les soldats obéissans : c'était pour eux une plus grande action de valeur de faire des prisonniers, que de tuer leurs ennemis, le plus brave étant celui qui amenait le plus de victimes pour les sacrifices.

Leur manière d'écrire consistait en de certaines peintures hiéroglyphiques, avec le secours desquelles ils rappelaient dans leur esprit le souvenir des événemens mémorables ; car ils n'avaient pas comme nous l'usage des lettres. Ils peignaient les objets sur des toiles de coton, préparées exprès pour le pinceau. A ces images, ils ajoutaient des nombres ou quelques autres signes, avec une disposition si juste, que le nombre, le caractère et la figure s'entr'aidaient réciproquement à exprimer la pensée, et formaient un raisonnement entier. Cette invention subtile était semblable aux hiéroglyphes des Égyptiens....; et les Mexicains pratiquaient cette manière d'écrire avec tant d'habileté, qu'ils avaient des livres entiers de ce style où ils conservaient la mémoire de leurs antiquités, et donnaient à la postérité les annales de leurs rois. Ils conservaient aussi, par ce moyen, les cérémonies de leur religion. Ces derniers livres étaient gardés dans les temples.

Les princes Mexicains faisaient chanter dans ces temples les exploits des grands hommes de la nation, et sur-tout les belles actions des rois leurs prédécesseurs. On enseignait aux enfans ces compositions poétiques, qui tenaient lieu d'histoire à ceux qui n'avaient pas l'intelligence des peintures et des hiéroglyphes de leurs annales. De cette manière, ils apprenaient à connaître les avantages de la vertu militaire, dans un âge où ils n'étaient pas capables de la soutenir ; mais c'était du moins un excellent préparatif à cette espèce de chef-d'œuvre militaire, qu'un guerrier novice était obligé de produire à sa première campagne.

Pl. 219. *Le Calendrier des Mexicains.*

Les Mexicains réglaient leur calendrier sur le mouvement du soleil, dont ils savaient prendre la hauteur et la déclinaison, qui leur donnaient les différences du temps et des saisons. Leur année était de trois cent soixante-cinq jours ; mais il la divisaient en dix-huit mois de vingt jours chacun, ce qui faisait le nombre de trois cent soixante jours : les cinq qui restaient étaient comme intercallaires. On les ajoutait à la fin de l'année, afin qu'elle égalât le cours du soleil. Durant ces cinq jours, qu'ils croyaient que leurs ancêtres avaient laissés exprès comme vides et hors de compte, ils s'abandonnaient aux plaisirs de l'oisiveté, et ne songeaient qu'à perdre le plus agréablement qu'ils pouvaient ces restes du temps. Les ouvriers cessaient leur travail ; on fermait les boutiques ; on ne

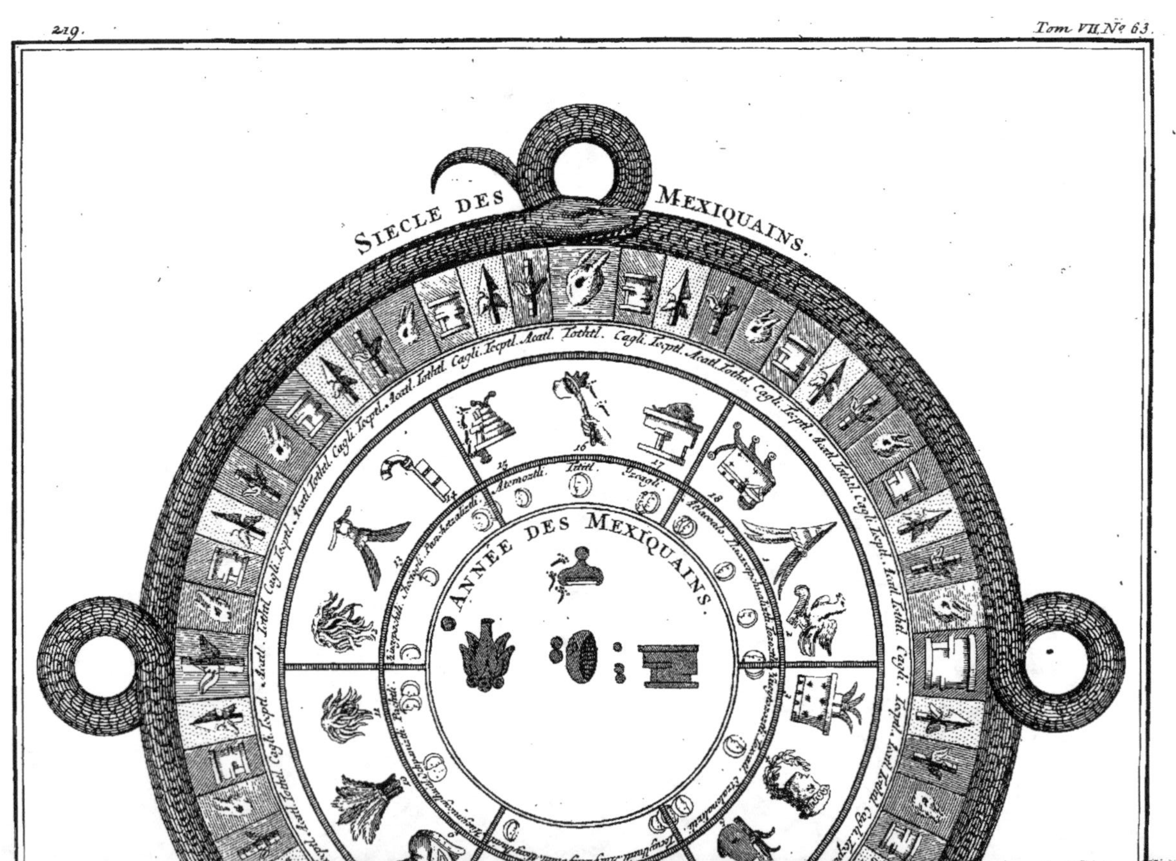

219.
Tom. VII. N.º 63.
SIECLE DES MEXIQUAINS.
ANNÉE DES MEXIQUAINS.

Les **MEXIQUAINS** expliquoient leurs penseés, et donnoient
une idée des choses sensibles par des Hieroglyphes, à la façon
des Anciens Egyptiens. C'est de cette maniere que leur Siecle et
leur année etoient representez. Une Roüe peinte contenoit l'espace
d'un Siecle distingué par années et chargé des evenemens memora-
bles. Le Siecle etoit de 52. Années Solaires, chacune de 365. jours,
4. jndictions de 13. Ans chacune formoient la division de la roüe
& repondoient aux 4. parties du Monde de la maniere suivante.

Un Serpent environnoit cette Roüe, et marquoit par ses
4. noeuds les 4. divisions, l'Hieroglyphe de la premiere, qui
marquoit le Midi, etoit un Lapin, sur un fond bleu, que l'on
appelloit TOCHTLILA. de la seconde pour l'Orient, une canne
sur un fond rouge. on l'apelloit ACATL. de la troisieme pour
le Nord, une epée avec une pointe de pierre sur un fond jaune.
on l'appelloit TECPATL. de la quatrieme pour l'Occident,
une maison sur du verd. on l'apelloit CAGLI. Entre ces quatre
divisions, il y en avoit douze petites dans lesquelles les quatre
Hieroglyphes etoient distribués successivement en donnant à
chacun sa valeur numerale jusqu'à 13. qui etoient le nombre
d'anneé qui composoient l'jndiction. on faisoit la même chose
dans la deuxieme jndiction. avec les mêmes noms depuis
un jusqu'à 13. dans la troisieme & dans la quatrieme jusqu'à

que le Cercle de 52. Ans fut fini, de la maniere qui suit.

o
o o
o o o
o o o o
o o o o o
o o o o o o
o o o o o o o
o o o o o o o o
o o o o o o o o o
o o o o o o o o o o
o o o o o o o o o o o
o o o o o o o o o o o o
o o o o o o o o o o o o o

on observoit cette maniere de compter par treize non seulement
dans les années; mais aussi dans les mois, Ils recommencoient
lors quils arrivoient à 13.

L'Anneé solaire etoit de 365. jours, et les Mois de 20. leurs
noms & leurs Hieroglyphes sont marquez dans la figure par
1. 2. 3. & ainsi de suite jusqu'à 18.

Pour faire l'Anneé complette de 365. jours. les Mexiquains en ajou-
toient 5. aux 18. mois de 20. jours chacun, qui faisoient l'Anneé.

Cette explication est tirée de GEMELLI CARERI. Tome VI. de ses VOYAGES. chap. V.

Desolation des MEXICAINS à la fin du SIECLE.

plaidait point aux tribunaux, et même on ne sacrifiait point dans les temples. Ils se visitaient les uns les autres, et se donnaient toute sorte de divertissemens, afin, disaient-ils, de se dédommager par avance des chagrins et des misères de l'année où ils allaient entrer. Elle commençait au premier jour du printemps.

Leurs semaines étaient de treize jours, avec des noms différens, qu'ils marquaient sur leur calendrier par diverses figures. Leur siècle était de quatre semaines d'années, c'est-à-dire, de cinquante-deux ans.

Pl. 220. *Désolation des Mexicains à la fin du siècle.*

La révolution du siècle des Mexicains est appliquée au bas de la planche 219. L'auteur de cette explication nous dit la raison pour laquelle ils commençaient à compter leurs années en partant du midi. Lorsqu'ils s'affligeaient et s'humiliaient le dernier jour de leur siècle, ils se mettaient à genoux sur les toits de leurs maisons, le visage tourné du côté de l'orient, pour voir si le soleil recommencerait son cours, ou si la fin du monde était venue ; et comme, dans cette posture, ils avaient le midi à leur main droite, ils en tiraient une conséquence que la lumière avait commencé de ce côté-là. Ils croyaient aussi que l'enfer était du côté du nord, et qu'ainsi il eût été ridicule que le soleil eût commencé son cours du côté du nord.

Comme ils avaient appris, par tradition ou autrement, que l'univers doit périr, et qu'ils s'imaginaient que sa destruction arriverait à la fin de la révolution des quatre semaines d'années, quand on était arrivé au dernier jour des cinquante-deux années, tout le monde se préparait au bouleversement de la nature. On voyait alors les Mexicains se disposer à la mort, sans être malades. Ils cassaient toute leur vaisselle, comme leur devenant inutile ; ils éteignaient le feu ; ils couraient durant toute la nuit comme des gens qui ont perdu l'esprit, et personne n'osait se reposer jusqu'à ce qu'il eût su si l'on allait tout de bon entrer dans la région des ténèbres. Ils commençaient à respirer, lorsque le crépuscule reparaissait à leur yeux, tournés sans relâche du côté de l'orient ; et, quand le soleil se montrait, il était salué au son de tous leurs instrumens par des hymnes et des chansons qui exprimaient les transports de leur joie. Les Mexicains se félicitaient alors les uns les autres de ce que la durée du monde était au moins assurée pour un autre siècle. Ils allaient aux temples en rendre grâces aux Dieux, et recevoir du feu nouveau de la main des sacrificateurs. On allumait ce feu nouveau devant les autels, par une violente agitation de deux morceaux de bois sec qu'ils frottaient l'un contre l'autre ; après quoi, chacun faisait de nouvelles provisions de tout ce qui était nécessaire à sa subsistance, et l'on célébrait ce jour-là par des réjouisances publiques. On ne voyait par la ville que des danses et autres exercices d'agilité, consacrés au renouvellement du siècle, de la même manière, dit l'auteur de la *Conquête du Mexique*, qu'en usait Rome autrefois dans les jeux séculaires. Il y a beaucoup d'apparence que les Mexicains avaient retenu de leurs ancêtres l'idée de la fin du monde, et que ceux-ci l'avaient apportée avec eux d'Asie, où elle a été reçue de tout temps. Il paraît aussi que ce peuple avait quelque connaissance de l'astronomie, puisque les premiers Espagnols trouvèrent dans la province de Jucatan des livres mexicains qui traitaient de cette matière. Les moines, qui se connaissaient un peu mieux en bréviaires qu'en livres d'astronomie, brûlèrent ces livres, dont les figures leur paraissaient autant d'évocations du démon.

Pl. 221. *Réjouissances des Mexicains au commencement du siècle.*

Le Couronnement des Rois Mexicains, etc.

Les empereurs ou rois du Mexique furent d'abord élus par la voix du peuple, dirigée cependant par les nobles. Dans la suite, ils furent élus par quatre électeurs. On choisissait les rois jeunes et propres à la guerre : il fallait qu'ils donnassent des preuves de leur valeur militaire. On ne les couronnait pas immédiatement après l'élection. Le prince nouvellement élu se trouvait obligé de sortir en campagne à la tête des troupes, et de remporter quelque victoire, ou de conquérir quelque province sur les ennemis de l'empire, ou sur les rebelles, avant que d'être couronné et de monter sur le trône. Aussitôt que le mérite de ses exploits l'avait fait paraître digne de régner, il revenait triomphant en la ville capitale..... : les nobles, les ministres et les sacrificateurs l'accompagnaient jusqu'au temple du Dieu de la guerre, où il descendait de sa litière ; et, après les sacrifices....., les princes électeurs mettaient sur lui l'habit et le manteau impérial. Ils lui armaient la main droite d'une épée, garnie de pierres à fusil, qui était la marque de la justice. Il recevait de la main gauche un arc et des flèches, qui désignaient le souverain commandement sur leurs armées ; et alors le roi de Tezucco lui mettait la couronne sur la tête, ce qui était la fonction privilégiée du premier électeur. Un des principaux magistrats faisait ensuite un long discours, par lequel il congratulait le prince au nom de l'empire..... : il y mêlait quelques instructions, dans lesquelles il représentait les soins et les obligations que la couronne impose, l'attention qu'il devait avoir au bien et à l'avantage de ses peuples, etc. Le grand-prêtre, revêtu de ses ornemens pontificaux, sacrait en quelque façon les rois ; il leur donnait l'onction royale, et se

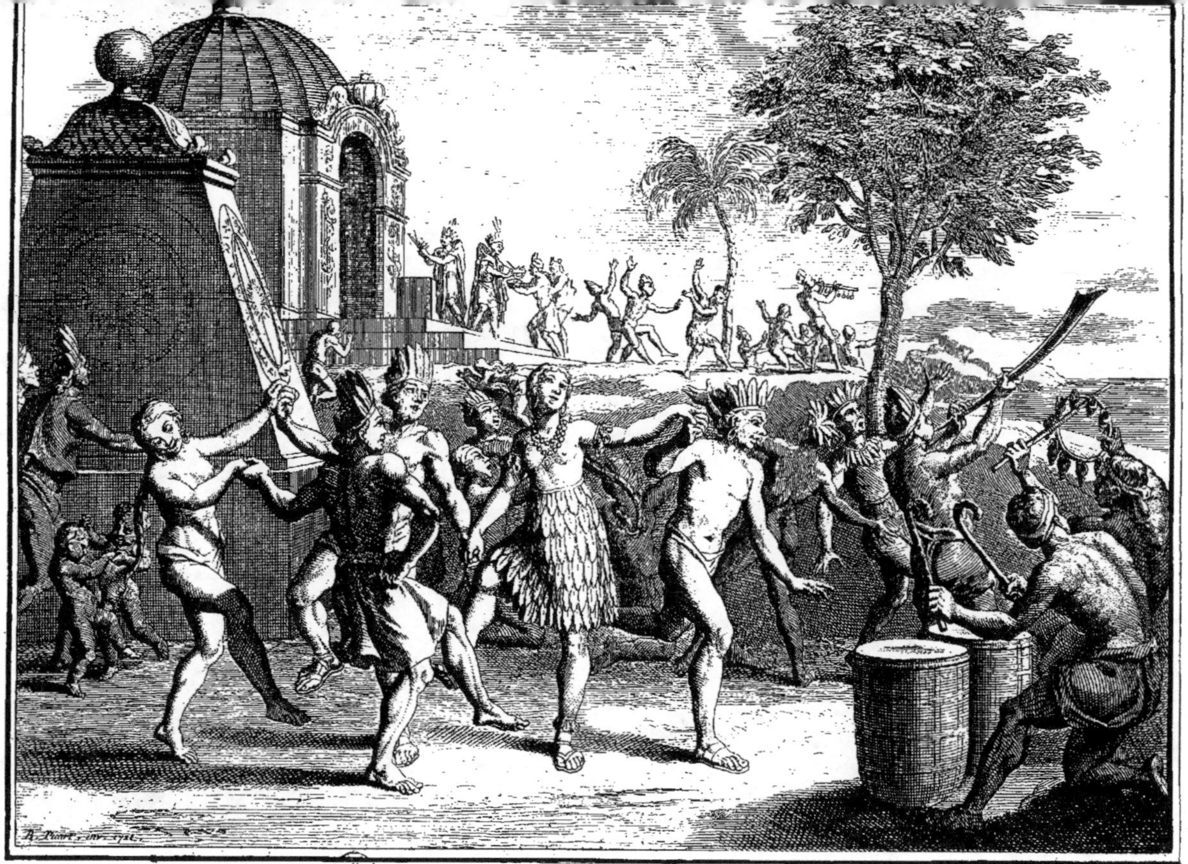

Réjouissances des MEXICAINS, au commencement du SIECLE.

MARIAGE des MEXICAINS.

servait à cet usage d'une liqueur ou composition épaisse et noire comme de l'encre : on ne sait pas de quoi elle était composée. Ce même grand-prêtre bénissait le roi, et l'aspergeait quatre fois de suite avec une eau consacrée ; il lui mettait sur la tête un capuchon, sur lequel on voyait peints des os et des têtes de morts, et sur le corps un vêtement noir; par-dessus celui-ci un autre, bleu, peint comme le capuchon : tout cela se faisait, sans doute, pour lui apprendre que la royauté n'est pas moins sujette aux lois de la mort que la plus misérable condition, et qu'il ne reste que des squelettes de ces grandeurs si exposées à l'envie des autres hommes, etc.

Leurs Cérémonies nuptiales et leur Divorce, etc.

Pl. 222. *Mariage des Mexicains.*

Les mariages se contractaient par l'autorité des prêtres. On exprimait dans un acte public les biens que la femme apportait en dot, et le mari était obligé à les restituer, en cas qu'ils vinssent à se séparer. Après qu'on s'était accordé sur les articles, les deux parties se rendaient au temple, où un des sacrificateurs examinait leur volonté par des questions précises et destinées à cet usage. Il prenait ensuite d'une main le voile de la femme et la mante du mari, et il les nouait ensemble par un coin, afin de signifier le lien intérieur des volontés. Ils retournaient à leur maison avec cette espèce d'engagement, accompagnés du sacrificateur : là, par une imitation de ce que les Romains pratiquaient à l'égard des Dieux Lares, ils allaient visiter le foyer, qui, selon leur imagination, était le médiateur des différens entre les mariés. Ils en faisaient le tour sept fois de suite, précédés par le sacrificateur; et cette cérémonie était suivie de celle de s'asseoir, afin de recevoir également la chaleur du feu, ce qui donnait la dernière perfection au mariage. Le marié avait de son côté deux vieillards pour assistans ou témoins, et la mariée deux vieilles femmes. L'*Histoire Mexicaine*, représentée en figures et héroglyphes, ajoute qu'à l'entrée de la nuit, une espèce d'entremetteuse, accompagnée de quatre matrones, armées chacune d'un flambeau, chargeait la mariée sur son dos, et la portait au logis du marié. Les parens de celui-ci, qui étaient allés au-devant de sa future conjointe, la conduisaient en un lieu où le marié l'attendait : c'est-là que s'achevait le reste de la cérémonie, de la façon que nous venons de le dire. Le repas nuptial la suivait de près; et quand on s'était suffisamment diverti à manger et à boire, les vieillards prenaient le marié à part, et les vieilles, la mariée, pour leur donner à chacun en particulier les conseils utiles et nécessaires en ce changement d'état, et les moyens de s'acquitter exactement des devoirs que prescrit la vocation à laquelle on est appelé par le mariage. Les vieux et les vieilles s'étant retirés, les jeunes gens mettaient la dernière main à l'ouvrage.

Le divorce était fréquent au Mexique : il suffisait, pour le faire, que le consentement fût réciproque, et ce procès n'allait point jusqu'aux juges. Ceux qui en connaissaient, le décidaient sur-le-champ. La femme retenait les filles, et le mari les garçons : mais, du moment que le mariage était ainsi rompu, il était défendu, sur peine de la vie, de se réunir ; et le péril de la rechute était l'unique remède que les lois eussent imaginé contre le divorce, où l'inconstance naturelle de ces peuples les portait aisément. Ils se faisaient un point d'honneur de la chasteté de leurs femmes ; et, malgré le débordement qui les entraînait dans le vice de la sensualité, on châtiait un adultère du dernier supplice : mais on permettait les femmes publiques et les maisons de débauche.

Pl. 223. *Cérémonies que les Mexicains pratiquent à l'égard de leurs enfans.*

On portait avec solennité au temple les enfans nouveaux-nés ; et les prêtres, en les recevant, leur faisaient de certaines exhortations sur les misères et sur les peines où l'on est engagé en naissant. Si les enfans étaient nobles, on leur mettait une épée à la main droite, et en la gauche un bouclier que les prêtres conservaient particulièrement pour cet usage. S'ils venaient d'artisans, on faisait la même cérémonie avec quelques outils ou instrumens mécaniques. Après cela, le prêtre portait l'enfant auprès de l'autel, où il lui tirait quelques gouttes de sang des oreilles et des parties naturelles, avec une épine de manguey, ou avec une lancette de pierre ; ensuite il jetait de l'eau sur l'enfant, ou même il le baignait, en faisant quelques imprécations. Cette espèce de circoncison, et l'ablution qui la suivait, imitait en quelque façon la circoncision des Juifs et le baptême des Chrétiens.

Les parens de l'enfant se mêlaient de son éducation jusqu'à ce qu'il eût atteint l'âge de quinze ans. Il paraît qu'elle était assez sévère, et que l'on ne négligeait rien pour empêcher le libertinage de la jeunesse. Dès la plus tendre enfance, on l'élevait à la sobriété, et l'on augmentait d'année en année la dose de sa nourriture, avec des précautions si judicieuses, qu'on ne saurait assez les louer. A quatre ans, on exerçait les enfans aux choses proportionnées à leur âge, et dès-lors on empêchait cette oisiveté trop connue chez nous, et néanmoins si funeste, qu'elle rend les hommes vicieux et misérables jusqu'à la fin de leurs jours. On punissait de mort les jeunes gens qui s'enivraient ; mais l'ivresse était permise aux vieillards.

Les jeux de la jeunesse Mexicaine étaient, en quelque façon, mêlés à la religion.

B. Picart del. 1723.

CÉRÉMONIES que les MEXICAINS pratiquent à l'égard de leurs ENFANS. 223.

CONVOI funèbre des MEXIQUAINS . | PRÉSENS que les MEXIQUAINS font a leurs morts .

Il semble que ces peuples crussent que les plaisirs ne pouvaient honnêtement
subsister sans elle. On se divertissait près des temples, et les prêtres étaient les
juges des exercices des jeunes gens. Ils décidaient des différens qui y surve-
naient; ils donnaient les prix à ceux qui les méritaient. La balle ou la pelote
était un de leurs principaux divertissemens, où la victoire se disputait avec plus
de solennité qu'en tous les autres exercices : « car les prêtres y assistaient avec
le Dieu de la balle; et après l'avoir placé à son aise, ils conjuraient le tripot par
de certaines cérémonies, afin de corriger les hasards du jeu...... et de rendre
la fortune égale entre les joueurs. »

Leurs Cérémonies funèbres.

Pl. 224. *Convoi funèbre des Mexicains.*

Pl. 225. *Présens que les Mexicains font à leurs morts.*

Les Mexicains croyaient l'immortalité de l'âme, et reconnaissaient des récompenses et des peines dans l'éternité. Ils plaçaient le séjour des bienheureux près
du soleil ; entre ces bienheureux, ceux qui étaient morts à la guerre et ceux que
l'on avait sacrifiés aux Dieux occupaient les premières places. Prévenus, comme
autrefois les anciens, et principalement les Grecs, que la vertu militaire était la
première des vertus, et s'étant persuadés que l'immolation des hommes était
l'action la plus éclatante de la religion, il n'est pas étonnant qu'ils attribuassent
à leurs héros et aux hommes qui se laissaient égorger pour plaire aux Dieux,
une félicité souveraine. Ils assignaient en l'autre monde différens lieux aux âmes
des trépassés, selon leurs divers genres de morts : par exemple, les enfans
morts-nés ne séjournaient pas avec ceux qui étaient morts de vieillesse, ni ceux
qui mouraient de maladie avec ceux que l'on faisait mourir pour leurs crimes;
et même, parmi ces derniers, les parricides ne logeaient pas avec les autres
meurtriers. Ils établissaient, comme on voit, plusieurs classes de châtimens, et
sans doute plusieurs classes de récompenses.

Les obsèques et toutes les cérémonies funèbres étaient du département de la
prêtrise. On enterrait ordinairement les morts dans leurs jardins, ou dans leurs
maisons : la cour était l'endroit du logis que l'on choisissait pour cela ; quelquefois on allait les enterrer aux endroits où l'on sacrifiait aux idoles ; enfin, on les
brûlait souvent : après quoi l'on ensevelissait leurs cendres dans les temples, et
avec elles les cendres des meubles, des ustensiles et de tout ce que l'on jugeait
devoir leur être nécessaire en l'autre vie. On chantait aux funérailles, et même
on faisait des festins en cette occasion ; usage qui, tout ridicule qu'il est, n'a pu
être encore aboli parmi quelques nations Chrétiennes. Sur-tout la manière

d'enterrer les grands seigneurs était extrêmement somptueuse : on portait aux temples leurs corps avec pompe et un grand cortége. Les prêtres venaient au-devant avec leurs brasiers de copal, chantant d'un ton mélancolique des hymnes funèbres, accompagnées du son lugubre et rauque de quelques flûtes. Ils élevaient, à diverses fois, le corps en haut, durant qu'on sacrifiait ceux qui étaient destinés à servir ces morts distingués. On faisait mourir les domestiques, afin qu'ils tinssent compagnie à leurs maîtres. C'était une marque d'amour exquis, mais ordinaire aux femmes légitimes, de célébrer par leur mort les funérailles de leurs maris. On enterrait avec ces morts beaucoup d'or et d'argent pour faire les frais du voyage, qu'ils croyaient long et fâcheux. Le peuple imitait les grands à proportion de ses facultés. Les amis venaient faire des présens aux défunts, et leur parlaient comme s'ils eussent été vivans : soit qu'on brûlât les morts, ou qu'on les ensevelît, on pratiquait toujours les mêmes cérémonies. N'oublions pas que l'on portait les armoiries et les marques d'honneur du défunt, s'il était de qualité, et que le prêtre qui faisait l'office mortuaire était revêtu de celles de l'idole que le noble représentait. Les obsèques duraient dix jours.

Pl. 226. *Les Habitans de Venezuela boivent les cendres de leurs Caciques après avoir brûlé leurs corps.*

Pl. 227. *Les Habitans pleurent sur le corps de leurs Caciques.*

L'orgueil et la vanité faisaient chez les Mexicains, comme chez le reste des hommes, un dernier effort à la mort du prince. Si un mourant reconnaît de bonne-foi à sa dernière heure le néant des grandeurs humaines, il n'en est pas tout-à-fait ainsi de ceux qui restent après lui ; divers intérêts, faux ou véritables, les obligent d'étouffer des idées dont ils sentiront pourtant tôt ou tard la force. Lorsque l'empereur était malade, on mettait un masque sur la face des idoles, et l'on ne l'ôtait plus que le prince ne fût ou mort ou guéri. S'il mourait, on publiait sa mort et un ordre pour le pleurer dans toute l'étendue de ses États : toute la noblesse était invitée à ses funérailles. Les quatre premières nuits d'après la mort, on faisait la garde autour du corps de l'empereur : après cela on le lavait ; on prenait un toupet de ses cheveux que l'on conservait comme une relique, parce que, selon les Mexicains, ce toupet représentait l'âme ; on lui mettait une émeraude dans la bouche ; on l'enveloppait dans dix-sept mantes d'un travail exquis. Sur la dernière de ces mantes, on voyait l'image de la Divinité qui avait été particulièrement l'objet de la dévotion du souverain ; on lui mettait un masque sur le visage, et on le portait ainsi dans le temple de cette

Les Habitans de VENEZUELA boivent les cendres de leurs CACIQUES après avoir brulé leurs corps .
226.

Les Habitans de VENEZUELA pleurent sur le corps de leurs CACIQUES .
227.

B. Picart del. sculp. dir. 1721.

IDOLES de CAMPÊCHE et de IUCATAN.

idole. Le clergé du temple le recevait à la porte, en chantant à la mexicaine
l'office des morts; ensuite le grand-prêtre prononçait quelques paroles, et l'on
jetait le corps dans le feu avec tout ce qui lui était destiné : on étranglait un
chien qui devait être son guide en l'autre monde ; on lui sacrifiait plusieurs
jours de suite un grand nombre d'esclaves et d'autres gens pour l'aller servir ;
enfin, on enfermait les cendres et le toupet de cheveux dans un cercueil, orné
par dedans de toutes sortes de peintures d'idoles, et sur le cercueil l'on mettait
l'image du prince défunt. Tel était le dernier acte d'une cérémonie où tout ce
que l'homme voit de plus éclatant allait se perdre parmi les vers et la pourriture.

Les rois de Mechoacan étaient à-peu-près ensevelis avec le même appareil.
La planche représente ici, outre les cérémonies funèbres des Mexicains, celles
de Venezuela, sur lesquelles il n'y a rien à dire de particulier.

RELIGION, MOEURS, IDOLATRIES

Des Peuples de Campéche, Jucatan, Tabasco, Cozumel, etc.

Les Divinités que la figure présente ici étaient adorées à Campêche, et peut-
être ailleurs. Les dévôts de la côte orientale du Mexique allaient sacrifier aux
idoles dans l'île des Sacrifices. L'auteur de l'*Histoire de la Conquête du Mexique*
n'en donne pas la description ; il se contente de dire que les Espagnols y rencontrèrent des idoles de différentes figures, et toutes horribles : elles étaient,
ajoute-t-il, posées sur des autels où l'on montait par des degrés, proche desquels il y avait six ou sept corps humains immolés depuis peu, et mis en quartiers
après leur avoir arraché les entrailles.

Pl. 228. *Idoles de Campéche et de Jucatan.*

On voyait autrefois à Campêche un théâtre carré, bâti de terre et de pierre,
haut d'environ quatre coudées ; il y avait sur ce théâtre la figure en marbre
d'un homme que deux animaux de forme extraordinaire semblaient vouloir
déchirer ; et tout près, la représentation d'un serpent de quarante-sept pieds de
longueur, qui engloutissait un lion. Ces deux dernières figures étaient renfer-
mées par des palissades ; on voyait sur le pavé des arcs et des flèches, des os et
des têtes de morts : c'est tout ce qu'on nous apprend de ces figures, qui étaient
sans doute mystérieuses.

11*

Les peuples de Jucatan avaient aussi une espèce de circoncision à la naissance de leurs enfans. On trouva des croix chez ces mêmes peuples : il se ait
difficile de dire l'usage que ces Idolâtres en pouvaient faire, et quelle en était
l'origine ; car on ne saurait faire aucun fonds sur ce qu'ils dirent aux Espagnols,
qu'autrefois un personnage plus beau que le soleil passa dans cette province,
et laissa aux habitans ce monument de son passage.

L'île de Cozumel portait, dit-on, le nom de l'idole que les habitans adoraient.
Le temple de cette idole était de figure carrée, bâti de pierre, et d'une architecture passable. L'idole avait la figure d'homme, mais d'un air terrible et affreux.
On avait ménagé derrière l'idole une fausse porte, par laquelle le prêtre rendait
les oracles sans être aperçu ; mais les dévots qui venaient adresser leurs vœux,
s'imaginaient bonnement qu'elle répondait. On y voyait quelques autres figures
de marbre et de terre qui ressemblaient à des ours : ces Dieux étaient, nous
dit-on, les Divinités domestiques, ou les Lares des habitans.

Dans cette même île, le Dieu de la pluie était adoré sous la forme de la croix ;
en temps de sécheresse, on allait en procession la prier de faire pleuvoir : on
lui sacrifiait des cailles ; on lui sacrifiait des parfums exquis ; on l'arrosait d'eau,
et l'on réitérait sans doute si long-temps et si souvent les offrandes, les prières
et les aspersions, qu'enfin les nuages avaient le loisir de se former. Il pleuvait ;
voilà le miracle.

Pl. 229. *Idoles de Tabasco.*

Les idoles de Tabasco et les sacrifices qu'on leur faisait sont représentés dans
cette figure. On arrachait le cœur aux victimes, après leur avoir ouvert l'estomac ; ensuite on posait, ou, pour mieux dire, on enchâssait le corps tout
sanglant de la victime dans un creux pratiqué à l'endroit du col du lion que la
figure représente. Le sang de celui qu'on avait sacrifié de la sorte tombait dans
un réservoir de pierre, au bord duquel on voyait une figure humaine de pierre,
qui paraissait regarder avec attention le sang de la victime immolée. Pour ce
qui est du cœur, que le sacrificateur lui arrachait, il en frottait la face de son
idole ; et le jetait ensuite dans un feu allumé exprès.

B. Picart sculp. dir. 1723

IDOLES de TABASCO.

229.

RELIGION, MOEURS, IDOLATRIES

DES

PEUPLES DE NICARAGUA.

Ces peuples sacrifiaient des hommes à la manière de leurs voisins; ils adoraient le soleil et plusieurs autres Divinités. Entre leurs prêtres, il y en avait que l'on pouvait regarder comme des confesseurs, puisqu'ils étaient destinés à recevoir les confessions et ordonner les pénitences; ils indiquaient aussi les fêtes et les autres solennités : ils prescrivaient la forme des sacrifices, donnaient le formulaire des prières, etc. Ces prêtres observaient le célibat.

A l'égard des sacrifices, voici ce qu'ils pratiquaient de plus remarquable. Le sacrificateur tournait trois fois autour de la victime (c'était un prisonnier de guerre) en chantant d'un ton lamentable; ensuite il lui ouvrait l'estomac; de son sang il s'en frottait le visage, partageait le corps après en avoir tiré le cœur. Le sacrificateur donnait ce cœur au grand-prêtre, les pieds et les mains de la victime au roi, le reste au peuple. La tête était mise sur un poteau, qui portait le nom de la province avec laquelle on était en guerre : il est aisé de comprendre que le prisonnier sacrifié en était originaire. Souvent on sacrifiait sur ces poteaux des enfans et même des hommes du pays; mais, avant de les immoler, il fallait les acheter, et il était permis à un père de vendre son enfant pour cette cruelle cérémonie. Ceux qui avaient le bonheur d'être sacrifiés de la sorte jouissaient des priviléges de l'apothéose : ils passaient de cette vie mortelle à l'immortelle. Toutes les cérémonies religieuses de ces peuples sont accompagnées de prières, de vœux, de retours sincères aux Dieux, et de processions à leur honneur. Les prêtres y assistent en mantes de coton qui descendent jusque sur les jambes : les séculiers portent des bannières où ils représentent à leur mode les Dieux pour lesquels ils ont de la devotion; les jeunes gens s'y trouvent avec l'arc et la flèche à la main. A la tête des dévots marche le grand-prêtre, portant l'image d'une Divinité du pays au bout d'une lance. Les prêtres vont chantant jusqu'à ce qu'on soit arrivé à l'endroit où l'idole doit faire halte; alors on jonche de toutes sortes de fleurs la place où elle est posée : on cesse le chant; le grand-prêtre se tire du sang de quelque partie de son corps à l'honneur du Dieu : les dévots de la procession l'imitent, les uns se saignent à la langue, les autres aux oreilles et les autres beaucoup plus bas, à la discrétion du dévot; mais, quelle que soit la partie qui souffre l'opération, le sang qui en coule sert à colorer le visage de l'idole. Pendant ces actes de dévotion, les jeunes gens dansent et se réjouissent; quelquefois on consacre le maïs en ces processions. La consécration qui sert à le sanctifier est assez extraordinaire; ils l'arrosent d'un sang dont la propriété n'est pas d'inspirer aux hommes des œuvres de sainteté. La consécration est suivie de la manducation.

Leurs temples sont bas : les appartemens en sont obscurs. Devant un de ces temples, on voyait autrefois le grand autel : c'était là que le sacrificateur faisait au peuple une exhortation qui servait de préliminaire au sacrifice.

Quoique la polygamie leur soit permise, ils n'ont pourtant qu'une épouse légitime. Le prêtre prend le fiancé et la fiancée par le petit doigt, les conduit dans une chambre, près d'un feu allumé pour cette cérémonie. Il les instruit particulièrement de leur devoir et de tout ce qu'il croit nécessaire en ce passage d'une condition à l'autre, à la vérité beaucoup plus périlleux pour nous, ce me semble, que pour les maris du Nouveau-Monde. Dès que le feu est éteint, l'époux et l'épouse sont censés mari et femme; mais si celle-ci, prise de bonne foi pour vierge, se trouve tout autre à l'examen, le mari la répudie sans autre façon; à moins qu'il ne veuille bien s'en rapporter à son cacique, et lui remettre la vérification de la virginité de cette novice. Le divorce est la seule peine qui soit imposée à celle qui viole la fidélité conjugale : il est vrai qu'on lui défend le mariage. Cependant on nous assure qu'en certaines fêtes de l'année, le mari accorde à sa femme la permission de lui donner un vicaire. Si les Relations accusent bien juste, ils prennent place de meilleure grâce que nous dans la légende des cocus. Oserait-on assez présumer de la raison de ces peuples, pour leur attribuer de croire que le vrai moyen de trouver de la consolation dans le cocuage, et aussi d'éviter souvent de tomber sous sa juridiction, c'est de permettre, et non de défendre?

On rapporte qu'en ce pays-là, les parens de la femme adultère sont déshonorés; que celui qui viole une fille est fait esclave, ou condamné à payer sa dot; que l'esclave qui a commerce avec la fille de son maître est enterré vif avec elle; et que, pour prévenir tous ces accidens, il y a des maisons de joie.

Nous avons parlé des coutumes de ces peuples, comme si elles subsistaient actuellement. Le Christianisme les a généralement abolies, à l'exception dans les bois et dans les montagnes.

RELIGION, MOEURS, IDOLATRIES

*Des Peuples de Darien, de Panama, de la Nouvelle-Grenade
et de Cumane.*

Les Indiens de la province de Darien n'ont ni temple, ni autel, ni autres marques extérieures de religion : cependant ils croient qu'il y a un Dieu au ciel ; et ce Dieu, c'est le soleil, mari de la lune. Ils adorent également l'un et l'autre. Pour ce qui est du mauvais principe, ils le craignent à cause qu'il leur fait du mal, et l'adorent afin qu'il leur fasse du bien. Ils lui présentent des fleurs et des fruits, des parfums et du maïs. A l'égard de ses fréquentes apparitions, on peut bien croire, sans faire tort à son jugement, que c'est l'effet de leur imagination, peut-être de leur mélancolie, et peut-être aussi des tromperies de leurs prêtres. Ceux-ci joignent à la prêtrise la médecine et la politique. N'oublions pas qu'ils sont encore les ministres de la guerre.

Les prétendues conjurations magiques de ces prêtres se font en secret. Beaucoup de cris et de contorsions, des grimaces et des hurlemens qui n'ont rien de commun, persuadent bientôt le mystère à des peuples aussi ignorans que ceux-là. Les cris réitérés de ces devins imitent, dit-on, celui des bêtes, et quelquefois le chant des oiseaux. A ces cris se joint le bruit de certaines pierres, qu'ils frappent sans doute en observant quelque cadence ; le son d'une espèce de tambour fait de cannes, celui d'une flûte faite de la même matière ; et, si l'on y ajoute celui que peuvent faire quelques os de bêtes attachés ensemble, en voilà autant qu'il en faut pour donner une idée complète de la musique qui accompagne les enchantemens de ces prêtres. Cependant ils ne heurlent pas toujours : un profond silence succède au bruit, et l'oracle répond enfin.

Pour ce qui regarde la manière de guérir les malades, elle est des plus singulières. Ils font asseoir le malade sur une pierre (ou ailleurs, n'importe) ; ensuite le prêtre-médecin prend un petit arc et de petites flèches, les tire, le plus vite qu'il lui est possible, contre le corps de son malade, qui est tout nu. Leur adresse à tirer de l'arc les fait toujours viser fort juste ; et, de plus, il y a un arrêt à la flèche, afin qu'elle ne pénètre qu'autant qu'il le faut. Si la flèche ouvre une veine remplie de sang, et qu'alors il en sorte avec quelque impétuosité, le médecin et ceux qui sont présens à l'opération sautent de joie, et témoignent, par leurs gestes, que l'opération est heureuse.

Les Indiens qui habitent entre Carthagène et Panama adoraient autrefois, et peut-être adorent encore les astres et le démon, c'est-à-dire, le mauvais principe. Comme le système de leur religion se réduit à ce que j'ai rapporté de ceux de Darien, je n'en dirai pas davantage. Ceux qui habitent plus avant dans les terres, et dans ces lieux où les rois Indiens avaient leurs palais sous des arbres, adorent aussi le soleil, et semblent le reconnaître pour leur principale Divinité.

Rio-Grande, qui va se jeter dans le golfe d'Uraba, s'appelait autrefois *Dabaiba*, du nom d'une idole fort célèbre parmi ces Indiens. On y allait en pélerinage; on y brûlait des esclaves en sacrifices. La manière de rendre ses devoirs à ce Dieu ou à cette Déesse, consistait en de longs jeûnes de trois ou quatre jours, en des austérités pareilles à celles que j'ai décrites, et en menues dévotions, comme soupirs, gémissemens, extases, etc. Nous adorons, dirent-ils aux Espagnols qui les questionnaient sur leur religion, un Dieu créateur du ciel et de la terre. Dabaiba est sa mère. Cette Dabaiba était ici-bas une femme très-vertueuse, et par conséquent fort estimée : après sa mort, elle fut déifiée, et devint mère de Dieu. Lorsqu'elle est en colère, elle envoie sur les hommes les éclairs et le tonnerre. Voilà à quoi se réduit la religion de ces peuples.

Leurs prêtres font vœu de continence ; et, s'ils le rompent, on les lapide, on les brûle sans rémission. Pour les dévôts, en temps de jeûne ils s'éloignent de leurs femmes. Malgré la rigueur avec laquelle on punit l'incontinence des prêtres, ils conservent l'autorité que la prêtrise s'est universellement arrogée : on ne fait rien sans leur avis.

On nous dit que les Indiens de la vallée de Tunia adorent le soleil et la lune, et une idole nommée *Chiappen*. Avant que d'aller à la guerre, on lui sacrifie des esclaves et des prisonniers, et on teint le corps de l'idole avec le sang de la victime. Ils ne font aucune entreprise sans lui demander conseil et sans implorer son assistance : pour cet effet, ils pratiquent une longue pénitence de deux mois, pendant laquelle ils s'abstiennent de sel et de femmes. Pourquoi s'abstiennent-ils du sel? On ne le dit pas. Ils ont, ou du moins ils avaient au temps de l'arrivée des Espagnols chez eux, des maisons de discipline ou des séminaires pour élever les filles et les garçons.

Il n'y a pas beaucoup de choses à dire sur les cures de leurs prêtres. Quand ils ne peuvent venir à bout de guérir les malades, ils les abandonnent à leurs Dieux; mais, avant d'en venir là, ils mettent la main sur la partie malade, marmottent méthodiquement quelques paroles, font une incision et donnent quelque breuvage.

Cumane et Paria reconnaissent pour leurs Dieux le soleil et la lune : le tonnerre et les éclairs sont les suites de la colère du premier ; et, lorsqu'il s'éclipse, ils mettent en usage les plus grandes mortifications pour lui faire revenir la lumière. On s'arrache les cheveux, on se perce avec des arêtes de poisson ; les femmes se déchirent le visage, les filles se tirent du sang des bras. Cependant le soleil reprend des forces, qu'il n'a perdues que dans l'imagination des ignorans : mais tout le monde n'est pas obligé d'être astronome. Ces peuples croient encore que les comètes sont mauvaises et dangereuses : à cause de cela, ils font grand bruit, ils battent sur une espèce de tambour, ils les conjurent pour leur faire peur et les éloigner. Au culte du soleil et de la lune ils joignent celui de quelques autres idoles ; et, parmi ces dernières, on remarque sur-tout une croix de Saint-André qui garantit des spectres et de tous les mauvais génies qui courent la nuit. On assure que cette raison les oblige d'attacher leurs enfans à cette croix.

Outre certaines compositions faites de racines et d'herbes, mêlées souvent avec de la graisse d'oiseaux ou de bêtes à quatre pieds, à quoi ils ajoutent plusieurs choses dont le peuple n'a pas connaissance, les prêtres-médecins de Cumane emploient, dans leurs cures, l'art de sucer le mal avec la bouche. Ils accompagnent ces deux méthodes d'une gravité qui ne laisse pas d'être prévenante, et marmottent en même temps diverses paroles pour aider à l'opération : si, malgré leurs soins, la guérison ne suit pas, il faut, disent-ils, que le malade soit possédé d'un mauvais esprit. Alors le prêtre - médecin frotte vigoureusement son malade, recommence à marmotter, conjure l'esprit prétendu, et, pour le mettre dehors, suce de toute sa force ; ensuite, il prend un morceau de bois dont la vertu n'est connue que de l'opérateur, qui s'en sert pour frotter la bouche, le gosier et l'estomac de son patient, et cela avec une telle violence qu'enfin le malade rend jusqu'au sang. Aussitôt l'opérateur redouble les conjurations, frappe du pied, crie et gesticule à nouveaux frais : enfin le diable se montre. C'est quelque chose qui sort du corps du malade, ou qui paraît en sortir, par un tour de passe-passe du prêtre. On porte cela hors de la cabane en prononçant ces paroles, qui peuvent avoir leur vertu secrète : *Que le diable s'en aille d'ici.* Après tant de peines et de soins, si le malade vient à mourir, *son heure était venue,* répond le prêtre-opérateur ; mais celui-ci n'en vaut pas moins dans l'esprit du peuple.

Les prêtres sont consultés sur les affaires de paix et de guerre. Ils vont interroger leurs Dieux dans des caves, ou en quelques endroits écartés. Ils choisissent volontiers la nuit pour leurs cérémonies magiques ; et plus elle est noire, mieux elle vaut. Ils évoquent les démons par des cris, beaucoup de bruit, et des chants magiques, en présence de plusieurs jeunes gens. Celui qui consulte de leur part l'oracle de l'idole est assis : ils sont debout. Quand le diable vient, le magicien observe de faire beaucoup moins de bruit ; et quand il est arrivé, le bruit cesse entièrement : le magicien se prosterne et donne le signal de l'hommage. Voilà ce que nous racontent ces vieux écrivains espagnols, témoins oculaires des anciennes superstitions du Nouveau-Monde. Ils ajoutent qu'un jour, quelques moines entreprirent d'exorciser le prêtre qui évoquait le démon, et qu'à force de signes de croix et d'eau-bénite, qu'une étole mise au cou du magicien seconda merveilleusement, il répondit fort pertinemment à toutes les questions que les moines firent au démon. Entre autres choses, ils lui demandèrent en quel lieu les âmes des Indiens iraient après leur décès; il répondit : *En enfer.*

Ceux que l'on destine à être prêtres sont dès l'enfance initiés à la prêtrise. On fait faire à ces jeunes gens une retraite de deux années au milieu des bois; ils ne mangent de rien qui ait du sang, ne voient point de femme, oublient leur parenté, et ne sortent point des cavernes. Les vieux *Piaias*, c'est ainsi que s'appellent les prêtres de ces Indiens, vont les visiter et les endoctriner de nuit. Lorsque le temps de la retraite des jeunes candidats est accompli, les Piaias leur donnent un certificat, par le moyen duquel ils sont reconnus prêtres licenciés et docteurs ès-arts, en médecine et en magie.

Pl. 230. Mariage des Indiens du Panama.

Les Indiens de Darien ont plusieurs femmes : ils peuvent même s'en défaire en les vendant aussitôt que le dégoût commence à leur prendre. Outre cela, ils ont des femmes publiques ; et, s'il en faut croire les relations, leurs filles ne sont pas cruelles. Cependant, comme elles tiennent pour un grand affront une grossesse prématurée, elles mettent d'abord en usage certaines herbes qui procurent l'avortement.

Dès que les filles de Darien et de Panama ont atteint l'âge nubile et donné quelques signes de maturité, on leur donne le tablier; elles ne paraissent plus en public. Au logis, elles se voilent le visage, même devant leur père. Heureusement pour elles, on les marie promptement, et l'on prévient ainsi les dangereuses insinuations d'un maître, l'amour, qui, sans aucun égard pour l'honneur des familles, détruit souvent en un moment tout ce que la vertu prêche à la jeunesse pendant quatorze ou quinze ans.

Pour les mariages, ils n'y font pas beaucoup de façon. Toute la recherche et toute la galanterie consiste de part et d'autre à se demander, car au moins est-il permis à la fille d'insinuer qu'elle voudrait bien d'un tel; au lieu que, parmi nous, la règle de la bienséance veut qu'une fille ne fasse aucune déclaration. Après s'être demandé et accordé, on se marie d'abord, et tous ceux qui sont invités à la cérémonie des noces apportent chacun un présent qu'ils laissent à l'entrée de la cabane. Celui qui se marie présente, à la porte de la

MARIAGE des INDIENS du PANAMA.

B. Picart delineavit 1723.

Les PARENS & les AMIS DÉFRICHANT la TERRE qui est destinée aux NOUVEAUX MARIÉS.

231.

cabane, à chacun des convives, une calebasse pleine de chicali, qui est la boisson ordinaire de ces Indiens. Tous ceux qui sont de la noce boivent ainsi à la porte, même les petits enfans; après quoi les pères des nouveaux mariés entrent aussi tenant leurs enfans. Le père du garçon fait sa harangue à l'assemblée, tenant à la main droite l'arc, et une flèche dont il présente la pointe. Ensuite il danse, et fait diverses postures bizarres, qui ne finissent pas qu'il ne soit accablé de fatigue et de sueur. La danse achevée, le père du garçon se met à genoux, et présente son fils à la fiancée, que son père, à genoux comme celui du marié, tient pareillement par la main; mais, avant que de se mettre à genoux, le père de la fille danse à son tour, et fait les mêmes postures que le premier. A peine les civilités sont-elles finies de part et d'autre, que le paranymphe du marié et ceux de sa suite courent aux champs la hache à la main, en sautant et cabriolant, pour abattre les arbres qui occupent le terrain où doivent loger les deux conjoints; et, tandis que les hommes défrichent cette terre, le paranymphe de la mariée et toute sa suite y sèment les grains.

Pl. 231. *Les parens et les amis défrichant la terre qui est destinée aux nouveaux mariés.*

Le père de la mariée (au défaut du père, l'oncle, ou quelqu'autre proche parent) la garde à vue une semaine dans l'appartement où elle couche. Est-ce un effet de l'affection paternelle, ou de la répugnance de l'épouse, qui ne peut se résoudre à se jeter brusquement entre les bras d'un époux? On n'en dit rien; et, quoi qu'il en soit, au bout de huit jours elle est remise au mari.

Les femmes sont sujettes (voyage de Wafer); mais en sont-elles plus malheureuses? Elles ne connaissent rien de meilleur que leur condition. Cette polygamie, qui effraierait nos dames, et peut-être les rendrait plus souples et plus retenues lorsqu'elles se verraient environnées de plusieurs rivales, ne cause pas la moindre émotion aux Américaines. Celles de Darien et de Panama s'occupent non-seulement à tous les ouvrages domestiques, mais même à labourer, bêcher et défricher les terres, etc. Les Indiennes ne sont pas nées pour les débauches de tables, ni pour passer les nuits à jouer aux cartes et courir le bal. Cette vie pourrait leur paraître aussi laborieuse qu'à nous celle de labourer un champ, ou de suivre un mari à la guerre (Wafer). Les femmes de l'isthme de Panama sont en général d'un bon naturel, civiles et obligeantes les unes envers les autres, sur-tout à l'égard des étrangers, et prêtes à leur rendre tous les services qui sont dus légitimement à leurs époux. Elles ont pour ceux-ci beaucoup de respect et de soumission , et leurs maris ne manquent ni d'amitié ni de complaisance. Je n'ai jamais vu, ajoute l'auteur que je cite, aucun Indien battre sa femme, ni lui dire des injures.

A l'égard des enfans (Coreal et Wafer), dès qu'ils sont nés , on va les plonger dans l'eau froide : on en use de même envers l'accouchée. D'abord, on attache l'enfant sur une planche de bois de macau; et, comme il a toujours le dosappuyé sur cette planche, il ne court guère le risque d'être tortu ou bossu. Filles et garçons , tout est nu, comme Adam et Ève dans le Paradis, jusqu'à l'âge auquel les uns et les autres cessent d'être enfans. Pour lors, les filles portent le tablier, et les garçons un entonnoir dont on comprend assez l'usage.

Pour ce qui concerne leurs cérémonies funèbres, on n'en sait que peu de chose : ils donnent à manger aux âmes, et célèbrent des anniversaires pour les morts : c'est-à-dire que, tous les ans, ils portent un peu de maïs et de chicali sur le tombeau du défunt. Ils ont quelque idée des peines et des récompenses de l'autre vie.

Les peuples de la Nouvelle-Grenade ne sont pas moins polygamistes que les autres ; mais ils observent d'éviter dans leurs mariages les degrés de consanguinité défendus par nos lois : par exemple, ils ne prennent point leurs sœurs en mariage. Les Caciques ont plus de femmes que le peuple : les enfans de la plus aimée sont les seuls et véritables héritiers.

Ils célèbrent solennellement l'anniversaire de la mort de leurs guerriers. Ces anniversaires consistent en régals à leur mode , et en chansons mêlées de pleurs et de gémissemens pour l'amour des morts, sans y oublier les louanges de ces héros, et des malédictions contre l'ennemi. Si le héros dont ils célèbrent la mémoire est mort à la guerre et les armes à la main, l'ennemi en est plus solennellement maudit. On fait ensuite du mieux qu'on peut l'image de celui-ci, et on la met en pièce à la gloire du héros qu'il a tué : après cela, on mange, on boit, on s'enivre, on chante, on danse. Le lendemain, à la pointe jour, on met l'image du défunt dans un grand canot, plein de tout ce qui faisait plaisir au héros pendant sa vie, etc. La joie et l'ivrognerie recommencent après cela, et les femmes s'y distinguent de tout le reste de la troupe par des sauts et des gambades qui, très-souvent, font souffrir la modestie européenne. La fête finit par un assoupissement universel, que leur laisse la trop grande vivacité de la joie et de la force de la liqueur. Pour les jeunes gens destinés à donner au premier jour des preuves de leur valeur, ils font une espèce de sacrifice aux âmes de ces guerriers dont ils veulent suivre généreusement les traces. Il est vrai que le sacrifice est un peu étrange; car il consiste à faire, avec un os de poisson bien aiguisé, une incision à cette partie du corps

232.
Tom VII Nº 69.

Maniere dont les PRÊTRES CARIBES souflent le Courage.

qui fait préférer les charmes de Vénus aux lauriers de Mars. Le sang qui découle de la plaie est une libation religieuse à l'honneur des morts.

Les prêtres de Cumane (et ceux des peuples voisins) ont assez d'adresse pour se faire donner la commission d'expédier la virginité des jeunes filles qui se marient. Il n'y a rien de plus particulier à dire sur leurs cérémonies nuptiales. Ils ont des filles qui font vœu de virginité, et le tiennent au péril même de leur vie, puisque, toujours armées pour la chasse, à laquelle ces chastes guerrières s'occupent uniquement, elles tuent hardiment celui qui menace de la leur ravir.

Ces peuples, et ceux de Vénézuèse, brûlent et réduisent en poudre les corps morts de ceux qu'ils ont aimés pendant leur vie, et principalement de leurs Caciques : après cela, il détrempent cette poudre, et l'avalent dans leur breuvage ordinaire. Leur deuil consiste à pleurer plusieurs jours sur les morts qu'ils ont aimés ou respectés.

RELIGION, MOEURS, IDOLATRIES

Des Peuples de Cubagua, de la Caribane, et de la Nouvelle-Andalousie.

Ces peuples adorent le soleil et la lune, mais, préférablement encore à ces astres, un mauvais Être, qui ne reçoit leurs hommages qu'à cause du mal qu'il leur fait. Ceux de Paria adorent les squelettes desséchés de leurs ancêtres. Ces mêmes peuples, et ceux de la Trinité, s'imaginent aussi que l'astre du jour fait sa course dans un char traîné par des tigres. Cette opinion les engage à traiter ces animaux avec respect, et à leur abandonner pour leur nourriture ordinaire les cadavres de leurs morts. Ils conservent même par tradition la mémoire d'un embrâsement que le soleil excita, pour les punir d'avoir négligé d'exposer leurs morts à ces animaux. L'incendie fut des plus violens, et consuma une infinité d'habitans : cet incendie rappelle l'histoire de Phaéton.

Pl. 232. *Manière dont les prêtres Caraïbes soufflent le courage.*

Les Caraïbes de la Caribane reçoivent dans une cérémonie solennelle ce qu'ils appellent *l'esprit de courage.* Le don de cet esprit se fait par les prêtres, qui commencent la cérémonie par des chansons et des danses, où chacun

écume et s'agite comme un démoniaque. Un fort petit calme succède à l'agitation violente; et, pour lors, l'on chante et l'on danse avec plus de justesse et
de mesure. Tous ceux qui désirent que les prêtres leur communiquent l'esprit,
se tiennent par la main et continuent à danser sans relâche, pendant que trois
ou quatre prêtres entrent dans le cercle et courent sur les danseurs, les uns
avec une calebasse au bout d'un bâton, les autres avec un long roseau rempli
de tabac allumé, dont ils soufflent la fumée sur les danseurs, en prononçant
ces paroles : *Recevez tous l'esprit de force par lequel vous pourrez vaincre
les ennemis.* Cette formule fait présumer que la cérémonie est des plus religieuses, pour des gens qui, comme la plupart des Indiens Occidentaux, réduisent leurs articles de foi à des danses et à quelques hommages fort équi-
voques. Tout ce qu'on peut assurer de leur religion, c'est qu'elle consiste à
craindre et prier l'esprit malin, et à laisser en repos l'Être qu'ils tiennent pour
Dieu ; que de plus, il paraît que la destruction de leurs ennemis est pour eux
un acte de vertu.

Pl. 233. *Manière dont les Sauvages de Paria gouvernent leurs malades.*

(De Bry). Les peuples de Paria plongent dans une rivière le malade qui est
attaqué de la fièvre, et le font ensuite courir à perte d'haleine et à coups de
fouet autour d'un grand feu; après quoi ils le portent dans son hamac. Une
longue abstinence est encore un des moyens qu'ils emploient pour la guérison
de leurs malades. Quelquefois ils se servent de la saignée : alors ils ouvrent une
des veines des reins.

Si la maladie est à-peu-près désespérée, on porte le malade en son hamac,
dans un bois : on suspend l'hamac entre deux arbres, et l'on danse toute la
journée autour du malade. Dès que la nuit est venue, on lui laisse de quoi se
nourrir pour quatre jours, et on l'abandonne à son sort. S'il guérit, tant
mieux pour lui ; les parens se mettent en frais pour s'en réjouir : mais, après
tout, s'il expire on ne s'en inquiète guère.

Il n'est pas nécessaire de répéter que la polygamie n'est pas moins à la
mode en Caribane que dans les autres pays des Indes Occidentales. Les Caciques ont beaucoup de femmes, et même ils en tiennent de relais sur la route
lorsqu'ils se mettent en voyage. Le peuple prend autant de femmes qu'il peut,
ou qu'il veut en nourrir; mais, en général, on ne fait pas difficulté d'en céder
l'usage aux bons amis, et aux étrangers qu'on respecte. Cette galanterie ne
détruit pas la propriété : cependant on assure que les maris Caraïbes répudient
leurs femmes lorsqu'elles manquent à la fidélité conjugale.

.Manière dont les SAUVAGES de PARIA gouvernent leurs MALADES.

DANSE des SAUVAGES de PARIA autour des MOURANS, et leurs CEREMONIES FUNEBRES.

234.

Quand les filles sont devenues nubiles, on les enferme pour deux ans, et pendant ce temps-là il leur est défendu de se couper les cheveux. Ce terme étant expiré, on travaille à les placer. Les fiançailles se font aux dépens des bons amis, qui apportent dé quoi manger, et bonne provision de bois pour bâtir la cabane des futurs conjoints. Un ami du marié lui coupe les cheveux sur le front ; une bonne matrone Caraïbe en fait autant à la mariée; et voilà un mariage. On célèbre les noces en mangeant et buvant bien. Le prêtre vient sans délai apposer le sceau de la bénédiction à l'hymen, après quoi *sa révérence* rend au mari l'épouse qu'il a promue de l'état de fille à celui de femme. N'oublions pas que celle qu'on traite de cette sorte est la seule femme légitime. Toutes les autres ne sont que des concubines, et doivent obéir à la première comme à leur maîtresse.

Pl. 234. *Danse des Sauvages de Paria autour des mourans, et leurs Cérémonies funèbres.*

Ils enterrent leurs morts dans leurs cabanes. Ceux de Paria, après les avoir mis dans la fosse, font porter des provisions auprès d'eux, persuadés que l'on a besoin de se nourrir après la mort. Souvent ils les dessèchent au feu, et les suspendent ensuite à l'air. Toute la cérémonie est accompagnée de chants funèbres et de lamentations, sur-tout quand le mort s'était distingué par ses exploits et par d'autres services importans. Alors on lui fait l'honneur de célébrer l'anniversaire de sa mort, et celle de ses femmes qu'il chérissait le plus en sa vie est obligée de conserver comme une relique le crâne du défunt guerrier son époux. Ils croient l'immortalité de l'âme ; et s'imaginant qu'elle est encore pourvue des sens dont elle a fait usage en ce monde, ils disent qu'elle va manger et boire à discrétion de côté et d'autre. Ils croient aussi que l'écho n'est autre chose que la voix des âmes qui se promènent à la campagne.

RELIGION, MŒURS, IDOLATRIES

Des Peuples qui habitent autour du fleuve Orénoque, et de ceux de la Guyane.

La religion de ces peuples se réduit à fort peu de chose (Purchas). Les uns adorent le démon sous le nom *Watipa*: une idole, quelle qu'elle puisse être, dans le style d'un théologien du Christianisme, est toujours certainement le démon. Les autres adorent ce démon sous un autre nom, avec le soleil et la lune. Quelques Indiens de la Guyane adorent ce que leurs prêtres leur font adorer. Quelques autres croient que le soleil et la lune sont des êtres animés ; mais ils ne les adorent pas. Certains Sauvages qui occupent des terres dans l'intérieur de la Guyane, font leurs dévotions à une idole de pierre, qui a la forme d'un homme assis sur les talons, les genoux ouverts, la bouche de même, appuyé sur ses deux coudes, les mains ouvertes et avancées. Cette idole à une cabane en laquelle elle réside : c'est son temple.

Les Nouragues, les Acoquas et les Galibis reconnaissent un Dieu, sans l'adorer. Ils disent que sa demeure est dans le ciel ; mais ils ne savent pas si c'est un esprit : ils semblent croire qu'il a un corps. Les Galibis appellent Dieu d'un nom qui signifie *l'ancien du ciel*. Les uns et les autres ont beaucoup de superstitions, qui ne sont fondées que sur des contes absurdes.

Les prêtres de ces peuples leur servent de médecins, selon l'usage des autres Indiens. Avant que d'entreprendre la guérison de son malade, le prêtre consulte l'oracle ; et s'il déclare que le malade mourra, on ne lui fait aucun remède.

Quelques-uns de ces peuples élisent leurs capitaines à table, et choisissent celui qui boit le mieux. Celui qui est nommé Capitaine porte les deux mains sur sa tête, pendant qu'on lui fait une longue exhortation sur son devoir. Ensuite on éprouve son courage à coups de fouet ; on lui en donne jusqu'au sang.

Les prêtres-médecins des Galibis passent par des épreuves assez difficiles, avant que de pouvoir être reconnus docteurs en l'une et en l'autre profession. Une de ces épreuves est si rude, que ceux qui sont obligés de la souffrir en crèvent souvent. On pile des feuilles vertes de tabac, on en exprime le suc,

CEREMONIE funebre des peuples qui habitent aux environs du fleuve ORENOQUE.

et l'on emplit de ce suc la capacité d'un grand verre, que l'on fait vider à celui qui veut se faire recevoir prêtre-médecin, ou Boié.

Les Galibis, de même que plusieurs nations du Brésil, etc., se mettent au lit dès que leurs femmes sont accouchées, et reçoivent des félicitations sur leur heureux accouchement, comme s'ils en avaient souffert la peine. Les Nouragues mettent leurs filles sur de la boue aussitôt après qu'elles sont nées, et l'on ne les en retire qu'au bout de quelque temps. Ne semble-t-il pas que cette coutume ait du rapport à l'exposition que l'on faisait des filles chez les Grecs et chez les Romains? En voici la différence; l'exposition des petites Nouragues n'est que pour un temps.

Pl. 235. *Cérémonies funèbres des Peuples qui habitent aux environs du fleuve Orénoque.*

Les peuples qui habitent aux environs de l'Orenoque pendent dans leurs cabanes les squelettes de leurs morts, et les ornent de plumes et de colliers après que la pourriture a consumé la chair des cadavres. Les Arvaques, qui habitent au sud de l'Orenoque, réduisent en poudre les os de leurs Caciques : les femmes et les amis de ces guerriers infusent cette poudre dans leur boisson, et ensevelissent de cette façon dans leurs entrailles ceux qu'ils ont chéris ou respectés pendant leur vie. De tels usages semblent persuader que l'amitié doit être violente : mais les Sauvages ont leurs cérémonies et leurs bienséances comme nous les nôtres, et l'on sait assez par expérience la distance qu'il y a entre elles et l'amitié. Quelques autres peuples de la Guyane font de grandes réjouissances après la mort de leurs chefs, et portent le plaisir jusqu'à l'ivresse, pendant qu'une des femmes du défunt s'afflige et hurle à persuader qu'elle va se désespérer. Ces derniers peuples donnent aussi des captifs ou des esclaves au défunt, pour le servir dans l'autre monde. Ils admettent un paradis pour les gens de bien, et un enfer pour les méchans.

RELIGION, MOEURS, IDOLATRIES

Des Peuples qui habitent autour du fleuve des Amazones, et dans l'Amérique méridionale, jusqu'au Pérou.

La religion de tous ces Gentils, dit le P. d'Acunha (relation de la rivière des Amazones), est presque toute semblable : ils adorent tous les idoles qu'ils fabriquent de leurs mains, et auxquelles ils attribuent diverses opérations. Les unes dominent, à ce qu'ils croient, sur les eaux, et les représentent avec un poisson à la main : ils en ont pour les semailles, et d'autres pour leur inspirer du courage dans les combats. Ils disent que ces Divinités sont descendues du ciel, exprès pour demeurer avec eux et leur faire du bien ; mais ils ne leur rendent pas le moindre culte. Ils les portent dans un étui, ou les abandonnent à l'écart jusqu'à ce qu'ils en aient besoin. C'est ainsi que, prêts à marcher à la guerre, ils élèvent à la proue de leurs canots l'idole dans laquelle ils se confient le plus, et dont ils attendent la victoire. Ils en usent de même quand ils vont à la pêche, et ils arborent l'idole qui domine sur les eaux. Supposé que le P. d'Acunha ait été bien informé, son récit se réduit à deux particularités dignes de remarque : 1°. qu'ils partagent à leurs Dieux le gouvernement de la nature : 2°. qu'ils ne les prient que lorsqu'ils en ont besoin : en quoi l'on peut dire, sans trop presser la comparaison, qu'ils ne font qu'imiter les sectateurs des autres religions. Ces Dieux sont, à proprement parler, des génies soumis à une Divinité supérieure. Les peuples de l'Amazone reconnaissent ce premier principe, et la conclusion en est facile à tirer de la suite du récit de ce Jésuite.

Ces sauvages ont beaucoup de respect et de crainte pour leurs prêtres. Ils ont, dit le même Père, une maison particulière pour l'exercice de leurs cérémonies, et c'est là qu'ils rendent leurs oracles et reçoivent les réponses de leurs Dieux. Ces prêtres sont les maîtres, les prédicateurs, les conseillers et les conducteurs du peuple. On s'adresse à eux pour avoir la résolution des doutes ; et lorsqu'on a dessein de se venger de ses ennemis, ces dignes ministres des idoles fournissent les herbes vénéneuses dont les Indiens empoisonnent leurs flèches et les autres armes.

Ils ont tant de vénération pour la mémoire de ces directeurs de leur culte, qu'ils gardent leurs ossemens comme des reliques : après les avoir tous mis ensemble , ils les tiennent pendus en l'air dans les mêmes lits de coton où couchaient les directeurs pendant leur vie.

On ne connaît rien de leurs mariages. A l'égard des morts, les uns les gardent dans leurs maisons pour avoir toujours , dit le P. d'Acunha , le souvenir de la mort devant les yeux ; les autres brûlent les cadavres dans de grandes fosses , et , avec eux , tout ce qu'ils ont possédé pendant leur vie : mais ils célèbrent tous leurs funérailles plusieurs jours de suite, pendant lesquels ils ne font que pleurer et boire jusqu'à l'excès.

Les Agnas, moins sanguinaires que la plupart des autres Sauvages de l'Amérique, traitent avec toute sorte de douceur les prisonniers qu'ils font à la guerre ; cependant, lorsqu'ils ont la réputation d'être vaillans , ils les massacrent dans leurs fêtes solennelles, et pendent leurs têtes pour trophées à l'entrée de leurs cases.

RELIGION, MOEURS, IDOLATRIES

DES

PEUPLES DU BRÉSIL.

Les Brésiliens, *dit Coreal* , n'ont ni temples , ni monumens en l'honneur d'aucune Divinité ; fort différens en cela des Mexicains et des Péruviens. Ils ne savent ce que c'est que la création du monde, et ne distinguent les temps que par les lunes ; mais on ne peut pas dire qu'ils n'ont absolument point d'idée de la Divinité, car ils lèvent souvent leurs mains vers le soleil et la lune en signes d'admiration, etc..... Ils ont quelque idée du déluge ; car ils racontent qu'un étranger fort puissant, et qui haïssait extrêmement leurs ancêtres, les fit tous périr par une violente inondation, excepté deux qu'il réserva pour faire de nouveaux hommes, desquels ils se disent descendus ; et cette tradition, qui désigne assez le déluge , se trouve dans leurs chansons. Ils craignent beaucoup le démon , qu'ils appellent *Agnian* ; cependant ils ne lui rendent aucun hommage : ils ne craignent pas moins le tonnerre, dont ils assignent la direction à Toupan ; et quand on leur dit qu'il faut adorer Dieu qui est l'auteur du tonnerre, c'est chose étrange, répondent-ils, que Dieu, qui est si bon, épouvante les hommes par le tonnerre.

Ils ont beaucoup de vénération pour un certain fruit aussi gros qu'un œuf d'autruche, et semblable à des calebasses : ils l'appellent *Tamaraca* ; par corruption quelques voyageurs l'ont appelé *Maracal*. Lorsque les prêtres Brésiliens font la visite de leurs diocèses , ils n'oublient jamais leurs Maraques , qu'ils font adorer solennellement : ils les élèvent au haut d'un bâton, fichent le bâton en terre , le font orner de belles plumes , et persuadent les habitans du village de porter à boire et à manger à ces Maraques , parce que , selon les prêtres , cela leur est agréable , et qu'elles se plaisent à être ainsi régalées..... Les chefs et les pères de famille viennent offrir à ces Maraques une partie de leurs provisions, et c'est un grand crime que d'enlever ce qu'on a consacré à ces idoles. Les prêtres assurent que l'Esprit rend ses oracles par l'organe de la Maraque ; on nous parle de plusieurs autres cérémonies où cet Esprit intervient, disent-ils, d'une manière divine : une des principales, c'est quand leurs prêtres soufflent l'esprit de courage ; nous en avons déjà donné la description. Enfin ils regardent ces Maraques comme des Dieux domestiques ; et pour cet effet, après que la consécration en a été faite solennellement par leurs prêtres, ils les emportent au logis et les consultent dans l'occasion. Un autre auteur nous dit qu'ils adorent aussi la lune , et sur-tout quand elle est nouvelle.

L'essentiel de leurs fêtes consiste en danses et en chansons , qui roulent sur leurs beaux faits d'armes et servent à conserver la mémoire de leurs guerriers. Un de ces beaux faits c'est le massacre des prisonniers, mangés ensuite en des assemblées solennelles : cependant quelques relations contestent un peu cet article, et prétendent que ces peuples ne sont pas à beaucoup près aussi anthropophages qu'on a voulu nous le persuader ; mais , ajoute-t-on , les Portugais ont tâché de justifier par cette supposition l'excès de leur cruauté.

Les Boiés ou Prêtres interprètent aussi les songes, et font accroire au peuple qu'ils ont de secrètes intelligences avec Agnian ; que, par son moyen, ils peuvent détourner les fléaux et les maladies, etc. Le Boié consulte l'oracle dans une case faite exprès ; il y trouve un hamac propre, et bonne provision de caouin, préparé par une vierge de dix à douze ans. Le Boié, qui pendant neuf jours entiers doit s'être privé des plaisirs du mariage, se lave avant que de se mettre au lit ; et c'est là qu'il consulte l'Esprit, qui ne manque pas de répondre à ses prières : mais il est bon de remarquer que l'évocation de l'Esprit se fait sans témoins.

Les Sauvages du Brésil évitent dans leurs mariages de prendre pour femme leur mère, leur sœur ou leur fille. Pour les autres degrés de parenté, on n'y prend pas garde parmi eux. Dès qu'un garçon est en âge d'approcher des femmes, il lui est permis de songer à s'en donner une. Il n'est pas question, comme en Europe, de savoir si l'esprit a la force de soutenir un ménage

CEREMONIE funebres des BRESILIENS.

236.

et le poids des affaires. Autrefois, un jeune homme ne pouvait se marier qu'il n'eût massacré quelque ennemi : aujourd'hui, celui qui a jeté les yeux sur quelque fille parle aux parens ; et, si elle n'en a point, il s'adresse aux amis, ou même aux voisins de la fille, et la leur demande pour femme. Les préliminaires du mariage leur sont inconnus : point de déclaration d'amour, ni d'entretiens de galanterie. Si les parens, les amis ou les voisins accordent la fille, le galant devient mari sur-le-champ, c'est-à-dire, qu'il va droit au corps de la place, et la prend d'assaut, sans vouloir conclure la moindre capitulation. La polygamie est parmi eux fort honorable : c'est une preuve qu'on veut donner beaucoup de sujets à l'Etat. On dit que les femmes vivent ensemble d'assez bonne intelligence : mais les maris les répudient pour le plus léger prétexte.

Le mari tient le lit après l'accouchement de sa femme, et joue fort bien le rôle d'une accouchée en recevant les visites de couche, et se faisant soigner comme s'il était bien malade : cependant il est l'accoucheur de sa femme ; il coupe à belles dents le cordon à son enfant, et lui écache le nez. Ensuite il le lave et le peint de rouge et de noir. Enfin il se met au lit, et la femme retourne à l'ouvrage.

Ils croient l'immortalité de l'âme, puisqu'ils assurent que les gens de bien (c'est-à-dire ceux qui ont fait périr beaucoup d'ennemis) vont, au-delà des montagnes, goûter les félicités de leur paradis. A l'égard de ceux qui ont manqué de courage, Agnian les tourmente en l'autre vie. Ils respectent fort un certain oiseau, dont le chant triste et lugubre se fait entendre pendant la nuit. Ils disent qu'il est le messager de leurs parens et amis défunts, et qu'il vient leur donner des nouvelles de l'autre monde. Ils croient qu'en observant bien son chant, fussent-ils, après leur mort, vaincus par leurs ennemis, ils iront pourtant revoir un jour leurs ancêtres au-delà des hautes montagnes ; qu'ils y vivront sans cesse dans les plaisirs, et qu'ils y danseront et chanteront éternellement. Cependant quelques auteurs écrivent que les Sauvages du Brésil n'ont aucune idée de peines ou de récompenses après cette vie.

Pl. 236. *Cérémonies funèbres des Brésiliens.*

Ils lavent et peignent leurs morts ; après quoi on les enveloppe dans une toile de coton, ou, si c'est un chef, dans son hamac, orné de toutes ses plumes et de ses autres ornemens. On le met dans une manière de cercueil, de telle façon qu'aucune terre ne touche le corps, et on lui porte tous les jours à manger afin qu'après son décès il ne meure pas de faim ; outre que les danses éternelles de l'autre monde le fatiguent tellement, qu'il est bien aise de venir de temps en temps se refaire en celui-ci.

La planche représente un malade dans son hamac, et le médecin boié ou prêtre qui vient le visiter avec sa Maraque à la main ; le mort porté dans la fosse, et les Brésiliennes qui le pleurent. N'oublions pas que le deuil de ces peuples consiste encore à ne manger qu'après le soleil couché, qu'on va pleurer régulièrement sur la fosse, et que le deuil dure un mois.

RELIGION, MOEURS, IDOLATRIES

Des Peuples de la Plata, et de quelques Nations sauvages plus éloignées, etc.

Quelques-uns de ces peuples consacrent comme des trophées la peau de leurs ennemis en certaines maisons, destinées à ce qu'on a pu remarquer chez eux au culte religieux. Quelques autres adorent le soleil et la lune. Il y a de ces nations qui, lorsque la lune est pleine, ou quand elle se renouvelle, se font quelques incisions avec des os qu'ils aiguisent, et qui leur servent de couteau. Ceux du Tucuman ont quelqu'idée de la Divinité ; ils ont des prêtres qui se mêlent de faire les devins ; *Coreal* dit avec raison : « Je m'imagine que, partout où il y a des prêtres, il y a de la religion, et que l'un est relatif à l'autre ». Il ne s'agit pas de disputer sur la juste signification du mot religion : il n'est question que de l'idée. Les autres peuples du Paraguai et de l'Uraghai, c'est-à-dire, ceux que les Jésuites n'ont pas encore civilisés, ne diffèrent pas des Tucumans sur ces articles. Leurs prêtres sont leurs médecins, comme ailleurs, et guérissent les malades en suçant la partie mal affectée, ou par la fumée du tabac. Ils admettent un esprit universel qui pénètre la matière, et agit sur toutes ses parties ; mais cela est trop philosophique pour des Sauvages. Disons plutôt qu'ils s'imaginent que chaque chose a son esprit et son génie ; effet de leur grossière ignorance : quoiqu'après tout, on n'ignore pas que des peuples très-civilisés parmi les anciens et modernes ont admis l'action immédiate d'un esprit universel, et celle des génies sur les corps terrestres. Conformément à cette idée, on assure que les Sauvages dont nous parlons adressent des invocations à ces génies : quelques-uns adorent un prétendu tigre invisible.

Pour être prêtre ou médecin parmi eux, il faut avoir jeûné long-temps et souvent. Il faut avoir combattu plusieurs fois contre les bêtes sauvages, principalement contre les tigres, et, tout au moins, en avoir été mordu ou égratigné. Après cela, on peut obtenir l'ordre de prêtrise ; car le tigre est chez eux un animal presque divin, et l'imposition de sa sainte griffe leur vaut autant que, chez nous, le bonnet doctoral reçu à l'Université de Salamanque.

Au-dessus des prêtres-médecins, il y en a d'autres dont l'unique fonction est d'apaiser les esprits et de recevoir leurs oracles. Ils ne montent à cette suprême dignité qu'après avoir exercé long-temps la médecine : mais, pour s'en rendre dignes, il faut jeûner une année entière; et l'abstinence, dit la Relation des Moxes, doit se produire au-dehors par un visage hâve et exténué.

Quelques autres peuples, confondus sous le nom de *Moxes* dans les Relations des Pères Jésuites, adorent le soleil, la lune et les étoiles : d'autres adorent les fleuves : quelques-uns portent toujours sur eux un grand nombre de petites idoles d'une figure ridicule. Il ne font aucun acte de religion que par crainte; et, parmi tant de peuples auxquels les missionnaires et les Espagnols ont donné le nom de *Moxes,* qui veut dire Mixtes, on n'en a pu découvrir qu'un ou deux, dit la Relation, qui usassent d'une espèce de sacrifice.

Ils appellent aussi au secours de leurs malades les prêtres-médecins, enchanteurs ou charlatans.

Les femmes préparent la liqueur que boivent leurs maris, et prennent soin des enfans. Ils ont la barbarie d'enterrer les petits enfans, quand la mère vient à mourir; et s'il arrive qu'elle enfante deux jumeaux, elle enterre l'un d'eux, alléguant pour raison que deux enfans ne peuvent pas bien se nourrir à-la-fois.

Ils ont une connaissance fort obscure de l'immortalité de l'ame. Pour leurs funérailles, elles se font presque sans aucune cérémonie. Les parens du défunt creusent une fosse ; ils accompagnent ensuite le corps en silence, en poussant des sanglots. Après l'avoir mis en terre, ils partagent entr'eux sa dépouille.

Le P. Sepp dit dans le *Recueil des Lettres Curieuses et Édifiantes,* que quelques peuples du Paraguai se coupent les doigts et ensuite les orteils, à mesure qu'il meurt quelque proche. C'est donc un grand malheur en ce pays-là que d'avoir beaucoup de vieux parens. On risque de se voir mutilé de fort bonne heure.

RELIGION, MŒURS ET IDOLATRIES

DES

PEUPLES DU PÉROU.

Avant que les Péruviens fussent gouvernés par les Incas, ils adoraient une multitude inconcevable de Dieux, ou, pour mieux dire, de génies. Chaque province, chaque nation, chaque famille, chaque ville, chaque rue et même chaque maison avait ses Dieux, différens de ceux des autres, parce qu'ils s'imaginaient qu'il n'y avait que le Dieu auquel ils se vouaient particulièrement qui les pût aider dans leurs besoins..... Ils adoraient des herbes, des plantes, des fleurs, des arbres, des montagnes, des cavernes.... Dans la province de Puerto Vieio ils adoraient l'émeraude....., le tigre, le lion....., les couleuvres.

Ces anciens Idolâtres du Pérou offraient non-seulement des fruits de la terre et des animaux à ces Dieux, mais même des prisonniers de guerre, à l'exemple des autres Américains. On assure qu'au besoin ils immolaient leurs propres enfans. Ces sacrifices se faisaient en ouvrant les victimes toutes vivantes, et leur arrachant ensuite le cœur : du sang tout chaud encore on barbouillait l'idole à laquelle on sacrifiait, comme cela se pratiquait au Mexique. Le prêtre brûlait le cœur de la victime, après l'avoir examiné, pour voir si l'idole agréait le sacrifice. Quelques autres Idolâtres offraient à leurs Divinités de leur propre sang, qu'ils se tiraient des bras ou des cuisses, selon que le sacrifice était solennel ; et même, en certaines occasions extraordinaires on se saignait aux extrémités des narines, ou entre les deux sourcils.

Tel était l'état de l'Idolâtrie dans tout le Pérou, lorsque Mango-Capac, législateur de ce grand empire, apprit à ces peuples le culte du soleil et du Dieu-Suprême sous le nom de *Pachacamac.* Avant que de parler de cette nouvelle religion, il faut apprendre au lecteur que Mango-Capac et sa femme disaient qu'ils étaient enfans du soleil, et qu'ils reçurent également de la part de cet astre la commission d'aller instruire et civiliser les Péruviens. Ils partirent de Titicaca, et se conduisant avec le secours d'une verge d'or que le soleil leur avait donnée, et qui d'elle-même devait s'enfoncer dans la terre lorsqu'ils seraient arrivés à l'endroit où ils devaient se fixer par la volonté de cet astre, ils prirent leur route du côté du Septentrion, éprouvant continuellement la vertu de cette verge d'or. Enfin elle s'enfonça dans la vallée de Cusco : ce fut là qu'ils résolurent d'établir le siége de leur empire. D'abord le fils du soleil employa les armes spirituelles. Le frère et la sœur allèrent prêcher la religion de leur père : ils firent un grand nombre de prosélytes, que la nouveauté de l'équipage et les avantages de la nouvelle religion persuadèrent autant peut-être que la force de la conviction intérieure. La hardiesse de ces missionnaires, leur vocation merveilleuse, ces idées de puissance et de supériorité qu'ils jetèrent, pour ainsi dire, dans l'esprit de ces hommes grossiers et brutaux, produisirent sans doute en fort peu de temps un nombre considérable de sectateurs, parmi lesquels le nouveau législateur ne manqua pas de choisir les plus habiles pour établir son autorité. Ensuite il l'augmenta par les conquêtes, et enfin il abolit l'ancienne religion ; *voulant*, dit l'Inca Garcilasso, *que tous ses sujets adorassent le Soleil*. Cet Inca Manco-Capac ne se contenta pas de réformer ses sujets en ce qui regardait la Divinité ; il leur donna d'excellentes lois politiques, et forma des établissemens dont la beauté ne cédait pas à ce que l'on voit en Europe. Le vertueux Manco-Capac jouit bientôt des priviléges de l'apothéose : ses sujets lui dressèrent des autels, et à ses successeurs après lui ; non qu'ils ne fussent convaincus que ces Incas avaient été des hommes mortels, mais par reconnaissance pour les bienfaits qu'ils avaient reçus de ces descendans du soleil, qu'ils adoraient, disaient-ils, sans lui donner de compagnon. Pour donner une apparence un peu moins absurde à ce système de religion, il faut croire qu'ils regardaient les Incas comme les anciens Grecs leurs héros, les Romains Romulus et quelques-uns de leurs empereurs : ils pouvaient se persuader que ces enfans du soleil devenaient les Dieux tutélaires de l'État, et que, pour récompense des vertus qu'ils avaient fait éclater en cette vie mortelle, ils jouissaient du privilége d'être les dépositaires des prières et de les présenter à l'auteur de la lumière. Quoi qu'il en soit, les Péruviens niaient assez fortement les conséquences que l'on pourrait tirer de leur conduite.

Ils en vinrent, dit Garcilasso, par succession de temps, jusqu'à bâtir au soleil des temples qu'ils ornèrent de richesses incroyables ; ce qu'ils ne firent pas à la lune. Car, quoiqu'ils la tinssent pour la sœur et la femme du soleil, et même pour la mère des Incas, avec tout cela on ne trouve point qu'ils l'aient jamais adorée comme Déesse, ni qu'ils aient sacrifié sur ses autels, ni dressé des temples à sa gloire ; ce qui n'empêchait pas qu'ils ne l'eussent en grande vénération, jusqu'à l'appeler la Mère universelle de toutes choses, sans que néanmoins ils allassent plus avant dans leur idolâtrie. Ils appelaient le tonnerre, l'éclair et la foudre, *les exécuteurs de la justice du soleil* ; *et comme tels, ils eurent l'honneur d'avoir un appartement* dans la maison du soleil qui était à Cusco. Mais il ne s'ensuit pas de là qu'ils les aient jamais pris pour des Dieux, comme un historien espagnol nous l'a voulu persuader : au contraire, s'il arrivait qu'un logis ou quelqu'autre lieu fût frappé de la foudre, ils l'avaient en si grande abomination qu'ils en muraient aussitôt la porte avec des pierres et de la boue, afin qu'il n'y entrât jamais personne. Que si la foudre était tombée à la campagne, ils en marquaient l'endroit avec des bornes, afin qu'aucun n'y mît le pied. En un mot, ils appelaient ces lieux *infortunés* et *maudits*, et ils ajoutaient que le soleil leur avait envoyé cette malédiction par le moyen de la foudre, qui était comme son valet et le ministre de sa justice.

Quoique attachés si fortement au culte du soleil, les plus éclairés d'entre les Indiens reconnaissaient une âme du monde, ou pour mieux dire, un premier moteur de la matière. Ils l'appelaient *Pachacamac ;* ce qui, selon Garcilasso, signifie précisément *celui qui anime le monde.*

Les Péruviens opposaient Cupaï à Pachacamac; et lorsqu'ils étaient obligés de le nommer, ils crachaient à terre, voulant marquer l'horreur qu'ils avaient pour ce mauvais être. Ils révéraient simplement la lune comme femme et sœur du soleil, et respectaient les étoiles, qu'ils disaient être les demoiselles ou les suivantes de la maison de ces astres.

A l'égard des Huacas ou Guacas, voici ce que *Garcilasso* nous en apprend : ce qu'il dit paraît exact et plus raisonnable que ce qui est rapporté dans le recueil anglais de Purchas, sur la foi de plusieurs auteurs espagnols. Garcilasso dit que ce mot Huaca signifie idole et choses sacrées : telles étaient les représentations du soleil, les offrandes qu'ils lui faisaient, comme des figures d'hommes, d'oiseaux, et de bêtes à quatre pieds, en or, en argent et en bois; même les rochers, les arbres, les pierres, les cavernes, les temples et les tombeaux que Dieu sanctifiait par sa présence ou par ses oracles. Ils appelaient encore Huacas les génies, les héros élevés au rang des immortels, les choses qui surpassent en excellence et en beauté toutes celles de leur espèce, et même celles qui sont difformes et monstrueuses. Les Espagnols, à qui ces diverses significations étaient inconnues, s'imaginèrent, continue Garcilasso, que les Indiens prenaient pour des divinités toutes les choses qu'ils appelaient Huacas. Ils s'imaginèrent aussi que les Péruviens adoraient sous le nom d'*Apachitas* les tertres et les collines, faute de savoir que ce mot, corrompu d'Apachecta, qui signifie *à celui qui fait supporter ou surmonter quelque peine,* exprimait, suivant la manière concise de parler des Indiens, cette espèce de bénédiction : *Rendons grâce à celui qui nous fait supporter la fatigue qu'il a fallu essuyer pour monter cette colline.* Ces actions de grâces se rendaient à *Pachacamac,* qu'ils adoraient alors mentalement pour les avoir aidés à surmonter cette fatigue. Lorsqu'ils étaient arrivés au sommet de la colline, ils posaient leur fardeau, s'ils en avaient quelqu'un ; et, après avoir élevé les yeux au ciel,

Manière d'alumer le FEU SACRÉ chez les PERUVIENS, la veille de la grande FÊTE du SOLEIL nommée le grand RAMY.

R. Picart invenit 1723.

FESTIN à L'HONNEUR du SOLEÏL, le jour du grand RAMY.   238.

ils les baissaient vers la terre, et donnaient les mêmes marques d'adoration qu'ils avaient accoutumé de pratiquer à l'égard de Pachacamac. Outre cela, ils répétaient deux ou trois fois le datif Apachecta. Ensuite, par une espèce d'offrande, ils se tiraient le poil des sourcils; et, soit qu'ils en arrachassent ou non, ils les soufflaient en l'air, comme s'ils les eussent voulu envoyer au ciel. Ils prenaient aussi dans la bouche d'une herbe..... appelée *Cuca*, qu'ils jetaient en l'air, comme pour dire qu'ils offraient à Pachacamac ce qu'ils avaient de plus précieux. Leur superstition allait même jusqu'à lui offrir de petits éclats de bois, ou des pailles s'ils ne trouvaient rien de meilleur, ou quelque caillou, et, à faute de cela, une poignée de terre. On voyait même de grands monceaux de ces offrandes sur le sommet des collines. Quand ils faisaient ces cérémonies, ils ne regardaient jamais le soleil, parce que ce n'était pas à lui, mais à Pachacamac que leur adoration s'adressait.

Les Incas et les Péruviens leurs sujets sacrifiaient au soleil plusieurs sortes d'animaux : ils lui offraient aussi du coca, du blé, des hardes précieuses, et un breuvage composé d'eau et de maïs.

Pl. 237. *Manière d'allumer le feu sacré chez les Péruviens, la veille de la grande fête du Soleil, nommé le grand RAMY.*

Toutes les fois qu'ils entraient dans leurs temples, le principal de la compagnie portait la main sur l'un de ses sourcils; et soit qu'il en arrachât du poil ou non, il le soufflait en l'air devant l'idole en signe d'offrande. On faisait le même hommage aux arbres et aux autres choses qu'une vertu divine rendait sacrées et religieuses.

Les Péruviens rendaient une espèce de culte à la ville de Cusco, à cause qu'elle avait été fondée par Manco-Capac. Nous observerons que Rome païenne avait autrefois été traitée de même par ses peuples.

Pl. 238. *Festin à l'honneur du Soleil, le jour du grand Ramy.*

L'ouverture de la fête se faisait par des sacrifices. Il fallait que le feu dont ils se servaient dans ces sacrifices, leur fût donné, comme ils disaient, par la main même du soleil. Ils prenaient pour cet effet un grand bracelet appelé *hipana*, semblable à ceux que les Incas portaient au poignet de la main gauche, excepté que celui-ci, qu'avait le principal de leurs prêtres, était plus grand que les autres. Il avait, au lieu de médaille, une espèce de miroir convexe, de la grosseur de la moitié d'une orange, extrêmement luisant et poli. On l'opposait directement au soleil; et, dans un certain point où les rayons

qui sortaient du miroir se réunissaient, on mettait un peu de charpie faite de
coton, où le feu prenait aussitôt par un effet naturel. On brûlait les victimes
avec ce feu ainsi allumé, et donné de la main du soleil, et l'on s'en servait à
faire rôtir toute la chair qui se mangeait ce jour-là. Ensuite, ils prenaient de
ce même feu qu'ils portaient au temple du soleil, et à la maison des vierges
choisies, où l'on prenait soin de le conserver toute l'année; et c'était un fort
mauvais présage, quand il venait à s'éteindre. S'il ne faisait point soleil la
veille de la fête, qui était le jour auquel on apprêtait toutes les choses qui
étaient nécessaires pour le sacrifice du lendemain, et si, par conséquent, il
n'y avait pas moyen d'en tirer du feu, on prenait deux petits bâtons, gros
comme le pouce, longs de demi-aune, et d'un certain bois appelé *Vyaca*,
qui ressemblait à-peu-près à de la canelle; et à force de les frotter ensemble,
on en faisait sortir quantité d'étincelles qui prenaient à la mèche. Quoique ce
moyen fût très-propre à faire du feu, cependant lorsque la nécessité les con-
traignait de s'en servir pour le sacrifice de leurs fêtes, ils s'affligeaient fort, et
le prenaient pour un très-mauvais présage, disant qu'il fallait bien que le soleil
fût irrité contre eux, puisqu'il refusait de leur donner du feu de sa main.

Les principaux capitaines de l'empire et les Curacas ou Caciques assistaient
à cette fête : quand la vieillesse ou des occupations importantes et inévitables
les empêchaient de la célébrer en personne, ils y envoyaient en leur nom leurs
fils ou leurs frères, accompagnés des plus nobles de leurs parens. L'Inca faisait,
en qualité du fils du soleil, l'ouverture de la fête, et ne pouvait s'en dispenser,
à moins que la guerre ne l'appelât ailleurs, ou qu'il ne fût obligé de faire la
visite de ses Etats. Toute la noblesse de l'empire allait en procession présenter
ses offrandes au soleil.

Avant que de solenniser la fête on s'y préparait par un jeûne fort austère. Ils
ne mangeaient de trois jours qu'un peu de maïs blanc, encore était-il tout cru,
avec quelques herbes, de celles qu'on nomme *Chucam*, et ne buvaient que de
l'eau. Ils s'abstenaient durant ce temps-là de la compagnie de leurs femmes, et
l'on ne faisait point de feu en aucun endroit de la ville.

Après ce jeûne, la veille de la fête du soleil, les prêtres Incas, commis
pour faire les sacrifices, passaient la nuit à tenir prêts les moutons et les agneaux
qu'il fallait sacrifier; ils préparaient aussi les vivres et la boisson qu'on devait
présenter au soleil pour son offrande : on donnait ordre à toutes ces choses,
après qu'on s'était informé à-peu-près du nombre des gens qui étaient venus
à cette fête; car il fallait que, non-seulement les Curacas, les ambassadeurs,
leurs parens, et ceux qui étaient leurs domestiques et leurs sujets, eussent part
à ces offrandes, mais encore toutes les nations en général qui assistaient à cette
solennité. Cette même nuit, les femmes du soleil employaient le temps à pétrir

B. Picart. del.

Le premier jour de la grande FÊTE du SOLEÏL, L'YNCAS lui présente un vase plain de liqueur, et l'invite a boire.

une certaine pâte appelée *Cancu*, dont elles faisaient des petits pains ronds, de la grosseur d'une pomme. Il faut remarquer que ces Indiens ne faisaient jamais du pain de leur blé qu'en cette solennité, et à une fête nommée *Citua*; et même qu'ils n'en mangeaient que deux ou trois morceaux seulement, parce que la *Gara*, qui était une espèce de légume, leur tenait lieu de pain, soit qu'ils en fissent cuire le grain ou qu'ils le rôtissent. Il fallait que ce fussent les vierges choisies, vouées au soleil pour être ses femmes, qui pétrissent la farine dont se faisait ce pain, principalement celui que l'Inca et ceux du sang royal devaient manger, et qu'elles-mêmes apprêtassent toutes les autres viandes de cette fête, parce que, ce jour-là ce n'étaient pas les enfans du soleil qui traitaient leur père, mais c'était plutôt le soleil qui traitait ses enfans. Pour le commun peuple, il était servi par une infinité d'autres femmes, qui lui apprêtaient à manger, et qui lui faisaient du pain avec beaucoup de soin et d'attention; car, quoiqu'on ne le fît que pour le commun, il fallait néanmoins que la farine en fût pure. Il n'était permis de manger de ce pain que le jour de cette solennité, qui était la plus grande de toutes leurs fêtes, parce qu'on regardait ce pain comme une chose sacrée.

Pl. 239. *Le premier jour de la grande fête du Soleil, l'Inca lui présente un vase plein de liqueur et l'invite à boire.*

Au jour le plus solennel de la fête, l'Inca paraissait en public, accompagné de ses parens. Il se rendait avec sa suite à la grande place de Cusco, et y attendait les pieds nus que le soleil se levât : alors il regardait fixement vers l'orient. Dès qu'il le voyait paraître, il se jetait à genoux ; et, tenant les bras ouverts, directement opposés au visage, il donnait des baisers à l'air. Les Curacas et les autres nobles de l'Etat se tenaient à quelque distance, et adoraient le soleil, à l'imitation de l'Inca et des princes de son sang. L'Inca se levait ensuite, tandis que les autres restaient à genoux, et il prenait deux grands vases d'or remplis de boisson. En même temps, comme chef de la maison du soleil, il élevait un de ces vases, et le montrant au soleil l'invitait à boire. Les Péruviens étaient persuadés que cet astre faisait raison à l'Inca et à tous les princes du sang royal.

Après que l'Inca avait ainsi convié le soleil à boire, il versait de la main droite la liqueur du vase dédié au soleil dans une tinette d'or, d'où cette liqueur se répandait comme par une fontaine dans un tuyau artistement fait, et qui aboutissait de la grande place à la maison du soleil. Cela fait, il en buvait un peu pour sa part dans le vase qu'il tenait de la main gauche, et en même temps le reste se partageait entre les Incas, dans un petit vase d'or que chacun avait.

Ils vidaient ainsi peu à peu le vase de l'Inca, dont le breuvage était, à ce qu'ils disaient, sanctifié par sa main ou par celle du soleil, et leur communiquait sa vertu. Tous ceux du sang royal buvaient un trait de cette boisson. Mais on donnait à boire aux Curacas de la boisson que les femmes du soleil avaient faite, et non de celle qu'ils croyaient sanctifiée.

Pl. 240. *L'Inca vient recevoir les offrandes que ses sujets font au Soleil.*

Lorsqu'ils avaient achevé cette cérémonie, qui n'était qu'une introduction à mieux boire, ils allaient par ordre à la maison du soleil, et se déchaussaient tous, excepté le roi, à deux cents pas de la porte du temple. Alors l'Inca et ceux de son sang y entraient comme fils légitimes du soleil, devant l'image duquel ils se prosternaient. Cependant les Curacas, qui se croyaient indignes d'entrer dans son temple, parce qu'ils n'étaient pas de son sang, demeuraient dehors dans une grande place, qui était devant la porte ; et aussitôt que l'Inca avait offert de sa propre main le vase d'or où il venait de faire la cérémonie, les autres donnaient les leurs aux prêtres Incas, qu'on avait nommés et dédiés au service du soleil : car il n'était permis qu'à eux de faire cette charge, non pas même à ceux du sang du soleil, s'ils n'étaient prêtres. Après que les sacrificateurs avaient offert les vases des Incas, ils sortaient tous jusqu'à la porte, pour y recevoir ceux des Curacas, qui marchaient tous en leur rang, et selon l'ordre du temps auquel ils avaient été réduits sous l'empire de l'Inca. Outre leurs vases, ils présentaient au soleil plusieurs belles pièces d'or et d'argent, qui représentaient en petit et au naturel divers animaux, comme des brebis, des agneaux, des lézards, des crapauds, des couleuvres, des renards, des tigres et des lions, des oiseaux de toutes les sortes, et de tout ce qui croissait dans leurs provinces.

L'offrande étant achevée, ils s'en retournaient par ordre, chacun à sa place ; et en même temps on voyait venir les prêtres Incas avec quantité d'agneaux, de brebis bréhaignes, et de toutes couleurs ; car elles sont naturellement ainsi tachetées, comme les chevaux d'Espagne. Parmi tout ce bétail, qui appartenait au soleil, ils prenaient un agneau noir, couleur que ces Indiens préféraient aux autres, principalement dans leurs sacrifices, parce, disaient-ils, qu'elle avait je ne sais quoi de divin. Ils ajoutaient à cela qu'une bête noire l'était la plupart du temps par tout le corps, au lieu qu'une blanche avait presque toujours une tache noire sur le museau ; ce qui leur paraissait un défaut. C'est pour cela que leurs rois étaient le plus souvent vêtus de noir, et leurs habits de deuil étaient de la couleur que nous appelons *gris de souris*.

B. Picart. del.

L'YNCAS vient recevoir les OFRANDES que ses SUJETS font au SOLEIL.

240.   Tom. VII. N° 72.

SACRIFICE d'un AGNEAU noir, le jour de la grande FÊTE du SOLEÏL.

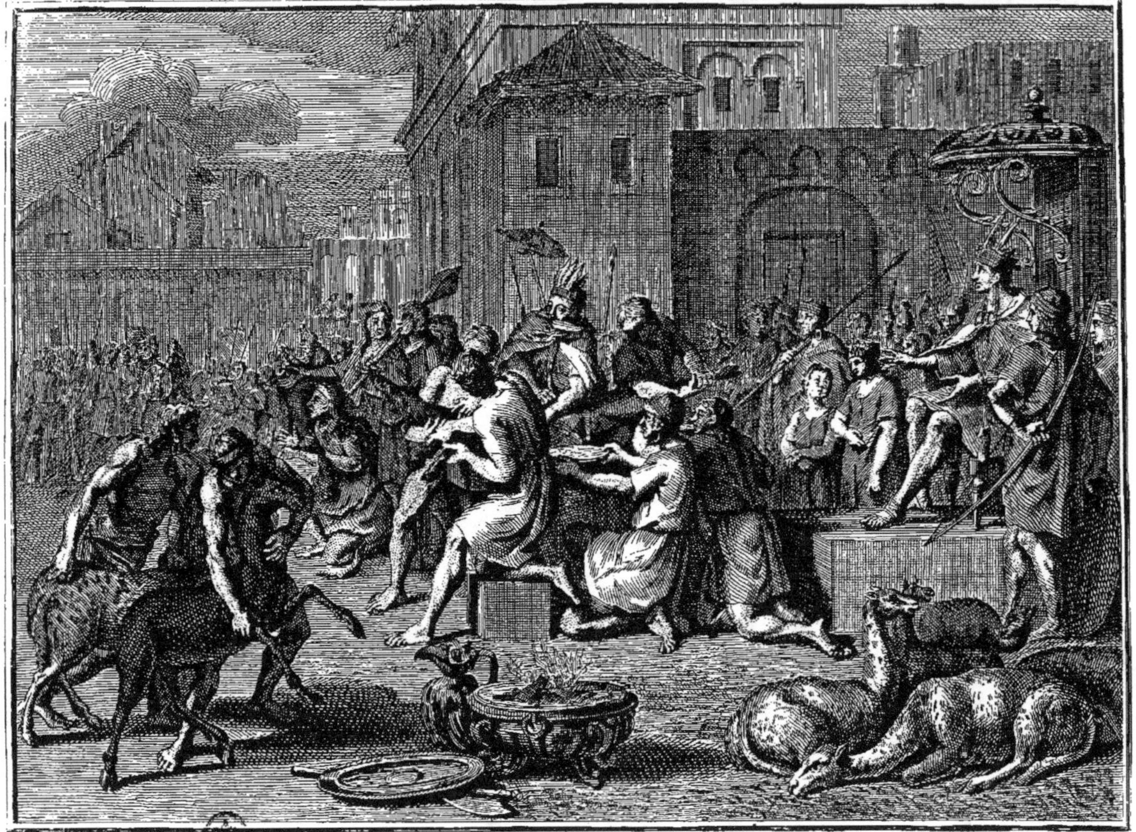

Pl. 241. *Sacrifice d'un agneau noir, le jour de la grande fête du Soleil.*

Ce premier sacrifice qu'on faisait d'un agneau noir était pour tirer des présages, bons ou mauvais, de la solennité de leur fête : car, dans toutes leurs actions d'importance, en temps de paix et de guerre, ils sacrifiaient un agneau, auquel ils arrachaient le cœur et les poumons, pour juger par-là si leur offrande était agréable au soleil, si la guerre qu'ils allaient faire aurait un événement heureux ou infortuné, et si la récolte des biens de la terre serait bonne cette année. Mais il faut remarquer qu'ils sacrifiaient divers animaux, selon la difficulté nature des présages qu'ils en voulaient tirer, comme des agneaux, des moutons et des brebis bréhaignes ; car ils ne tuaient jamais celles qui ne l'étaient pas, et ne mangeaient même de leur chair que lorsqu'elles n'étaient plus capables d'engendrer. Dans ces sacrifices, ils prenaient l'agneau ou le mouton qu'ils voulaient immoler, et lui tournaient la tête du côté de l'orient, sans lui lier les pieds ; mais trois ou quatre hommes le tenaient fortement, pour l'empêcher de remuer. Ainsi tout en vie, ils lui ouvraient le côté gauche, où ils mettaient la main, et en tiraient le cœur, les poumons, et tout le reste de la fressure, qui devait sortir entière, sans qu'il y eût rien de rompu.

Ils étaient du moins aussi superstitieux que les Grecs et les Romains dans l'examen des entrailles de la victime. C'est ce qui se justifie par ce passage de cette même histoire des Incas que nous venons de citer. « Ils tenaient pour un si bon présage, quand les poumons palpitaient encore après qu'on les avait arrachés, qu'ils prenaient pour indifférens tous les autres présages, parce, disaient-ils, que celui-ci suffisait pour les rendre bons, quelque mauvais qu'ils fussent. Lorsqu'ils avaient tiré la fressure, ils soufflaient dans le gosier pour le remplir de vent ; puis ils le liaient par le bout, ou le pressaient avec la main, observant en même temps si les conduits par où l'air entre dans les poumons, et les petites veines qui s'y voient ordinairement, étaient plus ou moins enflés, parce que, plus ils l'étaient, et plus le présage leur paraissait bon. Ils considéraient aussi plusieurs autres choses qu'il me serait bien difficile de rapporter, ne les ayant pas remarquées. Je parle seulement de celles-ci, parce que je les ai vues pratiquer deux fois. Il me souvient qu'on me mena, lorsque j'étais encore enfant, dans une basse-cour, où quelques vieillards faisaient cette espèce de sacrifice dans un de leurs baptêmes, non pas le jour de leur *Ramy* (c'est le nom de la fête du soleil), dont on ne parlait déjà plus lorsque je naquis ; mais en un autre temps, lequel, pour des occasions particulières, ils faisaient des sacrifices d'agneaux et de moutons, pour en tirer des présages.

Ils tenaient pour un présage sinistre, s'il arrivait qu'en ouvrant le côté à la bête qu'ils voulaient immoler, elle se levât sur pied, et s'échappât des mains de ceux qui la tenaient. Ils prenaient encore pour un malheur, si le gosier, qui tientd'ordinaire à la fressure, venait à se rompre sans qu'ils l'eussent tiré en entier ; si les poumons étaient déchirés, ou le cœur gâté, et ainsi des autres choses dont je n'ai pas été soigneux de m'informer. Je me souviens de celles-ci pour en avoir ouï parler aux Indiens, qui se démandaient les uns aux autres dans leurs sacrifices si les présages en étaient bons ou mauvais, sans qu'ils prissent garde à moi, à cause de mon bas âge.

Les sacrifices finissaient par un festin : l'on y servait la chair des victimes sacrifiées. On la distribuait à tous ceux qui se trouvaient à cette solennité, c'est-à-dire aux Incas, et, après eux, aux Curacas et à leur suite, selon leur rang. Avec cette viande, on leur servait du pain que Garcilasso appelle *Cancu.* Ensuite on présentait d'autres mets, dont on mangeait sans boire, l'usage ne permettant pas aux Péruviens de boire en mangeant. Ils ne buvaient qu'après leurs repas, et ne cédaient sur cet article à aucune nation de notre hémisphère.

Ils célébraient quelques autres fêtes le premier jour de la lune de septembre, après l'équinoxe. Celle que Garcilasso appelle *Citua* était remarquable, et l'on peut la regarder comme une lustration générale. Le but de cette lustration était de purifier l'âme des infirmités qu'elle contracte dans le corps humain, et de garantir celui-ci des maladies auxquelles il est exposé. Les Péruviens s'y préparaient par le jeûne. Il fallait s'abstenir de tout commerce avec les femmes, et jeûner vingt-quatre heures. La nuit d'après ce jeûne, les Péruviens pétrissaient dévotement des pelotes de cancu, les mettaient dans des marmites de terre, et les faisaient cuire à demi, jusqu'à ce que le cancu fût réduit en masse. Ils en faisaient de deux sortes : dans l'une, on mêlait le sang que l'on tirait d'entre les deux sourcils et des narines de quelques jeunes enfans. Tous ceux qui avaient jeûné se lavaient le corps avant le jour, et se frottaient ensuite la tête, le visage, l'estomac, les épaules, les bras et les cuisses, avec la pâte dont nous venons de parler, afin, disaient-ils, d'éloigner d'eux par cette purification les maladies et toutes sortes d'infirmités. Après cette purification, le plus âgé et le plus qualifié de chaque famille prenait de cette même pâte, en frottait la porte de sa maison, et y laissait la pâte attachée, pour marquer la purification de ceux du logis. Le grand-prêtre faisait la même cérémonie dans le palais et dans le temple du soleil, pendant que ses vicaires allaient purifier les chapelles et les autres lieux sacrés. Dès que le soleil commençait à paraître, on l'adorait. Un Inca du sang royal se présentait dans la place de Cusco, vêtu richement, tenant à la main une lance garnie de plumes de diverses couleurs, et enrichie de quantité d'anneaux d'or. (La lance servait aussi d'étendard en temps de guerre.)

L'YNCAS consacre son VAZE au SOLEIL

Cet Inca en allait joindre quatre autres, armés comme lui de lances, qu'il touchait de la sienne, les consacrant en quelque façon par l'attouchement : il leur déclarait que le soleil les avait choisis pour chasser les infirmités et les maladies. Aussitôt, ces quatre ministres du soleil partaient pour exécuter leurs ordres : pendant qu'ils faisaient la revue des quartiers, chacun sortait du logis, secouait ses habillemens, se frottait la tête, le visage, les bras, les cuisses. Telles étaient les cérémonies par lesquelles on croyait se purifier ; on les accompagnait de grands cris de joie. Les ministres du soleil prenaient les maux dont le peuple venait de se dépouiller, et les chassaient à cinq ou six lieues de la ville.

La nuit suivante, ces mêmes Incas couraient de côté et d'autre avec des flambeaux de paille, ensuite ils sortaient de la ville. Cette lustration nocturne chassait les maux auxquels on est exposé la nuit, comme celle des lances avait servi à chasser les maux du jour. On jetait dans la rivière où le peuple s'était lavé, ces flambeaux à demi consumés ; et si l'on en trouvait des restes au bord de l'eau, on s'en éloignait comme d'une chose pestiférée. Ces fêtes finissaient par des réjouissances, mélées d'actions de grâces et de sacrifices au soleil.

Pl. 242. *L'Incas consacre son vase au Soleil.*

RELIGION, MOEURS, IDOLATRIES

De quelques Peuples sujets des Incas.

Cet article n'est destiné qu'à donner une légère idée des peuples dont les Incas détruisirent l'Idolâtrie pour y substituer la leur. Ceux de la vallée de Rimac, appelée ensuite Lima, adoraient, sous la figure d'un homme, l'idole Rimac, qui répondait aux questions qu'on lui faisait, à la manière des anciens oracles de la Grèce. Rimac veut dire *celui qui parle.* Cette idole résidait dans un temple superbe, quoique inférieur en magnificence à celui de Pachacamac.

Ils adoraient aussi Pachacamac, mais ils lui offraient des victimes humaines : le respect qu'ils avaient pour lui allait jusqu'à ne pas oser le regarder. Les rois et les prêtres entraient dans son temple à reculons, en sortaient de même, et ne levaient jamais les yeux vers l'idole.

Pl. 243. *Captif sacrifié par les Antis.*

Les Antis, peuples qui habitent vers les montagnes du Pérou, adoraient les tigres et les couleuvres : ils adoraient aussi l'herbe coca. Lorsqu'ils faisaient des prisonniers, ils les massacraient sans miséricorde ; avec cette différence, qu'un prisonnier de peu de considération était massacré sur-le-champ, au lieu qu'ils sacrifiaient solennellement celui qu'ils estimaient digne de ce funeste honneur. Ils le dépouillaient, l'attachaient nu à un gros pieu, et le découpaient par tout le corps avec des rasoirs et des couteaux faits d'un caillou fort tranchant. Ils ne le démembraient pas d'abord ; mais ils ôtaient seulement la chair des parties les plus charnues, comme sont les gras des jambes, les cuisses, les fesses, etc. Après cela, hommes, femmes et enfans se teignaient du sang de ces malheureux, et les mangeaient tout en vie. Les femmes se frottaient de leur sang le bout des mamelles, et donnaient ensuite à teter à leurs enfans le sang de leurs ennemis, mêlé au lait dont la nature les avait pourvues pour l'entretien de ces petites créatures. Cette sanglante exécution portait chez ces peuples inhumains le nom de *religieux sacrifices*. Ils mettaient au rang des Dieux et logeaient sous des cabanes sur le sommet de leurs montagnes ceux qui souffraient la mort avec courage, ou plutôt avec férocité. Au contraire, ils jetaient à la voierie ceux qui n'avaient pas la force de résister aux tourmens.

Les peuples de la province de Manta adoraient la mer, les poissons, les tigres, les lions, plusieurs autres animaux féroces, et une émeraude d'une grosseur extraordinaire, qu'ils exposaient aux yeux du public en leurs fêtes solennelles. Ils écorchaient leurs prisonniers de guerre ; et, après avoir rempli leur peau de cendre et de terre, ils l'attachaient comme un trophée aux portes des temples de leurs idoles, etc.

A l'égard de leur origine, les Péruviens disaient qu'il vint chez eux, des parties septentrionales du monde, un homme extraordinaire, qu'ils nommaient *Choun*; que ce Choun avait un corps sans os et sans muscles ; qu'il abaissait les montagnes, comblait les vallées, et se faisait un chemin par des lieux inaccessibles. Ce Choun créa les premiers habitans du Pérou, et leur assigna pour subsistance les herbes et les fruits sauvages des champs. Ils racontaient encore que ce premier fondateur du Pérou ayant été offensé par quelques habitans du plat pays, convertit en sables arides une partie de la terre, qui auparavant était fort fertile ; arrêta la pluie, desséma les plantes : mais qu'ensuite, ému de compassion, il ouvrit les fontaines et fit couler les rivières. Ce Choun fut adoré comme Dieu, jusqu'à ce que Pachacamac vint de Sud.

Choun disparut à la venue de Pachacamac, qui était beaucoup plus puis-

CAPTIF *Sacrifié par les ANTIS.*

DÉSOLATION des PERUVIENS pendant L'ECLIPSE de LUNE.

sant que lui, et qui convertit en bêtes sauvages les hommes que Choun avait créés.

Les Péruviens avaient quelque connaissance du déluge; mais il est assez difficile d'y démêler rien de net. Il faut renvoyer pour cela à l'*Histoire* de l'Inca Garcilasso.

Je ne dis rien ici de la vénération qu'ils avaient pour l'arc-en-ciel, ni de leur opinion superstitieuse touchant les comètes, ni des prédictions qu'il tiraient des songes, ni comment ils s'imaginaient que le soleil à son couchant se précipitait dans l'Océan, y perdait sa lumière et sa chaleur, reprenait l'une et l'autre après avoir passé sous la terre, qu'ils plaçaient sur la surface des eaux, et sortait au matin par les portes de l'Orient. Les Poètes de l'antiquité, qui n'étaient rien moins que géographes, avaient à-peu-près raisonné de même. On peut juger, par ce que je rapporte ici, du caractère de l'esprit humain destitué de certaines connaissances, et si les hommes ne sont pas également propres à recevoir partout les mêmes impressions de la superstition.

Pl. 244. *Désolation des Péruviens pendant l'éclipse de la lune.*

Par l'opinion qu'ils avaient des éclipses, quand le soleil s'éclipsait, ils le croyaient fâché contre eux : ils regardaient comme une preuve de sa colère le trouble qui, disaient-ils, paraissait sur son visage. Quand la lune s'éclipsait, ils s'imaginaient qu'elle était malade, qu'elle mourrait infailliblement si elle achevait de s'obscurcir; qu'alors elle tomberait du ciel, qu'ils périraient tous, et que la fin du monde arriverait. Pour éviter ces malheurs, dès que l'éclipse commençait ils faisaient le plus de bruit qu'ils pouvaient avec des cornets, des trompettes et des tambours. Ils attachaient des chiens à des arbres, et leur donnaient de grands coups de fouets pour les obliger d'aboyer si haut que la lune, qu'ils croyaient évanouie par la force de la douleur, et qui aimait ces animaux à cause des services signalés qu'ils lui avaient rendus autrefois, fût obligée de se réveiller à leurs cris.

Les prêtres du soleil étaient tous Incas, nés du sang royal; mais il suffisait que les prêtres destinés aux moindres services du culte sacré, fussent Incas privilégiés, c'est-à-dire, élevés à ce rang à cause de leur mérite. J'ai déjà parlé des sacrifices que les prêtres faisaient au soleil. Avant que d'entrer dans le temple du soleil il fallait que les prêtres se déchaussassent.

Ils n'élisaient pour souverain-prêtre qu'un des oncles ou des frères du roi; ou, si c'était quelque autre, il fallait du moins qu'il fût légitimement venu de son sang. Les prêtres n'avaient point d'habit particulier; mais dans toutes les provinces où le soleil avait des temples en fort grand nombre, il n'y avait que ceux qui en étaient natifs, et qui, en outre, étaient parens du seigneur de chaque province, qui pussent exercer cette charge religieuse : quant au principal prêtre, tel sans comparaison qu'est un évêque parmi nous, il fallait qu'il fût Inca. Afin même que dans leurs sacrifices et leurs cérémonies ils se rendissent conformes à leur métropolitain, ils élisaient les Incas pour supérieurs en temps de paix et de guerre, sans démettre ceux du pays, afin qu'on ne leur reprochât point de les mépriser et d'user de tyrannie envers eux. Le grand-prêtre déclarait au peuple ce dont il consultait avec le soleil, et ce que le soleil lui commandait de leur dire, selon la doctrine de leur religion. En un mot, il leur déclarait les choses qu'il devinait par le moyen des augures, des sacrifices, et de semblables superstitions qu'ils avaient entre eux. Ils appelaient leurs prêtres d'un nom qui signifie *deviner*.

Il y avait dans la maison du soleil plusieurs appartemens pour les prêtres et les domestiques, qui étaient du nombre des Incas qu'on appelait privilégiés ; car aucun Indien, quelque grand seigneur qu'il fût, ne pouvait y entrer s'il n'était Inca. Les dames n'y entraient point non plus, pas même les filles ni les femmes du roi. Les prêtres servaient dans le temple par semaine, qu'ils comptaient par les quartiers de la lune : durant ce temps-là, ils s'abstenaient de leurs femmes, et ne sortaient du temple ni jour ni nuit. Pendant que les prêtres et les ministres de la religion des Incas s'acquittaient des fonctions de leurs charges dans les temples, où ils servaient par semaines, ainsi qu'on l'a dit, ils étaient entretenus des *revenus du soleil*. C'est ainsi que l'on appelait les productions de certaines terres que l'on cédait au soleil comme son domaine, et qui allaient ordinairement à un tiers des terres d'une province.

Ces peuples entretenaient aussi des religieuses, qui vouaient au soleil une virginité éternelle. On était si scrupuleux sur l'article de la virginité, que, pour n'y être pas trompé, on prenait des filles au-dessous de l'âge de huit ans. On usait sur-tout de cette précaution à l'égard des vierges de la maison religieuse de Cusco, à cause qu'elles étaient destinées à devenir femmes du soleil. Par cette même raison, il n'entrait dans la maison religieuse de Cusco que des filles d'Incas du sang royal, nées sans aucun mélange de sang étranger. Les plus vieilles d'entre elles étaient les abbesses du couvent. Elles dirigeaient les jeunes, leur apprenaient toute sorte d'ouvrages, les instruisaient dans le service divin, et veillaient sur la fragilité de la chair : la clôture était si rigide, qu'elles ne pouvaient voir ni hommes ni femmes. Le couvent n'avait ni tour ni parloir. On assure que ces ordres étaient observés avec la dernière exactitude, et que la loi qui punissait celles qui faisaient brèche à la fidélité qu'elles devaient au soleil leur époux, était d'une rigueur étonnante.

Des couvens semblables à celui de Cusco étaient établis dans les principales provinces de l'Empire : mais on recevait dans ceux-ci toutes sortes de filles, soit qu'elles fussent de sang royal et légitimes, soit qu'elles fussent bâtardes et nées d'un sang étranger. L'on y admettait encore par une grande faveur les filles des seigneurs qui avaient quelques vassaux, et même celles des moindres bourgeois, pourvu qu'elles fussent belles. Car, sous cette condition, elles étaient destinées à être filles du soleil, ou maîtresses de l'Inca. On les gardait avec le même soin que les femmes dédiées au soleil. Elles avaient, comme les autres, des demoiselles qui les servaient, et étaient entretenues aux dépens du roi, parce qu'elles étaient ses femmes. D'ailleurs, elles s'occupaient pour l'ordinaire, comme les vierges du soleil, à filer, et à faire quantité de robes pour la personne de l'Inca.

Les filles qu'on avait une fois choisies pour être les maîtresses du roi, et qui avaient eu commerce avec lui, ne pouvaient retourner chez elles sans sa permission ; mais elles servaient dans le palais en qualité de dames, ou de femmes-de-chambre de la reine, jusqu'à ce qu'on leur permît de s'en retourner en leur pays, où elles étaient comblées de biens, et servies avec un respect religieux, parce que ceux de leur nation tenaient à très-grand honneur d'avoir une femme de l'Inca. Pour les autres religieuses que le roi ne daignait pas prendre pour ses maîtresses, elles gardaient la maison jusqu'à ce qu'elles commençassent de venir sur l'âge. Après que le roi était mort, ses maîtresses étaient honorées par son successeur du nom de *Mamacuna*, parce qu'elles étaient destinées à être les gouvernantes de ses maîtresses, qu'elles instruisaient, comme les belles-mères instruisent leurs belles-filles.

Il y avait des confesseurs établis dans toute l'étendue de l'Empire, et ces confesseurs proportionnaient le châtiment au péché : des femmes se mêlaient aussi de cette fonction religieuse. Dans la province de Collasuio, on employait le sort pour découvrir les péchés : quelquefois, on les découvrait par l'inspection des entrailles d'une victime. On punissait par des coups de pierres, réitérés plusieurs fois de suite, celui qui ne révélait pas ses fautes. On se confessait dans les occasions où l'on a un besoin particulier du secours divin ; mais la grande et solennelle confession se faisait lorsque l'Inca était malade. L'Inca ne se confessait qu'au soleil ; après quoi il se lavait dans quelque eau courante, en lui disant : *Reçois les péchés que j'ai confessés au soleil, et porte-les dans la mer.* Les pénitences consistaient en jeûnes, en offrandes, en retraites dans les déserts des montagnes, en flagellations, etc.

Pl. 245. Manière dont l'Inca marie ceux de son sang.

Mariage de ceux qui appartenaient de près ou de loin aux Incas (*Acosta*, cité par Purchas). Le roi faisait assembler chaque année, ou bien de deux ans en deux ans, dans un certain temps, tout ce qu'il y avait de filles et de garçons de sa race, qui étaient à marier, dans la ville de Cusco. Les filles devaient être âgées de dix-huit à vingt ans, et les garçons de vingt-quatre.

Quand il était question de les marier, l'Inca se mettait au milieu d'eux. Ils se tenaient près les uns des autres : il les appelait par leur nom ; puis, les prenant par la main, il leur faisait donner la foi mutuelle, et les remettait entre les mains des parens. Alors, les nouveaux mariés s'en allaient dans la maison du père de l'époux, et la noce se faisait pendant trois ou quatre jours, parmi les parens qui leur étaient les plus proches. Ces filles, ainsi mariées, s'appelaient ensuite *les femmes légitimes,* ou bien, *les femmes livrées de la main de l'Inca ;* nom qu'on leur donnait pour leur faire plus d'honneur. Après que l'Inca avait marié les personnes de sa race, le lendemain, des ministres députés pour cet effet mariaient dans le même ordre les autres jeunes hommes, fils des habitans de la ville, observant la division des quartiers qu'on appelait *Cusco la haute,* et *Cusco la basse.*

Les parens donnaient les meubles ou les ustensiles de la maison, chacun apportait sa pièce de ménage ; ce qu'ils faisaient entre eux fort ponctuellement, sans faire dans leurs mariages ni sacrifices ni autres cérémonies.

Les gouverneurs et les Curacas étaient obligés par le devoir de leur charge de pourvoir de la même manière les garçons et les filles qui étaient à marier dans leurs provinces. Il fallait qu'il assistassent en personne à ces mariages, ou qu'ils les fissent eux-mêmes, comme seigneurs et pères de la patrie.

L'héritier de la couronne se mariait à sa propre sœur. L'usage était fondé sur les exemples du soleil et du premier Inca ; car on disait que, puisque le soleil avait épousé la lune sa sœur, et avait marié ensemble ses deux premiers enfans, il était juste d'observer le même ordre dans la personne des aînés du roi. On disait encore qu'il ne fallait point mêler le sang du soleil avec celui des hommes ; que le royaume devait appartenir à l'héritier, tant du côté du père que de celui de la mère ; et qu'autrement il déchéait de son droit, car on était fort rigoureux sur le droit de succession à la couronne.

L'aîné des frères était l'héritier légitime de la couronne, et se mariait avec sa propre sœur de père et de mère. Mais s'il n'avait point de sœur légitime, il épousait sa plus proche parente de la tige royale, soit qu'elle fût sa cousine, sa sœur, sa nièce, ou sa tante ; et cette parente pouvait hériter du royaume,

MANIERE dont L'YNCAS mariè CEUX de son SANG.

au défaut des mâles, comme en Espagne. Si le prince n'avait point d'enfans de sa sœur aînée, il épousait la seconde, ou bien la troisième, jusqu'à ce qu'il en eût.

La femme qu'il avait épousée était appelée la *Coya*, c'est-à-dire, la reine ou l'impératrice. Outre leur femme légitime, les rois avaient pour l'ordinaire plusieurs maîtresses, dont les unes étaient étrangères, et les autres leurs parentes dans le quatrième degré, et même au-delà. Ils tenaient pour légitimes les enfans qu'ils avaient de leurs parentes, parce qu'ils n'étaient point d'un sang étranger. Les enfans que les Incas avaient eus des étrangères ne passaient que pour bâtards; car, quoiqu'on les respectât parce qu'ils étaient de naissance royale, on n'avait pourtant point pour eux la même vénération que pour ceux du sang royal : on adorait ceux-ci comme des Dieux, et on honorait les autres comme des hommes. La première figure de la planche que l'on voit ici représente un mariage fait par les Incas.

Purchas rapporte, sur la foi des écrivains Espagnols, que le marié allait prendre sa maîtresse à son logis, et lui chaussait l'*Otoia*, qui était une manière de soulier. Si la mariée était vierge et fille, le soulier était de laine; veuve, il était fait d'une espèce de roseau. L'habillement royal de l'Inca demande une explication. La voici telle que l'auteur de l'histoire des Incas la donne : « L'Inca portait d'ordinaire sur la tête une manière de cordon qu'on appelait l'*Auta*, de la largeur du pouce, et d'une forme presque carrée, faisant quatre ou cinq tours sur la tête, et la bordure de couleur, qui joignait d'une tempe à l'autre.

Pour son habit, c'était une camisole qui lui allait jusqu'aux genoux, appelée *Uncu* par ceux du pays, et par les Espagnols *Cusma*; ce qui n'est pas un mot de la langue générale, mais plutôt de quelque province particulière. Ils portaient au lieu de manteau une espèce de casaque nommée *Jacola*. Les religieuses faisaient aussi pour l'Inca une espèce de bourse carrée, qu'il portait comme en écharpe, attachée à un cordon fort bien travaillé, de la largeur de deux doigts. Ces bourses, qu'on appelait *Chuspa*, ne servaient qu'à y mettre de l'herbe cuca, que les Indiens sont accoutumés de mâcher, et qui, pour lors, n'était pas si commune que présentement; car il n'était permis qu'au seul Inca d'en manger, ou du moins qu'à ses parens et à quelques Curacas, auxquels le roi en envoyait tous les ans de pleins paniers, par une faveur très-particulière. »

Les Incas faisaient de grandes fêtes et des réjouissances extraordinaires quand ils sevraient leurs enfans aînés, parce que le droit d'aînesse, principalement les mâles, était en grande estime parmi les Incas, et, à leur exemple, parmi tous leurs sujets; mais ils faisaient peu de réjouissances pour leurs filles ou pour leurs cadets.

Ils sevraient les enfans à deux ans, et leur coupaient les premiers cheveux avec lesquels ils étaient venus au monde; car avant ce temps-là ils n'y touchaient pas, et ne leur donnaient point le nom propre qu'ils devaient avoir. Quand on devait faire cette cérémonie, tous les parens s'assemblaient, et celui qu'on avait choisi pour parrain, donnait le premier coup de ciseau à son filleul, s'il est permis d'appeler ciseaux certains rasoirs faits de pierre à feu, dont ils se servaient pour cela, parce que les Indiens n'avaient pas encore l'invention des ciseaux dont nous nous servons. Après le parrain, tous les autres suivaient à leur tour; et chacun, selon son âge ou sa qualité, coupait les cheveux de l'enfant, qu'ils n'avaient pas plutôt rasé à leur mode, que tous, d'un commun accord, ils lui imposaient un nom, et lui offraient les présens qu'ils avaient à lui faire : les uns des habits, les autres du bétail, les autres des armes de diverses sortes, et quelques-uns des vases d'or et d'argent propres à boire, qu'on ne présentait pourtant qu'à ceux d'extraction royale; car les gens de basse naissance ne pouvaient s'en servir que par un privilége particulier.

Après avoir fait ces présens, ils buvaient jusqu'à l'excès, autrement la fête n'eût pas été bonne : ils dansaient et chantaient jusqu'à la nuit. Cela durait trois ou quatre jours, plus ou moins, selon que l'enfant était bien apparenté. Ils observaient presque la même chose quand ils sevraient le prince héritier, et lui coupaient les cheveux, si ce n'est que la solennité en était royale, et qu'ils prenaient pour parrain le grand-prêtre du soleil. Alors les Curacas de tout le royaume, ou en personne, ou par leurs ambassadeurs, venaient tous à cette fête, qui ne durait pas moins de vingt jours, et faisaient au prince de grands présens d'or, d'argent, de pierreries, et de tout ce qu'ils avaient de meilleur dans leurs provinces.

Pl. 246. *On coupe les cheveux, et on donne un nom au fils de l'Inca.*

En quelque temps que ce fût, et même quand il fallait donner à teter aux enfans, les mères ne les prenaient point entre leurs bras, parce, disaient-elles, qu'ils n'en voulaient jamais bouger dès qu'on les accoutumait à cela, et qu'on pouvait difficilement les faire demeurer dans le berceau. Cependant, lorsqu'elles jugeaient à propos de les en tirer, elles faisaient un creux dans la terre, où elles les mettaient debout jusqu'au sein, les environnaient de vieux drapeaux afin qu'ils fussent plus mollement, et leur donnaient divers jouets pour les amuser, sans les prendre jamais entre leurs bras, quand même c'eût été l'enfant du plus grand seigneur du royaume. Lorsqu'une mère voulait donner à teter à son enfant, elle se couchait sur lui; mais elle ne l'allaitait que trois fois le jour,

B. Picart del.

on COUPE les CHEVEUX, et on donne un NOM aux FILS de L'YNCAS. 246.

le matin, à midi, et le soir : hors ce temps-là, elle ne lui donnait jamais le teton ; elle aimait mieux le laisser crier, que de lui faire prendre l'habitude de teter tout le jour. Toutes les femmes du pays observaient la même chose, et disaient pour leur raison que cette coutume les rendait sales et sujets à vomir, qu'ils en devenaient gloutons quand ils étaient grands, et que l'expérience montrait cela par l'exemple des bêtes même, qui n'allaitaient leurs petits qu'à certaines heures du jour, et non pas toute la nuit. Quelque grande dame que fût une mère, elle-même élevait son enfant, et ne le mettait point en nourrice, si quelque indisposition particulière ne l'y obligeait : tant qu'elle nourrissait, elle s'abstenait de voir son mari pour ne pas corrompre son lait ; ce qui pouvait faire venir l'enfant en chartre.

A mesure que l'enfant croissait, on lui fortifiait le corps par la fatigue et les exercices. On le mettait ensuite entre les mains des Amautas, qui étaient les philosophes ou les docteurs du Pérou. Ces Amautas formaient les mœurs de la jeunesse, lui enseignaient les cérémonies et les préceptes de la religion, les lois de l'empire, et ce que l'on se doit les uns aux autres. On cultivait les enfans presqu'au sortir du berceau. A six ou sept ans, on leur donnait déjà quelques emplois, mais toujours conformes à la portée de l'âge. Enfin, on évitait la fainéantise et l'oisiveté, avec un soin capable de faire honte à des peuples qui se croient infiniment plus éclairés que ne l'étaient ceux du Pérou. On ne fuyait pas moins l'activité du luxe, plus dangereuse que l'oisiveté, dont tout le dessein est de plaire aux sens et de nourrir la vanité ; qui n'a d'autre but que celui de ranimer les plaisirs à mesure qu'ils vont défaillir, et qui, jusqu'aux derniers momens de la vie, entretient l'esprit dans une occupation continuelle, sans que cependant il puisse produire aucun fruit de ses travaux, ni en montrer une seule trace.

Les Amautas distinguaient entre l'âme et le corps de l'homme : ils attribuaient l'immortalité à l'âme ; pour le corps, ils l'appelaient *Terre Animée.* D'ailleurs, dit Garcilasso, sur ce que l'expérience leur apprenait que les animaux croissent et ont du sentiment, ils leur attribuaient pour cet effet l'âme végétative et la sensitive, mais non pas la raisonnable. Ils croyaient qu'après cette vie il y en avait une autre qui était meilleure pour les bons, et pire pour les méchans, à cause de la récompense des uns et du supplice des autres. Outre cela, ils divisaient l'univers en trois mondes, dont ils appelaient le premier, savoir le ciel, Hanan Pacha, c'est-à-dire, le Haut-Monde, où les gens de bien recevaient la récompense de leurs vertus ; le second, Hurin Pacha, ou le Bas-Monde, à cause de la génération et la corruption ; et le troisième, Veu Pacha, qui signifie le Centre de la Terre, ou le Monde-Inférieur, qu'ils disaient être destiné à la demeure des méchans. Ils nommaient encore ce dernier Monde,

Cupaypa-Huacin, c'est-à-dire, Maison du Diable. Mais ils croyaient que l'autre vie était corporelle, à-peu-près comme celle que nous passons ici bas ; et ils faisaient consister le repos du Haut-Monde à mener une vie paisible, et libre des inquiétudes de celle-ci. Au contraire, ils assuraient que la vie du Monde-Inférieur, que nous appelons Enfer, était pleine de toutes les maladies et de tous les maux que nous souffrons ici bas, sans qu'il y eût aucune sorte de repos ni de contentement. Il faut ajouter à cela qu'ils ne comptaient point parmi les plaisirs de l'autre vie, ni les voluptés charnelles, ni les autres vices non plus ; mais qu'ils réduisaient tout le bonheur à la tranquillité de l'âme et à celle du corps, qu'ils mettaient à n'avoir aucun souci ni aucune peine.

Les Incas croyaient encore la résurrection universelle, sans pourtant que leur esprit s'élevât plus haut que cette vie animale, pour laquelle ils disaient que nous devions ressusciter, et sans attendre ni gloire ni supplice. Ils avaient un soin extraordinaire de mettre en lieu de sûreté leurs ongles, et les cheveux qu'ils se coupaient ou qu'ils s'arrachaient avec le peigne, et de les cacher dans les fentes ou dans les trous des murailles. Si, par hasard, ces cheveux et ces ongles venaient à tomber à terre avec le temps, et qu'un Indien s'en aperçût, il ne manquait pas de les relever d'abord, et de les serrer de nouveau. Cette superstition me donnait souvent la curiosité de leur demander le but qu'ils se proposaient par là, et ils m'en alléguaient tous la même cause. Savez-vous bien, me disaient-ils, que tout ce que nous sommes de gens qui avons pris naissance ici bas, devons revivre dans ce monde, et que les âmes sortiront des tombeaux avec tout ce qu'elles auront de leurs corps. Pour empêcher que les morts ne soient en peine de chercher leurs ongles et leurs cheveux, car il y aura ce jour-là bien de la presse et bien du tumulte, nous les mettons ici ensemble, afin qu'on les trouve plus facilement ; et même, s'il était possible, nous cracherions toujours dans un même lieu.

Pl. 247. *Honneurs funèbres rendus aux grands du Pérou, après leur mort.*

Francisco Lopez de Gomara, lorsqu'il parle des enterremens que l'on faisait aux rois et aux grands seigneurs du Pérou, s'exprime en ces termes, dans le chapitre 125 de son Livre : *Quand les Espagnols*, dit-il, *ouvraient ces tombeaux, et en jetaient les ossemens çà et là, les Indiens les priaient de n'en rien faire, afin qu'ils se trouvassent ensemble lorsqu'il faudrait ressusciter. Par où l'on peut voir qu'ils croyaient la résurrection du corps et l'immortalité de l'âme, etc.*

Les peuples du Pérou avaient l'art d'embaumer les corps de telle façon, que non-seulement ils résistaient à la pourriture et à la corruption, mais qu'ils ac-

HONNEURS FUNÈBRES, rendus aux GRANDS, du Perou après leur mort.

quéraient même une dureté extraordinaire. On embaumait de cette manière les corps des Incas. Quand l'Inca, ou quelque grand seigneur de l'empire, venait à mourir, ses domestiques et ses femmes s'offraient à mourir aussi pour l'aller servir en l'autre monde; et la presse était si grande, que souvent il fallait renvoyer une partie de ceux qui se présentaient. Il y a apparence, dit un voyageur, que les prêtres, à la faveur de la religion, trouvaient des raisons pour leur persuader de mourir: sans cela, comment croire que les femmes eussent eu assez de bonne volonté pour se disputer le plaisir de se faire enterrer auprès d'un époux? Comment aurait-il été possible que les grands seigneurs eussent trouvé des domestiques? On portait le corps à la sépulture sur une manière de trône supporté sur brancard et suivi des femmes et des domestiques du défunt, chargés des provisions nécessaires pour les besoins de l'autre vie. Pendant la marche, un des proches parens du défunt lui soufflait quelque nourriture dans la bouche avec une sarbacane; car on était persuadé que sans un tel secours le mort ne pourrait soutenir la fatigue du voyage. On mettait sur le sépulcre la figure, en bois, du défunt. L'artisan y portait ses ouvrages, et le soldat ses armes. On voit dans les deux figures 247, 248, les cérémonies que nous venons de décrire, et la manière dont on descendait les morts dans la fosse.

Après qu'on avait embaumé les corps des Incas, on les mettait devant la figure du soleil, au temple de Cusco, et on leur offrait des sacrifices, comme à des hommes divins, enfans du soleil. Tout le premier mois après la mort du roi se passait en pleurs; les bourgeois de la ville le pleuraient tous les jours, avec de grandes démonstrations du regret qu'ils avaient de sa mort; tous ceux de chaque quartier de Cusco s'assemblaient portant les enseignes de l'Inca, ses bannières, ses habits, et tout ce qu'il fallait enterrer avec lui pour honorer ses funérailles. Ils entremêlaient à leurs plaintes un récit des victoires que l'Inca avait remportées, de ses exploits mémorables, et des biens qu'il avait faits aux provinces dont étaient natifs ceux qui demeuraient en tel et en tel quartier qu'ils nommaient. Le premier mois de deuil écoulé, ils le renouvelaient tous les quinze jours à chaque conjonction de la lune, pendant toute la première année. Enfin, on la finissait avec toutes les solennités et toutes les plaintes imaginables: il y avait pour cet effet des pleureurs, qui chantaient d'un ton lugubre les exploits et les vertus du défunt. C'est de cette façon que tous ceux de Cusco célébraient le deuil: les Incas du sang royal en faisaient de même, mais plus solennellement et avec plus de pompe.

16*

Pl. 248. *Manière d'ensevelir les Grands du Pérou.*

Cela se pratiquait encore dans les autres provinces de l'empire ; chaque seigneur y donnait toutes les marques possibles du regret qu'il avait de la mort de son souverain. On visitait les lieux que le prince avait favorisés de ses grâces, ou seulement de sa présence ; et on y laissait de plus grandes marques d'affliction qu'ailleurs, mêlant aux plaintes le récit des faveurs et des biens qu'on avait reçus du défunt. On honorait de la même façon la mémoire des Curacas et des autres grands seigneurs.

Maniere D'ENSEVELIR les GRANDS, du Perou.

248.

SUPPLÉMENT

AUX

PEUPLES IDOLATRES.

RELIGION, MOEURS, IDOLATRIES

Des Peuples de la Mer du Sud. — O-Taïtiens. — Autres îles de la Société. — Iles Saddwich. — Nouvelle Albion. — Nootka. — Iles des Amis. — Ile de Pâque. — Port de France, — Nouvelle Zélande. — Iles Pelew. — Mœurs, Religions et Coutumes des Kucis ou Montagnards de Tipra dans l'Inde, etc., etc.

Depuis l'année 1725, où Bernard a fait paraître son *Histoire des Cérémonies et Coutumes religieuses de tous les Peuples du Monde*, la géographie s'est enrichie d'immenses découvertes.

Un nouveau Colomb, Cook, entreprend les voyages les plus périlleux, les plus pénibles et du plus long cours; il s'élève, dans les deux hémisphères, à des hauteurs que l'on croyait inaccessibles; il parcourt dans tous les sens, et sous toutes les latitudes, le vaste Océan Pacifique : et cet habile navigateur, à force de courage, d'activité, de patience et de talens, sait vaincre les obstacles sans cesse renaissans.

Ses travaux sont couronnés du plus glorieux succès; il découvre de grands archipels jusqu'alors inconnus, des îles florissantes, des côtes immenses, de nouveaux détroits qu'on ne soupçonnait pas ; rend les plus signalés services à la navigation de tous les peuples du monde, en déterminant avec la plus grande précision le gissement des îles, des bancs, des écueils, et termine sa carrière au milieu des trophées qui rendront à jamais son nom immortel.

Cependant un illustre marin l'avait précédé dans la même carrière, et le voyage de ce savant navigateur, qui sait aussi bien manier la plume que le compas et l'épée (Bougainville), avait déjà fait connaître plusieurs peuplades nouvelles, intéressantes sous tous les rapports.

Les exemples des Cook et des Bougainville animent l'ardeur d'autres marins, non moins éclairés, non moins intrépides. La Pérouse, D'Entrecasteaux, Humboldt, Vancouver et leurs compagnons, s'élancent aussi sur des mers inconnues, vont porter aux insulaires de nouvelles productions, de nouveaux moyens d'existence et de civilisation, et veulent enrichir leur patrie non-seulement des découvertes qu'ils ont faites, mais encore les sciences et les arts de leurs observations savantes, de leurs riches collections, et mériter à-la-fois la reconnaissance des peuples civilisés et celle des peuples sauvages dont ils sont les bienfaiteurs ; déjà leurs noms, ainsi que ceux des De Langle, des Lescure et des Laborde, sont placés glorieusement près de ceux des Colomb, des Magellan, des Penn, des Cook, des Bougainville et des autres marins intrépides qui se sont signalés dans ces dernières expéditions par leur courage et leur humanité.

Les découvertes d'un si grand nombre de peuples en ont fait connaître de plus ou moins civilisés, qui avoient des mœurs, des coutumes et des religions jusqu'alors inconnues.

Il a donc été nécessaire, pour compléter l'histoire des Religions, des Mœurs et des Cérémonies religieuses, d'y faire entrer celle des peuples nouvellement découverts. Mais beaucoup de peuples n'ont pas de culte extérieur, au moins on ne leur en connaît pas, et celui de plusieurs est extrêmement simple : cependant la plupart croyant à une autre vie, ont le plus grand respect pour les morts ; en sorte que leurs cérémonies funéraires sont assez curieuses, et leurs tombeaux très-variés.

Nous avons pris une grande partie de nos recherches dans les Voyages de Cook ; mais quel guide plus sûr pouvions-nous prendre ? Nous avons aussi consulté tous les navigateurs plus récens, tels que M. de Bougainville, Philips, Wilson, La Pérouse, D'Entrecasteaux, Vancouver, Méares, etc., et M. Péron.

-RELIGION, MOEURS, IDOLATRIES

Des Insulaires de la Mer du Sud.

Les habitans des îles de la mer du Sud n'ont pas sur la religion des idées bien nettes et bien approfondies. Ils reconnaissent cependant un maître invisible, tout puissant, auteur de l'univers, qui a chargé différens êtres subordonnés à lui d'exécuter les diverses parties de la création. Ils croient qu'il est bon et qu'il sait tout, qu'aucune des actions humaines ne lui est cachée, et que sa main libérale nous accorde tout ce qu'il y a de bien dans le monde. Ils sentent leurs besoins et ils implorent l'Être-Suprême, et ils lui offrent, avec un cœur reconnaissant, ce que leurs terres produisent de meilleur. Ils avouent qu'il y a en eux un être qui voit, qui entend, qui éprouve les sensations de l'odorat, du goût et du tact; ils l'appellent *E-teehe*, et ils disent qu'après la dissolution du corps il rôde autour du *Morai*, lieu consacré aux sépultures, et qui sert aussi de temple chez la plupart des peuples des îles de la mer du Sud, et qu'enfin il se retire dans les figures de bois qui représentent des hommes établis près de leur cimetière. Ils sont convaincus qu'ils jouiront dans le soleil d'une vie heureuse, qu'ils s'y régaleront de fruits à pain et de viandes qui n'auront pas besoin d'être apprêtées; ils sentent l'obligation d'adresser leurs prières à la divinité ou à l'*Éatoòa-Rahai*. Les Insulaires qui ont le plus de loisir ont un grand désir d'apprendre tout ce que les docteurs du pays imaginent savoir sur cette divinité et sur les autres dieux inférieurs : ils ne sont pas moins empressés de pratiquer ce qu'ils appellent *des vertus.*

Leur système de religion est un des polythéismes les moins révoltans qu'on ait inventés. L'acceptation d'*Éatoòa* emporte une très-grande étendue. Quoiqu'à proprement parler ce terme signifie la divinité, on peut aussi le traduire par le mot de *génie.* Ils admettent un être qu'ils appellent *Éatoòa-Rahai*, qui est le dieu-suprême, ou celui qui domine sur tous les autres. Chacune des îles qui environnent O-Taïti a sa divinité particulière, ou (comme on pourrait le dire avec raison) sa divinité tutélaire. Taïti est sous la direction particulière de Ornà-Attoo; Tane préside à Huaheme; O-Roo, à O-Raiedéa; Orra, à O-Taha; Taòotoo, à Borabara; O-Too, à Maurooa, et Taroà est la divinité principale de Tabuamànoo. C'est toujours à cette divinité particulière que le grand-prêtre de chaque île s'adresse dans les prières qu'il fait au grand Morai, ou temple du prince de l'île. Ils croient que la grande divinité est la première cause de tous les êtres divins et humains ; et comme ces peuples ont mêlé partout l'idée de la génération, on la retrouve dans leurs dieux inférieurs.

Religions des O-Taïtiens de la Mer du Sud.

Les O-Taïtiens imaginent que tout ce qui existe dans l'univers provient originairement de l'union de deux êtres. Ils donnent à la divinité suprême, un de ces deux premiers êtres, le nom de *Taroataihetoomoo* ; et ils appellent *Tepapa* l'autre, qu'ils croient avoir été un rocher : ces deux êtres engendrèrent une fille, Tettowmatayo, l'année ou les treize mois collectivement, qu'ils ne nomment jamais que dans cette occasion. *Tetowmatayo*, ou *Oheema* (suivant Forster), la déesse qui a créé la lune, et qui habite dans un nuage noir, qu'on voit dans cette planète unie avec le père commun, produisit les mois en particulier ; et les mois, par leur conjonction les uns avec les autres, donnèrent naissance aux jours. Ils supposent que les étoiles ont été engendrées en partie par le premier couple, et qu'elles se sont ensuite multipliées par elles-mêmes : ils ont le même système, par rapport aux différentes espèces de plantes. Les autres enfans de Taroataihetoomoo et de Tepapa sont : Omarreeo, le dieu et le créateur des mers ; et Orre-Orre (Orrée signifie vent), qui est le dieu des vents ; mais la mer est sous la direction de treize dieux, qui ont tous des fonctions particulières (Forster). Ils croient qu'il y a une race inférieure de dieux qu'ils appellent *Eatuas ;* ils disent que deux de ces Eatuas habitaient la terre il y a fort long-temps, et engendrèrent le premier homme. Ils imaginent que cet homme, leur père commun, était, en naissant, rond comme une boule ; mais que sa mère prit beaucoup de soin pour lui étendre les membres, et que leur ayant enfin donné la forme que nous avons à présent, elle l'appela *Eothe ,* qui signifie *fini.* Ils croient encore que ce premier père, entraîné par l'instinct universel à propager son espèce, et n'ayant pas d'autre femelle que sa mère, en eut une fille ; et qu'en s'unissant avec cette fille il donna naissance à plusieurs autres avant de procréer un garçon ; que cependant il en mit un au monde ; et que celui-ci, conjointement avec ses sœurs, le peupla.

Outre leur fille Tettowmatatayo, les premiers parens de la nature eurent un fils qu'ils appelaient *Tane.* Ils donnent à Taroataihetoomoo, la divinité suprême, le nom emphatique *de Producteur des Tremblemens de terre , O-Maouwe ;* mais ils adressent plus ordinairement leurs prières à Tane, qui , à ce qu'ils imaginent, prend une plus grande part aux affaires du genre humain.

Taroataihaitoomoo, sous l'attribution de O-Maouwe, habite le soleil, qui a été créé par lui ; chacun le représente comme un homme qui a de beaux cheveux pendans jusqu'à terre.

Lorsque le capitaine Cook fit, en 1769, le tour de O-Taïti, dans une chaloupe, il aperçut une statue grossière de ce Dieu, dont il donne ainsi la description : c'était la figure d'un homme, grossièrement faite d'osier, mais qui n'était pas mal dessinée ; elle avait plus de sept pieds de haut, et elle était trop grosse pour cette proportion. La carcasse était entièrement couverte de plumes blanches dans les parties où ils laissent à leur peau sa couleur naturelle, et noires dans celles où ils ont coutume de se peindre. On avait formé des espèces de cheveux sur la tête, et quatre protubérances, trois au front et une par derrière, que nous aurions nommées des cornes, mais que les Indiens décoraient du nom de *Tate-Eté*, petits hommes. On nous dit qu'elle était seule dans son espèce à O-Taïti.

Au reste, ils n'avaient aucun respect pour cette grossière figure de Maouwe. Suivant une tradition des naturels, la grande divinité a créé les divinités inférieures, dont chacune forme la partie du monde qui lui a été confiée ; l'une produisit les mers, une autre la lune, les étoiles, les oiseaux, les poissons, etc. O-Maouwe, après avoir créé le soleil, saisit l'immense rocher *O-te-Saprà*, sa femme, qu'il traîna de l'ouest à l'est, à travers les mers : c'est alors que les îles qu'ils habitent maintenant, se détachèrent de la grande masse. O-Maouwe laissa ensuite cette grande terre à l'est où elle existe maintenant : c'est à ce temps que l'on confia à chacune des divinités inférieures dont on a parlé plus haut, le soin d'une île en particulier. On ne s'adresse pas au dieu Tane plus particulièrement qu'aux autres divinités, et on ne suppose pas qu'il ait une plus grande part aux affaires du monde, si ce n'est à Huaheme, parce que cette île est sous son inspection, et qu'il y est révéré comme la divinité tutélaire du pays. Outre les dieux de la seconde classe, il y en a d'autres d'un rang encore plus inférieur ; et quoiqu'on leur donne le nom d'*Eatoàs*, les mythologues grecs ou romains les appelleraient *Genii* ou *Dii, Minorum Gentium* : l'un de ces petits dieux, appelé *Orometooà*, est d'un caractère méchant : il habite sur-tout près des marais et des toopapous (des cimetières,) dans ou près des boîtes ou petites caisses qui renferment les têtes de leurs amis défunts ; chacune de ces boîtes est appelée, à cause de cela, *Te Wharre No-te-Orometoà ;* la maison du mauvais génie *Orometoà.*

Le peuple croit que ce mauvais génie, invoqué par les prêtres, tue d'une manière subite celui sur qui ils veulent faire tomber la vengeance de ce dieu. Je ne pense pas que leurs prêtres soient très-intègres ; si on les corrompt, ils empoisonnent sans scrupule l'homme qu'on leur indique, et ils attribuent ensuite cette mort subite à la malignité d'Orometoà. Cette conjecture est d'autant plus probable, qu'on m'a assuré, continue Cook, qu'il n'est pas rare de voir les prières des prêtres à Orometoà s'accomplir. J'ai entendu parler d'un autre génie ou dieu inférieur, appelé *Oromehouhoùwe*, qui a aussi le pouvoir de tuer les hommes; avec cette différence, qu'on ne s'adresse pas à lui en priant, mais seulement en sifflant. Les génies de la dernière classe sont appelés *Teéhée* : c'est l'être qui voit, qui entend, qui a la sensation de l'odorat, du goût et du tact; qui forme les pensées en dedans de nous : après la mort, il existe séparé du corps, mais il vit près des cimetières, et il rôde autour des cadavres ou des os qui y sont déposés. Les insulaires le respectent beaucoup, quoiqu'ils ne s'adressent qu'à lui en sifflant. Ces Teéhées habitent principalement les figures de bois, qu'on place près des marais ; ils sont mâles ou femelles, suivant le sexe de la personne défunte : on les redoute ; car on croit que ces génies se glissent pendant la nuit dans la maison, et qu'ils mangent le cœur et les entrailles de ceux qui dorment, et qu'ils les font mourir.

Les O-Taïtiens ont établi des temples destinés au culte religieux, auxquels ils donnent le nom de *Morais* : ils ont aussi certains jours consacrés à célébrer les fêtes en l'honneur de leurs dieux.

Leurs Eatuas, ou divinités subalternes en très-grand nombre, sont des deux sexes : les hommes adorent les dieux mâles ; et les femmes, les dieux femelles : ils ont chacun des Morais auxquels des personnes d'un sexe différent ne sont pas admises, quoiqu'ils en aient d'autres où les hommes et les femmes peuvent entrer. Les hommes font les fonctions de prêtre pour les deux sexes ; mais chacun a les siens ; et ceux qui officient pour les hommes, n'officient pas pour les femmes, et réciproquement.

Les O-Taïtiens croient que l'âme est immortelle, ou au moins qu'elle subsiste après la mort, et qu'il y a pour elle deux états de différens degrés de bonheur.

Ils appellent *Tavirua l'Eray*, le séjour le plus heureux, et ils donnent à l'autre le nom de *Tiahoboo* : ils ne les regardent pourtant pas comme des lieux où ils seront récompensés ou punis, suivant la conduite qu'ils auront tenue sur la terre, mais comme des asiles destinés aux différentes classes d'hommes qui se trouvent parmi eux. Ils imaginent que les chefs et les principaux personnages de l'île entreront dans le premier, et les O-Taïtiens d'un rang inférieur dans le second ; car ils ne pensent pas que leurs actions ici bas puissent avoir la moindre influence sur l'état futur, ni même qu'elles soient connues de leurs dieux en aucune manière. Si donc leur religion n'influe pas sur leurs mœurs, elle est au moins désintéressée ; et les témoignages d'adoration et de respect qu'ils rendent aux dieux par des paroles ou des actions,

proviennent du sentiment de leur propre faiblesse et de l'excellence ineffable
des perfections divines.

Le caractère de prêtre ou *Tahowa* est héréditaire dans les maisons. Cette
classe d'hommes est nombreuse et composée d'O-Taïtiens de tous les rangs.
Le chef des prêtres est ordinairement le fils cadet d'une famille distinguée; ils
le respectent presque autant que leurs rois. Les prêtres ont la plus grande partie
des connaissances qui sont répandues dans l'île; mais ces connaissances se
bornent à savoir les noms et les rangs des différens Eatuas ou dieux subalternes,
et les opinions sur l'origine des êtres que la tradition a transmises dans leur
ordre : ces opinions sont exprimées en sentences détachées; quelques prêtres
en répètent un nombre incroyable, quoiqu'il s'y trouve très-peu de mots dont
ils se servent dans leur langage ordinaire.

Les prêtres cependant ont plus de lumières sur la navigation et l'astronomie
que le reste du peuple; et le nom *Tahowa* ne signifie rien autre qu'un *homme
éclairé*. Comme il y a des prêtres pour toutes les classes, ils n'officient que
dans celle à laquelle ils sont attachés : le Tahowa d'une classe inférieure n'est
jamais appelé pour faire ses fonctions par des insulaires qui sont membres d'une
classe plus distinguée; et le prêtre d'une classe supérieure ne l'est jamais par
des hommes d'un rang plus bas.

Ces peuples ont certains jours destinés au culte des dieux.

Les morais sont tout-à-la-fois des cimetières et des temples pour le culte; en
cela nos églises d'Europe n'y ressemblent que trop. L'O-Taïtien approche de
son maître avec un respect et une dévotion qui ferait honte au chrétien : il ne
croit cependant pas que ce lieu renferme rien de sacré; mais il va adorer une
divinité invisible, et quoiqu'il n'en attende point de récompenses et n'en
craigne point de châtimens, il exprime toujours ses adorations et ses hommages de la manière la plus respectueuse et la plus humble. On verra la des-
-cription des morais et des autels qui sont aux environs, quand nous parlerons
des cérémonies funéraires des O-Taïtiens. Ces insulaires font en l'honneur de
leurs dieux différentes actions de dévotion. Ils ont de courtes sentences qu'ils
profèrent dans ces occasions. Le langage qu'ils emploient semble mieux
articulé, plus sentencieux et presque différent de celui de la conversation :
en outre ils accomplissent eux - mêmes plusieurs cérémonies de leur culte,
telles que de faire une courte prière avant leur repas, et de tenir près d'eux
sur la table une portion de leurs alimens comme une offrande à l'*Eatóa*.
Lorsqu'un Indien approche d'un morai pour y rendre un culte religieux,
ou qu'il porte son offrande à l'autel, il se découvre toujours le corps jusqu'à
la ceinture; et ses regards et son attitude montrent assez que la disposition
de l'âme répond à son extérieur : ce qui prouve qu'ils ont une vénéra-

tion particulière pour ces endroits, et qu'ils y supposent un être d'un rang supérieur.

Aux prières et aux cérémonies, les naturels ajoutent des sacrifices d'animaux et de fruits du pays, couverts de belles étoffes, et exposés sur une espèce d'autel construit près du morai. Les insulaires d'O-Taïti, ainsi que ceux des îles voisines ont chacun un oiseau particulier, les uns un héron, et d'autres un martin-pêcheur, auxquels ils font une attention particulière. Ils ont à leur égard des idées superstitieuses relativement à la bonne ou mauvaise fortune ; ainsi que la populace parmi nous en a sur l'hirondelle et le rouge-gorge. Ils leur donnent le nom d'*Eatuas ;* ils ne les tuent point et ne leur font aucun mal : cependant ils ne leur rendent aucune espèce de culte (Cook).

La religion des Indiens de la mer du Sud porte sans doute, dans son imperfection et dans ses erreurs, l'empreinte des inventions des hommes ; mais elle leur impose une espèce de culte, et leur apprend à regarder Dieu comme celui qui distribue tous les dons, comme l'être qui entend leurs prières, et qui veut assister les hommes qui l'invoquent et récompenser les bons (Forster).

Cérémonies des Traités de paix à O-Taïti.

Un chef vient déposer aux pieds du roi un cochon et un bananier. Cet arbre est la première chose qui se voit dans toutes les cérémonies. Il est pour les insulaires de la mer du Sud, ce que l'olivier est pour nous. Le grand-prêtre apporte le *maro* (ceinture, marque distinctive de dignité), soigneusement enveloppé, et l'autre paquet, ou l'arche (espèce de coffre ou tabernacle) : ils les placent à l'entrée du morai. Trois prêtres vont ensuite s'asseoir à l'autre extrémité : ils apportent aussi un bananier, une branche d'un autre arbre, et une fleur de cocotier.

Ces prêtres prononcent des prières et des chants pendant une heure. Le grand-prêtre en fait une autre de courte durée, puis découvre le *maro :* le roi se lève, et on lui ceint ce maro. Pendant cette opération, il tient à la main un bonnet de plumes rouges, de la queue de l'oiseau du tropique, mêlées d'autres plumes brunes ; il se place au milieu de la scène en face de trois prêtres, qui continuent leurs prières pendant quelques minutes : l'un des assistans se lève d'une manière brusque, et dit quelque chose qui finit par le cri de *herva ;* et l'assemblée lui répond trois fois, en criant à haute voix *earée !* On a dit à Cook que c'était la partie principale de la cérémonie.

Les assistans passent alors du côté opposé du morai du roi : on y répète la même cérémonie, qui finit aussi par trois acclamations, et on replie le maro.

L'assemblée se rend ensuite à une vaste cabane, où les orateurs et les envoyés des différens peuples prononcent des discours par lesquels ils promettent de ne plus combattre, mais de vivre en vrais amis. Puis un habitant, ayant une fronde autour de ses reins et une grosse pierre sur ses épaules, se lève au milieu de ces harangues; et après s'être promené environ un quart-d'heure dans le cercle et répété quelques mots d'un ton chantant, il jette sa pierre. Lorsque les discours sont terminés au morai, on porte cette pierre et un bananier qui était aux pieds du roi, et l'un des prêtres prononce deux ou trois mots avec le roi.

Du Mariage chez les O-Taïtiens.

Le mariage à O-Taïti n'est qu'une convention entre l'homme et la femme, dont les prêtres ne se mêlent point; cependant les mariés observent quelques cérémonies que voici :

Le nouvel époux s'assied à côté de sa femme; il prend sa main qu'il met dans la sienne : pendant ce temps il est environné de dix à douze personnes, dont la plupart sont des femmes qui chantent sur un ton de récitatif, ou sur un ton chantant : les époux font de courtes réponses; ensuite on leur présente des alimens dont le mari offre une partie à sa nouvelle épouse, qui lui en offre d'autres à son tour. Cette action est accompagnée de certaines paroles, et ils finissent par aller se baigner dans la rivière.

Dès que l'hymen est contracté, ils en tiennent assez bien les conditions; mais les parties se séparent quelquefois d'un commun accord; et dans ce cas le divorce se fait avec aussi peu d'appareil que le mariage.

Quoique les prêtres n'aient point imposé de taxes sur les O-Taïtiens pour les cérémonies nuptiales, ils se sont approprié deux autres cérémonies dont ils retirent des avantages considérables. L'une est la circoncision, et l'autre est le Tattow : ce peuple a adopté la circoncision sans autres motifs que ceux de la propreté. Cette opération, à proprement parler, ne doit pas être appelée circoncision, parce qu'ils ne font pas au prépuce une amputation circulaire : ils le fendent seulement à travers la partie supérieure, pour empêcher qu'il ne se recouvre sur le gland.

L'opération du Tattow se fait en imprimant des taches sur le corps, suivant l'usage de plusieurs autres parties du monde : ils piquent la peau aussi profondément qu'il leur est possible, sans en tirer du sang, avec un petit instrument qui a la forme d'une houe. La partie qui répond à la lame est composée d'un os ou d'une coquille, qu'on a ratissée pour l'amincir, et qui est d'un quart de pouce à un pouce et demi de largeur. Le tranchant est partagé en dents ou pointes aiguës, qui sont depuis le nombre de trois jusqu'à vingt, suivant la grandeur de l'instrument : lorsqu'ils veulent s'en servir, ils plongent la pointe dans une espèce de poudre faite avec le noir de fumée qui provient de l'huile de noix qu'ils brûlent au lieu de chandelles, et qui est délayé avec de l'eau. On place sur la peau la dent ainsi préparée ; et en frappant à petits coups sur le manche qui porte la lame avec un bâton, ils percent la peau, et impriment dans le trou un noir qui y laisse une tache ineffaçable.

L'opération est douloureuse : on la fait aux jeunes gens des deux sexes, lorsqu'ils ont douze à quatorze ans ; on leur peint sur plusieurs parties du corps différentes figures suivant le caprice des parens, ou peut-être suivant le rang qu'ils occupent dans l'île. Les hommes et les femmes portent ordinairement une de ces marques, dans la forme d'un Z, sur chaque jointure de leurs doigts du pied et de la main, et souvent autour du pied. Ils ont d'ailleurs tous des carrés, des cercles, des demi-lunes et des figures grossières d'hommes, d'oiseaux, de chiens, ou différens autres dessins peints sur les bras et les jambes. On a dit à Cook que quelques-unes de ces marques avaient une signification, quoiqu'il n'ait jamais pu en apprendre le sens ; les fesses sont la partie du corps où elles sont répandues avec le plus de profusion ; les deux sexes les portent couvertes d'un noir foncé, au-dessus desquelles ils tracent différens arcs les uns sur les autres jusqu'aux fausses côtes. Ces arcs ont souvent un quart de pouce de large, et des lignes dentelées et non pas droites en forment la circonférence. Ces figures sur les fesses leur donnent de la vanité, et les hommes et les femmes les montrent avec un mélange d'ostentation et de plaisir.

M. Bank, l'un des compagnons de Cook, a vu faire l'opération du Tattow sur le dos d'une fille d'environ treize ans. L'instrument avait trente dents : ils firent plus de cent piqûres dans une minute, et chacune entraînait après soi une goutte de sérosité un peu teinte de sang. La petite fille souffrit la douleur pendant l'espace d'un quart-d'heure avec courage, mais accablée par les nouvelles piqûres qu'on renouvelait à chaque instant, elle poussa de grands cris en conjurant l'homme qui faisait l'opération de la suspendre. Il fut inexorable : il la fit tenir par deux femmes. M. Bank resta une heure pour examiner l'opération, qui n'était pas finie lorsqu'il s'en alla.

Comme les prêtres peuvent seuls faire les opérations du Tattow et de la circoncision, et que c'est le plus grand de tous les déshonneurs que de ne pas porter des marques de l'une et de l'autre, on peut les regarder comme des cérémonies qui leur rapportent des honoraires, ainsi que nos mariages et nos baptêmes en rapportent à notre clergé. Les insulaires paient ces rétributions libéralement.

Sacrifices humains.

Les prêtres ont un privilége terrible, qui est de désigner les victimes desti-
ées à être immolées au grand Dieu; car ces insulaires n'immolent pas seulement des cochons, des chiens et des volatiles à Eatua, leur divinité, mais des
hommes même; et souvent les victimes dépendent du caprice du grand-prêtre,
aussi bien que des chefs, car celui-ci, dans les assemblées solennelles, se retire
ent au fond de la maison de Dieu et y passe quelque temps. En sortant, il
annonce au peuple qu'il a vu le grand Dieu et conversé avec lui, qu'il demande un sacrifice humain, et qu'il désire une telle personne présente, contre
laquelle le prêtre a vraisemblablement de la haine. On tue sur-le-champ cet
infortuné, persuadé que le mort était un méchant.

Les recherches de Cook, en 1774, et ses conversations avec Omaï, O-Taïtien
qu'il avait emmené avec lui, lui donnèrent la certitude qu'un usage si contraire
à l'humanité y était établi; mais comme on veut toujours douter d'une coutume
atroce, à moins qu'un voyageur n'en ait été le témoin oculaire, il résolut
de profiter d'une occasion qui se présentait; et afin de dissiper toutes les incer-
titudes, d'assister lui-même à cette barbare cérémonie.

Towha, parent d'O-Too, roi de O-Taïti, chef d'un district, homme de
beaucoup de crédit dans l'île, avait fait dire à O-Too qu'il venait de tuer un
homme pour l'offrir en sacrifice à l'Eatua, et implorer l'assistance du Dieu
contre Eimeo, chef de l'île voisine contre laquelle les O-Taïtiens venaient de
déclarer la guerre. Ce sacrifice devait avoir lieu dans le grand morai d'Attahooroo; et la présence du roi était absolument nécessaire en cette occasion.
Cook pria donc O-Too de lui permettre de l'accompagner: il y consentit volontiers, et ils s'embarquèrent avec deux de ses officiers, Omaï, qui avait voyagé
avec lui, et Patatow, autre O-Taïtien, vieil ami de Cook, avec qui il pouvait
aussi s'entendre.

Ils descendirent, pendant la route, sur une petite île, qui gît en travers de
ettaha, où ils rencontrèrent Towha et les gens de sa suite; lorsque les deux
chefs eurent causé quelque temps sur la guerre, Towha donna à O-Too deux
ou trois plumes rouges liées ensemble, et un chien très-maigre fut mis dans
une des pirogues. On se rembarqua, et on prit à bord un prêtre qui devait
assister à la cérémonie.

Ils arrivèrent à *Attahooroo* sur les deux heures de l'après-dîner. O-Too pria
Cook d'ordonner aux matelots de demeurer dans le canot, et il lui recom-
manda, ainsi qu'aux Anglais qui l'accompagnaient, d'ôter leurs chapeaux dès
qu'ils seraient arrivés au morai. On en prit à l'instant le chemin; une multitude

d'hommes et quelques petits garçons suivaient, mais il n'y avait pas une femme. Quatre prêtres et leurs assistans attendaient au morai, tandis que le corps de l'infortuné qu'on allait offrir aux dieux, était dans une petite pirogue retirée sur la grève, et exposée en partie à l'action des vagues : deux prêtres et plusieurs acolytes étaient assis près de la pirogue, et les autres se trouvaient au morai. On s'arrêta à vingt ou trente pas des prêtres : O-Too se plaça en cet endroit, et les Anglais se tinrent debout près de lui avec quelques habitans du pays ; le gros du peuple se tint plus éloigné.

Les cérémonies commencèrent alors ; voici comment ils y procèdent : l'un des trois acolytes apporte d'abord un jeune bananier, qu'il met devant le roi ; un autre apporte une touffe de plumes rouges montée sur des fibres de coco ; il touche le pied du prince avec l'une de ses plumes, et il se retire vers ses camarades. L'un des prêtres assis au morai, en face de ceux qui se trouvent sur la grève, fait une longue prière, et il envoie de temps en temps de jeunes bananiers qu'on dépose sur la victime. Durant cette prière, un homme, debout, près du prêtre officiant, tient dans ses mains deux paquets d'étoffes : l'un d'eux contenait le maro royal (ceinture large de quinze pouces) ; et l'autre, l'arche de l'Eraotooa. Dès que la prière est achevée, les prêtres du morai, et leurs assistans, vont s'asseoir sur la grève, et ils apportent les deux paquets dont nous venons de parler. Ils recommencent leurs prières, pendant lesquelles les bananiers sont ôtés un à un, à différens intervalles, de dessus la victime, couverte en partie de feuilles de cocotiers et de petites branches d'arbres : on la tire alors de la pirogue et on l'étend sur le rivage, les pieds tournés vers la mer. Les prêtres se placent autour d'elle, les uns assis et les autres debout ; et l'un ou plusieurs d'entre eux répètent quelques phrases l'espace d'environ dix minutes : on la découvre en écartant les feuilles et les branchages qui la cachent, et on la met dans une direction parallèle à la côte. L'un des prêtres, qui se tient debout aux pieds du corps, fait une longue prière, ayant à la main une touffe de plumes rouges. Vers le milieu de la prière, on enlève quelques cheveux de la tête de la victime, et on lui arrache l'œil gauche : les cheveux et l'œil sont présentés au roi ; il n'y touche point, mais il donne à l'homme qui les lui offre la touffe de plumes rouges qu'il avait reçue du chef. Les cheveux et l'œil sont rapportés au prêtre avec les plumes. Le roi envoie, bientôt après, d'autres plumes qu'il avait fait apporter le matin. Et si l'on entend pendant cette dernière cérémonie quelques oiseaux, sur-tout un martin-pêcheur, voltiger sur les arbres, on dit que c'est l'Eraotooa, et l'on est persuadé que c'est un présage heureux.

Le corps est porté quelques pas plus loin, et on le dépose, la tête tournée vers le morai, sous un arbre près duquel sont trois morceaux de bois minces et larges, chargés de sculptures grossières. On place les paquets d'étoffes dans le morai, on met les touffes de plumes rouges aux pieds de la victime, et les prêtres se rangent autour du corps. Celui qui exerce les fonctions de grand-prêtre, dit Cook, était assis à peu de distance : il parla un quart-d'heure en variant les gestes et les inflexions de sa voix; il s'adressa toujours à la victime, et il parut souvent lui faire des reproches; il lui proposa différentes questions. Il me sembla, continue le voyageur anglais, qu'il lui demandait si on n'avait pas eu raison de la sacrifier : d'autres fois il lui adressa des prières, comme si le mort avait eu assez de pouvoir ou de crédit sur la divinité, pour en obtenir ce qu'il solliciterait. Nous comprîmes, sur-tout, qu'il la suppliait de livrer aux mains du peuple de O-Taïti, Eimeo, le chef de Maheine, l'une des îles de la Société, voisine de O-Taïti, les femmes, les cochons et tout ce qui se trouvait dans cette dernière île. Le sacrifice n'avait pas en effet d'autre but. Il chanta d'un ton plaintif une prière qui dura près d'une demi-heure, pendant laquelle deux autres prêtres et une partie de l'assemblée l'accompagnèrent.

Après la prière, l'un des prêtres arrache encore de la tête de la victime quelques cheveux qu'il met sur des paquets d'étoffes; ensuite le grand-prêtre prie seul, tenant à la main les plumes dont l'un des chefs, celui qui a tué la victime, a fait présent au roi. Lorsqu'il a fini, il donne ces plumes à un second prêtre, qui prie de la même manière. Les touffes de plumes sont ensuite déposées sur les paquets d'étoffes, et le lieu de la scène change.

On porte le corps dans la partie la plus visible du morai. Les plumes et les étoffes sont placées sur les murs du morai, et on pose la victime au-dessous. Les prêtres l'entourent du nouveau; et après s'être assis, ils recommencent leurs prières, tandis que quelques-uns de leurs acolytes creusent un trou de deux pieds de profondeur, où ils jettent l'infortunée victime qu'ils couvrent de terre et de pierres; s'ils entendent quelques cris d'enfans ou d'autres bruits accidentels, c'est toujours l'Eatooa.

Pendant cette dernière cérémonie, on doit avoir préparé un feu, amené le chien dont nous avons déjà parlé, lui avoir tordu le cou jusqu'à ce qu'il soit étouffé, enlevé ses poils en le passant sur la flamme, et lui avoir arraché les entrailles qu'on jette au feu, où on les laisse brûler.

Comme on avait annoncé à Cook que les cérémonies religieuses recommenceraient le lendemain, il se rendit de bonne heure avec ses compagnons au lieu de la scène. Tout y était tranquille; on sacrifia cependant un cochon de lait sur le Whatta. A huit heures, le roi O-Too les ramena au morai, où les prêtres et une multitude d'insulaires venaient de se rassembler. Les deux paquets d'étoffes occupaient la place où on les avait mis le soir de la veille; les deux tambours étaient au front du morai, mais un peu plus près que le jour précédent : le roi O-Too s'étant placé entre ces deux tambours, et ayant dit au capitaine **Cook** de se tenir à ses côtés, la cérémonie commença de la même manière que le jour précédent.

On apporte donc un jeune bananier que l'on met aux pieds du roi : les prêtres, qui tiennent dans leurs mains plusieurs touffes de plumes rouges et un paquet de plumes d'autruche, font une prière : lorsqu'ils ont fini , ils changent de position en se mettant entre le roi et le morai ; et celui qui a joué le principal rôle la veille, marmotte une seconde prière, qui dure environ une demi-heure. Durant cet intervalle, les plumes sont portées une à une sur l'arche de l'Eatooa.

Peu de temps après, on amène plusieurs cochons de lait : l'un de ces animaux est tué ; on conduit les autres dans une étable près de là : on ouvre alors un des paquets d'étoffes, qui renferme, comme nous l'avons déjà dit, le maro royal ; les prêtres font une longue prière relative à cette partie de la cérémonie, qu'ils appellent, suivant Cook, *la prière du maro*. Ce symbole de la royauté est ensuite enveloppé soigneusement dans l'étoffe, et remis sur le morai.

On ouvre l'autre paquet, que Cook a nommé l'arche, à cause de sa ressemblance avec celle des juifs ; mais on ne lui permit pas d'en approcher assez pour examiner les choses mystérieuses qu'il contenait : on lui dit seulement que l'Eatooa, auquel on venait d'offrir un sacrifice, et qui s'appelle *Ooro*, s'y trouvait caché, ou plutôt que l'arche renfermait le signe représentatif du Dieu. Ce tabernacle est composé de fibres entrelacées de la gousse de coco, qui présentent la forme d'un pain de sucre, c'est-à-dire, qui sont arrondies, et beaucoup plus épaisses à une extrémité qu'à l'autre.

On nettoie alors le cochon, et on en ôte les entrailles. Si elles offrent plusieurs de ces mouvemens convulsifs qu'on remarque en diverses parties du corps d'un animal qu'on vient de tuer, les insulaires les prennent pour un présage très-favorable de l'entreprise ou de l'expédition qui a occasionné le sacrifice.

On les laisse exposées quelque temps, afin que les naturels puissent examiner des indices si heureux, et on va ensuite les déposer aux pieds du prêtre. Tandis que l'un d'eux fait une prière, un autre examine plus attentivement les entrailles, qu'il retourne avec un bâton. Le corps du cochon, son foie, etc., sont mis sur le Whatta où l'on a déposé le chien la veille ; enfin on renferme dans l'arche avec l'Eatooa toutes les plumes, excepté le panache de plumes d'autruche ; et la cérémonie se trouve complètement terminée.

Pendant toute la matinée il y a sur la grève, devant le lieu où s'est passé le sacrifice, quatre doubles pirogues : l'avant de chacune de ces petites embarcations porte une petite plate-forme, couverte de feuilles de palmier liées entre

elles par des nœuds mystérieux. Les naturels donnent aussi à ces plates-formes
le nom de *morai*. Des noix de coco, des bananes, des morceaux de fruits-à-
pain, du poisson et d'autres choses sont étalés sur ces morais de mer ; car ces
pirogues appartiennent à l'Eatooa, et accompagnent les escadres destinées aux
expéditions guerrières.

L'infortuné que Cook vit sacrifier lui parut être un homme d'entre deux
âges ; on lui dit qu'il était *towtow*, c'est-à-dire, de la dernière classe du
peuple.

Ceux qui doivent être victimes de cet affreux sacrifice ignorent l'arrêt pro-
noncé contre eux, et ils n'en sont instruits qu'à l'instant où ils reçoivent le coup
mortel. Lorsqu'un des grands chefs juge qu'un sacrifice humain est nécessaire,
il désigne lui-même l'infortuné qu'on immolera, il détache ensuite quelques-uns
de ses serviteurs affidés, qui tombent brusquement sur la victime et l'assomment
à coups de massue ou de pierre : on porte la nouvelle de sa mort au roi, dont
la présence, comme nous l'avons déjà dit, est absolument indispensable aux
cérémonies qui doivent suivre. La cérémonie, en général, est appelée *Poore-
Erée*, ou la prière du chef ; et la victime offerte à la divinité, *Taata-Taboo* ou
l'homme dévoué.

On est effrayé de la puissance de la superstition qui étouffe les premiers sentimens de l'humanité, lorsqu'on voit cette institution abominable établie chez
un peuple qui n'a plus d'ailleurs la brutalité de la vie sauvage. Ce qui afflige
davantage, c'est qu'elle est vraisemblablement répandue sur la vaste étendue
de la mer Pacifique. La conformité des usages et des idiômes, que tous les
voyageurs dans cette partie du monde ont remarquée entre les îles de cet océan
qui se trouvent les plus éloignées, donne lieu de croire qu'elle se rapproche
aussi par quelques-uns des articles les plus importans de leurs cérémonies religieuses. On sait aujourd'hui, à n'en pouvoir douter, que les habitans des îles
des Amis sacrifient aussi des hommes à leurs dieux. Lorsque Cook décrit la
Natche, cérémonie où l'on revêt le fils du roi de l'honneur suprême de manger
avec son père, il dit que les insulaires, en lui parlant de la suite de cette fête,
lui assurèrent qu'on immolerait dix victimes humaines ; d'où l'on peut se former
une idée de la multitude de leurs massacres religieux. Il paroît que les O-Taïtiens ne sacrifient jamais plus d'une personne à-la-fois ; mais il est probable
que ces sacrifices reviennent souvent et enlèvent une foule d'individus, car
Cook compta jusqu'à quarante-neuf crânes exposés devant le morai : ces crânes
n'avaient encore éprouvé qu'une légère altération, et il est clair qu'on avait
immolé quarante-neuf personnes sur cet autel de sang depuis un temps peu
considérable.

Outre les sacrifices humains, ces insulaires, si remplis de douceur et de

13*

bienfaisance en d'autres occasions, ont encore d'autres coutumes barbares : ils coupent les mâchoires de ceux de leurs ennemis qu'ils tuent dans les batailles ; ils offrent même en sacrifice à l'Eatooa les corps des vaincus. S'ils sortent vainqueurs d'un combat, ils rassemblent, peu de temps après, les morts qui sont tombés entre leurs mains ; ils les apportent au morai, où ils creusent une fosse avec beaucoup d'appareil, et ils les y enterrent.

La sépulture de leurs premiers chefs qui meurent dans les combats est différente. Les prêtres, après leur avoir ôté les entrailles, qu'ils déposent devant le grand autel, enterrent les corps en trois endroits, sous la grosse masse de pierres qui forme la partie la plus remarquable du morai ; mais les hommes du peuple, tués par l'ennemi, sont enterrés dans une seule fosse au pied de cette masse ou autel de pierres. Ces obsèques se célèbrent ordinairement le lendemain du combat avec beaucoup de pompe et d'appareil, au milieu d'un concours nombreux d'insulaires ; car, dans leur intention, ce sont des actions de grâce pour les victoires qu'ils viennent d'obtenir.

Les Indiens, après avoir vu le service divin célébré par les Anglais, auquel ils assistèrent avec beaucoup de respect, imitant très-exactement leurs actions, en s'asseyant, se tenant debout, ou se mettant à genoux lorsque les Anglais faisaient de même, *jugèrent à propos*, dit Cook, après avoir vu nos cérémonies religieuses, de nous montrer les leurs, qui étaient très-différentes.

Un jeune homme de près de six pieds, et une jeune fille de onze à douze ans, sacrifièrent à Vénus devant plusieurs de nos gens et un grand nombre des naturels du pays, sans attacher aucune idée d'indécence à leur action, et ne s'y livrant, au contraire, que pour se conformer aux usages du pays. Parmi les spectateurs il y avait plusieurs femmes d'un rang distingué, et en particulier Obéréa, souveraine de l'île, qui, à proprement parler, présidait à la cérémonie ; car elle donnait à la jeune fille des instructions sur la manière dont elle devait jouer son rôle ; mais quoique la fille fût jeune, elle ne paraissait pas en avoir besoin.

Ces faits pourraient paraître sans doute incroyables, si tous les voyageurs ne s'accordaient sur ce sujet. On ne sera pas fâché de trouver ici la relation de M. de Bougainville.

Chaque jour nos gens se promenaient dans le pays sans armes, seuls ou par petites bandes ; on les invitait à entrer dans les maisons ; on leur y donnait à manger : mais ce n'est pas à une collation légère que se borne ici la civilité des maîtres de maison. Ils leur offraient de jeunes filles ; la case se remplissait à l'instant d'une foule curieuse d'hommes et de femmes, qui faisoient un cercle autour de l'autel et de la jeune victime du devoir hospitalier ; la terre se jonchait de feuillages et de fleurs, et des musiciens chantaient aux accords de a flûte, un hymne de jouissance. Vénus est ici la déesse de l'hospitalité; son culte n'y admet point de mystère, et cháque jouissance est une fête pour la nation ; ils étaient surpris de l'embarras qu'on témoignait de notre côté.

Parmi les divertissemens de ces insulaires, il y a une danse appelée *Timorodée,* exécutée par de jeunes filles, toutes les fois qu'elles peuvent se rassembler au nombre de huit ou dix. Cette danse est composée de postures et de gestes extrêmement lascifs, auxquels on accoutume les enfans dès leurs premières années : elle est accompagnée d'ailleurs de paroles qui expriment encore plus lairement la lubricité. Les O-Taïtiens observent la mesure avec autant d'exactitude que nos meilleurs danseurs sur les théâtres d'Europe. Ces amusemens, permis à une jeune fille, lui sont interdits dès le moment qu'étant devenue femme, elle peut mettre en pratique les leçons et réaliser les symboles de la danse.

On ne peut pas supposer que ces peuples estiment beaucoup la chasteté ; les hommes offrent aux étrangers leurs sœurs ou leurs filles, par civilité ou en orme de récompense; et l'infidélité conjugale, même dans la femme, n'est unie que par quelques paroles dures ou par quelques coups légers. Ils portent la licence des mœurs et la lubricité à un point que les autres nations, dont on a arlé depuis le commencement du monde jusqu'à présent, n'avaient pas encore tteint, et qu'il est impossible de concevoir.

Un nombre très-considérable de O-Taïtiens des deux sexes forment des ociétés singulières, où toutes les femmes sont communes à tous les hommes; et arrangement met dans leurs plaisirs une variété perpétuelle dont ils ont ellement besoin, que le même homme et la même femme n'habitent guère lus de deux ou trois jours ensemble.

Ces sociétés sont distinguées sous le nom d'*Arreoy;* ceux qui en font partie nt des assemblées auxquelles les autres insulaires n'assistent point; les hommes y divertissent par des combats de lutte, et les femmes y dansent en liberté la *imorodée,* afin d'exciter en elles des désirs qu'elles satisfont souvent sur-le-hamp, comme on nous l'a raconté. Ceci n'est rien encore : si une de ces mmes devient enceinte, ce qui arrive plus rarement que si chacune habitait vec un seul homme, l'enfant est étouffé au moment de sa naissance, afin l'il n'embarrasse point le père, et qu'il n'interrompe point la mère dans les laisirs de son abominable prostitution. Quelquefois cependant il arrive que la ère ressent pour son enfant la tendresse que la nature inspire à tous les animaux our la conservation de leur progéniture, et elle surmonte alors par instinct la ssion qui l'avait entraînée dans cette société ; dans ce cas-là même on ne lui ermet pas de sauver la vie de son enfant, à moins qu'elle ne trouve un homme ui l'adopte comme étant de lui : elle prévient alors le meurtre ; mais l'homme et la femme étant censés, par cet acte, s'être donnés exclusivement l'un à l'autre, il sont chassés de la communauté, et perdent pour l'avenir tout droit aux priviléges et aux plaisirs de *l'Arreoy*. La femme est appelée *Whannownow*, qui a fait des enfans; mot qu'ils emploient en cette occasion comme un terme de reproche, quoique aux yeux de la sagesse, de l'humanité et de la saine raison, il n'y ait rien de plus conforme aux sentimens qui distinguent l'homme de la brute.

Il ne faudrait pas attribuer à un peuple, sur de légères preuves, une pratique si horrible et si étrange; « mais j'en ai (continue le capitaine Cook) d'assez convaincantes pour justifier le récit que je viens de faire. Les O-Taïtiens, loin de regarder comme un déshonneur d'être aggrégés à cette société, en tirent au contraire vanité comme d'une grande distinction : lorsqu'on nous a indiqué quelques personnes qui étoient membres d'un *Arreoy*, nous leur avons fait, M. Bank et moi, des questions sur cette matière, et nous avons reçu de leur propre bouche les détails que je viens de rapporter. Plusieurs Indiens nous ont avoué qu'ils étaient aggrégés à ces exécrables sociétés, et que plusieurs de leurs enfans avaient été mis à mort. »

Cependant, ceux qui ont représenté toutes les femmes de O-Taïti et des îles de la Société, comme prêtes à accorder les dernières faveurs à tous ceux qui veulent les payer, ont été très-injustes envers elles : c'est une erreur. Il est aussi difficile dans ce pays que dans aucun autre d'avoir des privautés avec les femmes mariées d'un certain rang, et avec celles qui ne le sont pas, si on en excepte toutefois les filles du peuple; et même, parmi ces dernières, il y en a beaucoup qui sont chastes. Il est très-vrai qu'il y a des prostituées comme par-tout ailleurs : le nombre en est peut-être encore plus grand; et telles étaient les femmes qui venaient à bord de nos vaisseaux, ou dans le camp que nous avions sur la côte. En les voyant fréquenter indifféremment les femmes chastes et les femmes du premier rang, on est d'abord porté à croire qu'elles ont toutes la même conduite, et qu'il n'y a entre elles d'autre différence que celle du prix. Il faut avouer qu'une prostituée ne leur paraît pas commettre des crimes assez noirs pour perdre l'estime et la société de ses compatriotes.

Funérailles des O-Taïtiens, et lieux où ils déposent les morts.

Dès qu'un O-Taïtien est mort, sa maison se remplit de parens qui déplorent cette perte; les uns par de grandes lamentations, et d'autres par des cris moins forts, mais qui sont des expressions plus naïves de la douleur. Les plus proches parens du défunt, qui sont réellement affectés par cet accident, restent en

silence ; le reste des insulaires qui composent l'assemblée profèrent de temps en
temps, en chœur, des exclamations passionnées, et le moment d'après, ils rient
et parlent ensemble sans la moindre apparence de chagrin. Ils passent de cette
manière le reste du jour de la mort, et toute la nuit suivante. Le lendemain
au matin, le cadavre, enveloppé d'une natte, et par-dessus d'une étoffe blanche,
est conduit au bord de la mer sur une bière faite d'un châssis de bois, semblable aux lits de vaisseaux appelés *cadres*, que des hommes portent sur leurs
épaules ; et il est accompagné d'un prêtre qui, après avoir prié sur le corps,
répète ses oraisons pendant la marche du convoi. Lorsqu'ils sont arrivés près
de l'eau, ils déposent le défunt sur le rivage ; le prêtre réitère ses prières ; et
prenant un peu d'eau dans ses mains, il la jette non pas sur le corps, mais à
côté. Ils remportent ensuite le cadavre à quarante ou cinquante verges de là ;
et bientôt après, on le rapporte une seconde fois sur le rivage, où l'on renouvelle les prières et les aspersions. Ils le portent et reportent ainsi plusieurs fois ;
et tandis qu'ils font ces cérémonies, d'autres insulaires construisent un hangar,
et environnent de palissades un petit espace de terrain. L'un des bouts de ce
hangar est entièrement ouvert ; et l'autre, ainsi que les deux côtés, sont enfermés en partie par un treillage d'osier. Au centre de ce hangar, qu'ils appellent *Tupapow*, ils dressent des poteaux pour soutenir la bière, et sur lesquels
elle est à la fin placée ; on y laisse pourrir le cadavre jusqu'à ce que la chair
soit entièrement détachée des os. Les corps, ainsi enveloppés de nattes et couverts d'étoffes, se conservent long-temps sans tomber en putréfaction, quoique
le climat soit très-chaud : voici les moyens qu'emploient les naturels, pour
conserver ainsi les corps.

Immédiatement après la mort, on tire par l'*anus* les intestins et les autres
viscères ; on remplit le ventre et l'estomac d'étoffes ; s'il y a de l'humidité sur
la peau on la fait disparaître, et on frotte ensuite tout le corps avec une quantité considérable de noix de coco parfumé : cette friction le conserve assez
long-temps sans qu'il tombe en pourriture. Les O-Taïtiens se servent alors du
suc d'une plante qui croît parmi les montagnes, et l'huile de noix de coco ; ils
lavent souvent le corps avec de l'eau de mer. On conserve ainsi le reste de
tous les grands personnages qui meurent de mort naturelle, et on les laisse
exposés long-temps aux regards du public ; d'abord, les jours où il ne pleut
pas : ensuite, les jours d'exposition deviennent plus éloignés, et enfin on les
voit rarement.

Ces hangars sont d'une grandeur proportionnée au rang de la personne dont
ils doivent contenir le cadavre ; ceux qui sont destinés aux O-Taïtiens de la dernière classe n'ont que la longueur de la bière, et ils ne sont point entourés de palissades. Le plus grand que nous ayons jamais vu avait onze verges de long ; les

plus beaux Tupapows sont ornés suivant les facultés et l'inclination des parens du défunt.

Vis-à-vis le carré, il y a un endroit où les parens du défunt vont payer le tribut de leur douleur; et au-dessous on y voit une quantité innombrable de petites pièces d'étoffes, sur lesquelles les pleureurs ont versé leurs larmes, et souvent leur sang même; car, dans les transports de leur chagrin, c'est un usage universel parmi eux de se faire des blessures avec la dent d'un goulu de mer.

A quelques pas de là, on dresse deux petites huttes : quelques parens du défunt demeurent habituellement dans l'une; et l'autre sert d'habitation au principal personnage du deuil, qui est toujours un homme revêtu d'un habit singulier, et qui fait les cérémonies suivantes :

Dès que le corps est déposé dans le Tupapow, le deuil se renouvelle; les femmes s'assemblent et sont conduites à la porte par la plus proche parente, qui s'enfonce à plusieurs reprises la dent d'un goulu de mer dans le sommet de la tête. Le sang qui en coule en abondance est reçu soigneusement, comme nous l'avons dit, sur des morceaux de toile qu'ils jettent sous la bière; les autres femmes suivent cet exemple, et elles réitèrent la même cérémonie pendant deux ou trois jours, tant que le zèle et la douleur peuvent la soutenir : ils reçoivent de même sur des pièces d'étoffes les larmes qu'ils versent dans ces occasions, et ils les présentent comme des oblations au défunt. Quelques-uns des plus jeunes personnages du deuil se coupent les cheveux, et les jettent sous la bière avec les autres offrandes. Cette coutume est fondée sur ce que les O-Taïtiens, qui croient que l'âme subsiste après la mort, imaginent d'ailleurs qu'elle erre autour du lieu où l'on a déposé le corps auquel elle était unie ; qu'elle observe les actions des vivans, et goûte du plaisir de voir ces témoignages de leur affection et leur douleur.

Deux ou trois jours après que les femmes ont commencé ces cérémonies, les hommes prennent aussi le deuil; mais, avant ce temps, ils ne paraissent sentir en aucune manière la perte du défunt. Les plus proches parens sont chacun à leur tour chefs de la cérémonie; et pour en exercer le principal emploi, ils se revêtent d'un habillement extrêmement bizarre et qui pourtant sied assez bien.

Les cérémonies ne finissent pourtant pas avec le deuil : le prêtre, qui est bien payé par les parens du défunt et par les offrandes qui se font au morai, récite toujours des prières. Quelques-unes des offrandes qu'ils déposent de temps en temps au morai sont emblématiques : un jeune plane représente le défunt, et la touffe de plumes la divinité qu'ils invoquent. Ce panache est fait par le prêtre avec des plumes rouges d'une espèce de perroquet appelé *Oura :* il l'attache à un bâton pointu fiché en terre. Ces plumes sont fort estimées par les insulaires; ils les prennent alors pour des emblêmes de la divinité, et elles servent à fixer leur attention. Vis-à-vis la touffe de plumes ils placent un jeune bananier, emblême de la paix, de l'amitié et du repentir. Le prêtre, accompagné des parens qui portent une petite offrande, se place vis-à-vis le symbole de Dieu; il répète ses oraisons, d'après une formule établie, qui est composée de sentences détachées; il entrelace en même temps des feuilles de noix de coco en différentes formes; il les dépose ensuite sur la terre, dans l'endroit où les os ont été enterrés, et s'adresse à la divinité par un cri très-aigu, et dont ils ne se servent que dans cette occasion. Lorsque le prêtre se retire, il emporte la touffe de plumes, et laisse les provisions tomber en pourriture, ou devenir la pâture des rats.

Les habitans plantent plusieurs espèces d'arbres auprès des morais, afin de les orner : le *Casuarina equisetifolia* ou le *Toa*, espèce de cyprès, et qui fait un bon effet près des tombeaux, est celui qu'ils emploient le plus communément à O-Taïti et aux environs.

L'objet principal de l'ambition de ces peuples est d'avoir un magnifique morai, selon leurs richesses ou leur puissance; et cette propriété est héréditaire dans chaque famille.

Le capitaine Cook décrit ainsi celui d'Oamo et d'Obéréa, souverains de l'île d'O-Taïti, qui était regardé comme un monument de leur puissance et de leurs richesses.

Nous fûmes frappés de la vue d'un énorme bâtiment qu'on nous dit être le morai *d'Oamo et d'Obéréa*, et le principal monument d'architecture qui fût dans l'île : c'était une fabrique de pierres élevées en pyramide, sur une base en carré long, de deux cent soixante-sept pieds de long, et de quatre-vingt-sept de large; elle était construite comme les petites élévations pyramidales sur lesquelles nous plaçons quelquefois la colonne d'un cadran solaire, et dont chaque côté est en forme d'escalier. Les marches des deux côtés étaient plus larges que celles des bouts; de sorte que l'édifice ne se terminait pas en parallélogramme comme la base, mais en un faîte ressemblant au toit de nos maisons.

Nous comptâmes onze rampes, élevées chacune de quatre pieds; ce qui donne quarante-quatre pieds pour la hauteur du bâtiment. Chaque marche était composée d'un rang de morceaux de corail blanc, taillés et polis proprement. Le reste de la masse (car il n'y avait point de cavité dans l'intérieur) consistait en cailloux ronds, qui, par la régularité de leurs formes, semblaient avoir été travaillés. Quelques-unes des pierres de corail étaient très-grandes : nous en mesurâmes une qui avait trois pieds et demi de long et deux et demi de large. La base était de pierres de roche taillées aussi en carré; une d'elles avait à-peu-près quatre pieds sept pouces de long, et deux pieds quatre pouces de largeur.

Nous fûmes étonnés de voir une pareille masse construite sans instrumens de fer pour tailler les pierres, et sans mortier pour les joindre. La structure en était aussi compacte et aussi solide qu'aurait pu la faire un maçon d'Europe. Comme nous n'avions point vu de carrière dans le voisinage, les O-Taïtiens avaient dû apporter des pierres de fort loin; et ils n'ont, pour transporter les fardeaux, que le secours de leurs bras. Ils avaient sans doute aussi tiré le corail de dessous l'eau : quoiqu'il y en ait dans la mer en grande abondance, il est toujours au moins à la profondeur de trois pieds. Ils n'avaient pu tailler les pierres de rocher qu'avec des instrumens de même matière; ce qui est un ouvrage de travail incroyable. Il leur était plus facile de les polir; ils se servent pour cela d'un sable de corail dur, qu'on trouve par-tout sur les côtes de la mer. Il y avait au milieu du sommet de cette masse une figure d'oiseau sculptée en bois, et près de celle-ci une autre figure brisée de poisson sculptée en pierre. Toute cette pyramide faisait partie d'une place spacieuse presque carrée, dont les grands côtés avaient trois cent soixante pieds de long, et les deux autres trois cent cinquante-quatre : la place était environnée de murailles, et pavée de pierres plates dans toute son étendue; il y croissait, malgré le pavé, plusieurs des arbres qu'ils appellent *Etoà*, et des planes. A environ cent verges, à l'ouest de ce bâtiment, il y avait une espèce de cour pavée, où l'on trouvait plusieurs petites plates-formes élevées sur des colonnes de bois de sept pieds de hauteur : les O-Taïtiens les nomment *Whattas*. Il nous parut que c'étaient des espèces d'autels, parce qu'ils y plaçaient différentes provisions en offrandes à leurs dieux. Nous avons vu depuis sur ces autels des cochons tout entiers, et nous y avons trouvé des crânes de plus de cinquante de ces animaux, outre ceux d'un grand nombre de chiens et de volailles.

Cook donne encore la description d'autres morais, dont l'un entre autres était singulièrement décoré. Le pavé en était extrêmement propre, et on y avait élevé une pyramide d'environ cinq pieds de haut, entièrement couverte des fruits de deux plantes qui sont particulières à O-Taïti. Il y avait près de la pyramide une petite figure de pierre grossièrement travaillée; c'est le seul exemple de sculpture de cette matière que l'on ait aperçu chez ces peuples. Les Indiens paraissaient y mettre un grand prix; car ils l'avaient revêtue d'un hangar fait exprès, pour la mettre à l'abri des injures du temps.

HUAHEINE.

Tabernacle ou Arche d'Huaheine, l'une des Iles de la Société.

Les habitans de cette île ont une espèce de coffre ou d'arche, dont le couvercle est cousu avec délicatesse et revêtu proprement de feuilles de palmier. Cette arche est posée sur deux bâtons, et soutenue par de petites consoles de bois très-bien travaillées. Les bâtons semblent servir à transporter l'arche d'un endroit à l'autre, à la manière de nos chaises à porteur. Il y a à l'un des bouts un trou carré, et au milieu du carré un anneau qui touche les côtés en quatre points, en laissant les angles ouverts. La première fois que M. Bank, l'un des compagnons de Cook, vit un de ces tabernacles, cette ouverture était bouchée avec un morceau d'étoffe à laquelle il ne voulut pas toucher : probablement il renfermait alors quelque chose. Mais il trouva, la seconde fois, que l'étoffe était enlevée; et en examinant l'intérieur, il le trouva vide. La ressemblance générale de ce coffre avec l'arche d'alliance parmi les Juifs est remarquable; mais ce qui est encore plus singulier, c'est que ces insulaires l'appellent *la Maison de Dieu (Ewharée no Eatua)*.

Cérémonies d'introduction ou de présentation à Huaheine et à Ulietea, île de la Société.

Le capitaine Cook donne ainsi les détails de ces cérémonies :

Au moment où nous débarquâmes, Tupia, l'un des principaux de l'île, se mit nu jusqu'à la ceinture, et pria un autre habitant de distinction d'en faire autant : il s'assit ensuite devant un grand nombre de naturels, qui étaient rassemblés dans une grande maison ou hangar (car là, ainsi qu'à O-Taïti , une habitation est composée seulement d'un toit soutenu par des poteaux), et nous nous tînmes par derrière ainsi qu'il nous l'ordonna. Tupia commença alors une harangue ou prière, qui dura environ un quart-d'heure : le roi, qui était placé vis-à-vis de lui, proférait de temps en temps quelques mots qui semblaient être des formules de réponse. Notre orateur, pendant le cours de cette harangue, offrit, en présent, à leur Eatua ou Dieu, deux mouchoirs, une cravate de soie noire, quelques verroteries et des fruits de plane; il reçut en échange pour notre Eatua, un cochon, quelques jeunes plantes et deux petites touffes de plumes, qu'il fit porter à bord du vaisseau. Après ces cérémonies, que nous regardâmes comme la ratification d'un traité entre ces insulaires et nous, on permit à chacun d'aller où il lui plairait ; et Tupia courut sur-le-champ déposer ses offrandes dans l'un des morais.

ILES SANDWICH.

Temples ou Morais des îles Sandwich.

Les morais des îles Sandwich, en général, ressemblent d'une manière frappante à ceux des autres îles de la mer du Sud, et en particulier à ceux d'O-Taïti ; excepté qu'à une des extrémités il y a une pyramide ou obélisque appelée *Heuanaooo*, dont quelques-unes ont jusqu'à cinquante pieds de haut : elle est formée de baguettes ou de branchages entrelacés en forme de treillage, et couverte d'une étoffe grise, mince et légère, que les insulaires ne consacrent qu'à des usages religieux. De chaque côté de la pyramide il y a des ouvrages d'osier, et à l'un des coins une planche à la hauteur de cinq à six pieds chargée de quelques bananiers en offrande à leurs dieux. Ils donnent à cette espèce d'autel le nom de *Herairemey* : c'est le *Whatta* des O-Taïtiens. Devant l'autel, il y a des morceaux de bois sculptés représentant des figures humaines, et une pierre de deux pieds de hauteur couverte d'étoffe.

A l'extrémité la plus éloignée du morai, on voit un hangar d'environ quarante pieds de long sur dix de large, dont l'entrée se trouve au milieu : du côté qui regarde le morai, on y voit, au côté le plus éloigné, en face de l'entrée, deux figures de bois d'un seul morceau sur un piédestal d'environ trois pieds, assez bien dessinées et sculptées. Les insulaires les appellent *Eatooa* ou *Veheina* (figures de déesses). L'une d'elles porte sur la tête un casque peu différent de ceux antiques, et l'autre un bonnet cylindrique ressemblant à ceux des O-Taïtiens ; des pièces d'étoffes leur enveloppent les reins, et tombent fort bas : à leurs pieds est un amas de fougères, dont on leur fait des offrandes.

Le milieu de cette maison ou hangar offre un espace oblong, renfermé par une bordure de pierres peu élevée, et couvert de ces lambeaux d'étoffes dont nous avons parlé si souvent : c'est le tombeau des chefs. Il y a une analogie si frappante entre ces cimetières et ceux des îles des Amis et de la Société, qu'on ne peut douter que les cérémonies ne soient à-peu-près les mêmes, et que cette peuplade n'ait aussi l'horrible habitude de sacrifier des victimes humaines, puisque Cook a vu sur le devant d'un de ces cimetières un autre espace oblong et enclos, appelé par les naturels *Tangata-Taboo*, qu'on lui a

dit clairement être l'endroit où l'on avait enterré trois victimes humaines,
sacrifiées aux funérailles de trois chefs. Et ce qui est plus horrible encore,
c'est que ces sacrifices sont très-fréquens ; car ces îles sont remplies de pareils
monumens.

Les morais d'Owhyée diffèrent un peu de ceux des îles Sandwich, en ce
qu'ils sont construits en pierres solides et carrées, d'environ quarante verges
de long et quatorze de hauteur. Le sommet, aplati et bien pavé, est entouré
de balustrades de bois, sur lesquelles on voit les crânes des captifs sacrifiés
à la mort des chefs du pays : le centre de l'édifice offre un vieux bâtiment de
bois tombant en ruines, et réuni de chaque côté à la balustrade par un mur de
pierres qui divisait en deux parties l'espace vide. La bande contiguë à l'intérieur du pays présente cinq poteaux de plus de vingt pieds d'élévation, qui soutiennent un échafaud de forme irrégulière ; il y a, au côté qui est en face de la
mer, deux petites maisons communiquant l'une à l'autre par un chemin qu'un
pavillon défend des injures de l'air.

Aux pieds des cinq poteaux, on voit douze figures rangées en demi-cercle ;
et l'on remarque devant la figure du milieu une table élevée qui ressemble
exactement aux Whattas des O-Taïtiens.

NOUVELLE ALBION.

*Funérailles des habitans de la Nouvelle-Albion, au continent
septentrional de l'Amérique.*

Ces peuples enterrent ainsi leurs morts : ils mettent les corps de leurs chefs,
au nombre de deux ou trois, ou de quatre à sept, dans des pirogues suspendues entre des arbres à douze pieds de terre ; elles sont couvertes d'une
planche, et dedans il y a des arcs et des traits brisés. On trouve aussi, sus-
pendus à de grands arbres, de petits paniers renfermant les corps de jeunes
enfans, et d'autres remplis d'une pâte blanche, ressemblant à celle que mangent les naturels.

NOOTKA.

Religion, Mœurs, Idolatries des Habitans de Nootka.

Nous n'avons point d'idées bien exactes de la religion de ces peuples. Je me contenterai de publier ici ce que le capitaine Méares a pu savoir de leurs principes sur les rapports de l'homme avec la divinité, et sur ceux de la vie présente avec une vie future. Ils ont, dans la plupart de leurs maisons, quelques idoles ou images, de formes monstrueuses, auxquelles nous ne les vîmes jamais apporter les plus simples marques de leur hommage, encore moins rendre un culte religieux ou payer le tribut de leurs adorations. Ces bizarres et grotesques figures occupaient, à ce qu'il nous parut, une sorte de place de distinction, et qui leur était comme exclusivement destinée ; mais rien n'annonçait d'ailleurs qu'elles eussent quelqu'autre privilége personnel. Ainsi, nous eûmes, pendant quelque temps, tout lieu de présumer que ces peuples n'avaient aucune idée de la divinité. Nous restâmes dans cette opinion jusqu'au jour où nous leur expliquâmes par quel motif nous suspendions tous nos travaux le dimanche ; et nous aurions quitté la côte d'Amérique dans l'ignorance la plus absolue de leurs principes en matière de croyance, si un jeune garçon, d'une sagacité extraordinaire dans un naturel de Nootka, ne nous eût raconté le très-court historique de l'établissement de leur religion, tel qu'on va le lire. Il suffira pour prouver que ces peuples partagent, avec presque tous ceux qui habitent le globe, la consolante espérance d'une vie à venir et d'une existence plus heureuse.

Ce fut en prenant des informations sur un article d'une nature toute différente, que nous fîmes cette découverte. Comme nous leur témoignions un jour le désir d'être instruits par quel moyen ils étaient parvenus à connaître le cuivre, et pourquoi ils en faisaient l'objet de leur admiration particulière, ce jeune homme intelligent nous apprit tout ce qu'il savait, et je présume, tout ce que sa nation elle-même sait à cet égard : il nous dit qu'au temps où ses pères vivaient, un vieillard parut dans l'entrée (de Nootka), porté sur un canot de cuivre qu'il gouvernait avec des pagaies aussi de cuivre, et que tout ce qu'il avait était de même métal. Il ajouta que ce vieillard suivit, en ramant, le long de la côte sur laquelle tous les habitans se rassemblaient pour contempler un spectacle aussi étrange ; et qu'après avoir jeté sur le rivage une de ses pagaies de cuivre, il descendit lui-même à terre. Cet homme extraordinaire dit alors aux naturels : « Qu'il venait du ciel ; qu'un jour viendrait où leur pays serait détruit ; qu'ils périraient tous, et qu'ils recevraient une nouvelle vie dans le lieu d'où il arrivait vers eux. » Notre jeune homme interprète nous expliqua cette partie de son récit en se couchant par terre comme s'il eût été mort ; et , se levant ensuite tout-à-coup, il imita l'action et les mouvemens d'un homme qui prendrait son essor à travers les airs.

Il continua son histoire en nous apprenant que les habitans avaient tué ce vieillard et pris le canot. Il ajouta que telle était l'origine de leur amour pour le cuivre. Il nous donna aussi à entendre que les images que nous voyions dans leurs maisons étaient destinées à représenter la figure du vieillard descendu du ciel , et à perpétuer le souvenir de sa mission.

Telle est la tradition très-imparfaite qui nous fut transmise par ces peuples de ce qu'on peut appeler l'*Histoire Sacrée* de leur pays.

Les naturels d'Oonalaska (à la baie de Nootka près de Kamstchatka) enterrent leurs morts au sommet des collines, et ils élèvent un petit moudrain sur leur tombeau. Au reste, le capitaine Cook dit qu'il ne sait quelles idées ils se font de la divinité, et de l'état des âmes après la mort.

ILES DES AMIS.

Religion, Mœurs, Idolatries des peuples du groupe d'Iles nommées par Cook Iles des Amis.

Les habitans des îles des Amis donnent le nom de *Kalla Footonga* à l'auteur suprême de la plupart des choses : ils disent que c'est une femme ; qu'elle réside au ciel ; qu'elle dirige le tonnerre, les vents et la pluie, et en général toutes les variations des temps. Ils imaginent que lorsqu'elle est fâchée contre eux , les récoltes sont mauvaises ; que la foudre détruit une multitude de corps ; que les hommes sont en proie à la maladie et à la mort, aussi bien que les cochons et les autres animaux ; et que, si la colère de Kalla-Footonga diminue, tout rentre dans l'ordre naturel. Il paraît qu'ils comptent beaucoup sur l'efficacité de leurs efforts pour l'apaiser. Ils admettent plusieurs dieux inférieurs à Kalla-Footonga ; comme Toosooa-Boolootoo, dieu des nuages et de la brume ; Talleteboo, et quelques-uns qui habitent les cieux. Celui qui occupe le premier rang et qui a le plus d'autorité, est chargé du gouvernement de la mer et de ses productions ; ils l'appellent *Futtafaihe* ou *Footafooa* : ils disent qu'il est de l'espèce mâle, et qu'il a une femme nommée *Fykaoa-Kajeea*. Ils croient qu'il y a dans l'Océan, comme au ciel, plusieurs potentats inférieurs; tels *Vahaa-Fouooa*, *Tareeava*, *Mattaha*, *Evaroo*, etc. Toutes les îles de ce groupe n'adoptent pas cependant le même système religieux; car le dieu suprême de Hapaee, par exemple, est appelé *Alo-Alo*, et il y a des îles qui adorent deux ou trois divinités particulières. Au reste, ils se forment des idées très-absurdes sur la puissance et les attributs de ces êtres supérieurs, qui, selon leur croyance, prolongent seulement jusqu'à la mort les soins qu'ils prennent des hommes.

Ils croient à l'immortalité de l'âme. Ils lui donnent le nom de *vie* ou de *principe vivant*, ou, ce qui est plus conforme à leur système général de mythologie, d'*Otooha*, c'est-à-dire, d'une divinité ou d'un être invisible. Ils croient qu'après le trépas les âmes des chefs se séparent de leurs corps, et qu'elles vont dans un endroit appelé *Boolootoo*, où elles rencontrent le dieu *Gooleho*. Il paraît que celui-ci est la mort personnifiée. Personne n'a jamais vu le pays de Gooleho, qui est le rendez-vous général de tous les morts; ils le placent cependant à l'ouest de Feejee, île voisine, dont les habitans, plus guerriers et plus féroces, sont très-redoutés des insulaires de Tongataboo ou Amsterdan, d'Emooa, etc. : ceux qui y arrivent une fois ne sont plus soumis à la mort, et ils y trouvent en abondance celles des productions de leur pays qu'ils aiment le mieux. Quant aux âmes des classes inférieures du peuple, elles subissent une sorte de transmigration; ou, en se servant de leur langage, elles sont mangées par un oiseau appelé *Laota*, qui voltige autour des cimetières.

Ils n'adorent aucun ouvrage de leurs mains, ou aucune partie visible de la création. Ils n'offrent pas à leurs dieux, comme les O-Taïtiens, des cochons, des chiens et des fruits, à moins que ce ne soit d'une manière emblématique; car on n'aperçoit rien de pareil dans leurs morais : mais il n'est que trop vrai qu'ils leur offrent des sacrifices humains. A la fête de la Natche, ces insulaires dirent au capitaine Cook que l'on célébrerait à la même occasion une fête encore plus solennelle que celle où il avait assisté; qu'alors on étalerait les tributs de Tongataboo, d'Hapaee, de Vopaoo, etc., et de toutes les autres îles; et qu'afin de rendre la cérémonie plus auguste, on y sacrifierait des victimes humaines, choisies dans le bas peuple. Ainsi la superstition et la stupide ignorance influent d'une manière terrible sur les mœurs du peuple le plus humain et le plus bienfaisant de la terre; et si on leur demande la raison de ces meurtres, ils se contentent de répondre qu'ils sont nécessaires à la Natche, et que la divinité exterminerait sûrement le roi, si on ne se conformait pas à cet usage.

Leurs morais, ou *Fiatookas* (on leur donne ces deux noms, et sur-tout le dernier), servent en même temps de cimetières et de temples, ainsi qu'aux îles de la *Société*, et en diverses parties du globe. Quelques-uns sont destinés seulement aux sépultures, mais ils sont petits et inférieurs aux autres à tous égards.

Celui que le capitaine fut visiter à Tongataboo paraissait surpasser ceux qu'il avait vus dans les autres îles; il appartenait au roi, et était composé de trois maisons assez grandes, situées au sommet, ou plutôt au bord d'une espèce de colline. Il y avait à quelques distances un quatrième édifice rangé sur la même ligne que les trois premiers : le second était le plus considérable; il se trouvait sur une esplanade d'environ trois pieds de hauteur, longue de vingt-quatre pas, et large de vingt-huit. Les autres étaient placés sur de petits moudrains artificiels, élevés également de trois pieds : les planchers de ces édifices, ainsi que des sommets des moudrains qui les environnaient, étaient couverts de jolis cailloux mobiles; de larges pierres plates d'un rocher de corail dur, taillées proprement, et posées de champ, dont l'une avait douze pieds de longueur et plus de douze pouces d'épaisseur, enfermaient le tout. Ce qui était particulier à ces morais, c'est que l'un de ces édifices avait un côté de couvert, et il y avait en dedans deux bustes de bois grossièrement façonnés, l'un près de l'entrée, et l'autre un peu plus avant dans l'intérieur. Les naturels, dit le navigateur anglais, nous suivirent jusqu'à la porte, mais ils n'osèrent pas en passer le seuil : nous leur demandâmes ce que signifiaient ces bustes; on nous répondit qu'ils ne représentaient aucune divinité, et qu'ils servaient à rappeler le souvenir des chefs enterrés dans le Fiatooka. Nous jugeâmes qu'ils ne construisent pas souvent des monumens pareils; car ceux-ci avaient, selon toute apparence, plusieurs générations. On nous apprit qu'on avait enterré des morts dans chacun de ces édifices, mais rien ne l'annonçait. Une large prairie de gazon, parsemée d'arbres, parmi lesquels nous en distinguâmes de très-gros, de l'espèce appelée *Étoa* dans le pays, formait le pied de la colline. Ces derniers arbres ressemblent aux cyprès, et produisent un bon effet dans un cimetière. Nous aperçûmes aussi, près de l'un des quatre édifices, une file de palmiers peu élevés; et derrière, un fossé rempli d'une multitude de ces arbres, mais plus hauts et plus vieux. Le palmier joue un grand rôle dans toutes les cérémonies religieuses et politiques des insulaires de l'Océan Pacifique; il est chez eux, comme chez nous l'olivier, l'emblême de la concorde et de la paix.

Cérémonie funèbre nommée Tooge.

Les habitans des îles des Amis ont une cérémonie appelée *Tooge*, dont le capitaine Cook donne ainsi la description dans son troisième Voyage : «Le roi sortit d'abord, suivi de deux vieilles femmes; il mit un habit neuf, ou plutôt une nouvelle pièce d'étoffe, par-dessus laquelle il plaça une natte déguenillée ; qui devait avoir servi à son grand-père, dans une occasion pareille. Ses domestiques, ou les gens de son cortége, étaient tous vêtus de la même façon, mais leurs nattes ne paraissaient pas aussi antiques que celle de leur maître. Nous marchâmes, précédés de huit ou dix personnes, qui portaient un rameau vert autour de leur cou. Le roi avait un rameau de la même espèce, qu'il tint à la main jusqu'au moment où nous approchâmes du lieu du rendez-vous ; à cette époque, il le mit également autour de son cou. Nous entrâmes dans un petit enclos, où nous vîmes une jolie maison, et un homme assis à la porte. A mesure que les insulaires entrèrent, ils ôtèrent les rameaux qui leur servaient de colliers, et ils les jetèrent. Dès que le roi fut assis, les naturels s'assirent devant lui, selon l'ordre accoutumé. Il survint une centaine de naturels, la plupart d'un âge avancé, et équipés comme les premiers, et le cercle s'augmenta peu à peu. Tout le monde étant réuni, un des domestiques du roi apporta une grosse racine de kava, et un vase qui contenait quatre ou cinq galons. Le reste de la cérémonie finit par la distribution de la kava : si ce fut une cérémonie funèbre, elle était un peu singulière. Au reste, c'était peut-être le deuxième, le troisième ou le quatrième deuil ; car, excepté le vêtement particulier des assistans, et le rameau vert qu'ils portèrent d'abord autour de leur cou, nous étions tous les jours témoins de ce qui se passa dans cette assemblée.

Cependant le deuil que cause à ces insulaires la mort de leurs amis ne consiste pas en paroles, mais en actions : ils se donnent des coups de pierre sur les dents ; ils s'enfoncent une dent de requin dans la tête jusqu'à ce que le sang en sorte à gros bouillons ; ils se plongent une pique dans l'intérieur de la cuisse, dans le flanc, au-dessous des aisselles, et dans la bouche à travers les joues. Ces violences supposent un degré extraordinaire d'affection, ou des principes de superstition très-cruels : leur système religieux doit y contribuer ; car elles sont quelquefois si universelles, que la plupart de ceux qui se maltraitent si rudement ne peuvent connaître les personnes qu'on pleure.

La durée et l'universalité de leur deuil annoncent qu'ils regardent la mort comme un très-grand mal. Ce qu'ils font pour l'éloigner le prouve d'ailleurs ; car ils se coupent les petits doigts lorsqu'ils ont une maladie grave, et qu'ils se regardent en danger de mourir ; croyant par là que la divinité, touchée de ce sacrifice, leur rendra la santé.

Cérémonie appelée NATCHE.

Il y a à Tongataboo une grande fête appelée *Natche,* qui se célèbre en l'honneur du fils du roi, de cette manière :

Les naturels s'assemblent d'abord au milieu d'une prairie qui est en face du *Malaee*, ou du grand édifice de cette île. Des hommes, armés de piques et de massues, récitent ou chantent constamment une petite phrase sur un ton qui annonce la détresse, et qui semble demander quelque chose. Ces chants se continuent pendant une heure : durant cet intervalle, une multitude d'insu-laires apportent une igname attachée au milieu d'une perche, que chacun d'eux dépose aux pieds de ceux qui psalmodient si tristement. Le roi et le prince arrivent également, et s'asseyent sur la prairie. Cook dit qu'on le pria, ainsi que ceux de sa suite, d'ôter leurs chapeaux et de délier leurs cheveux. Tous ceux qui apportent des ignames étant arrivés, chacune des perches sont relevées et portées sur les épaules de deux hommes : après s'être formés en compagnie de dix ou douze, ils traversent le lieu de la scène d'un pas pressé, les compagnies étant conduites par un guerrier armé d'une massue ou d'une épée, et gardées à droite par plusieurs autres aussi armés. Un naturel, portant sur une perche un pigeon en vie, termine la procession, composée d'environ deux cent cinquante personnes.

Les insulaires s'arrêtent devant le morai, ou Fiatooka d'une maison située sur une petite montagne, à un quart de mille de l'endroit où ils se rassemblent d'abord ; ils déposent les ignames, dont ils forment deux tas. D'autres insu-laires portent des bâtons de quatre pieds, et passant devant le petit morai vont jusqu'au principal Fiatooka ou morai du roi ; une multitude d'insulaires sont assis devant cet édifice.

Lorsque les membres de cette cérémonie sont arrivés au Fiatooka, ils quit-tent leurs siéges, et se mettent en marche en couple l'un après l'autre. Les deux naturels qui forment un couple, portent sur leurs épaules un des bâtons dont nous avons parlé, avec des petits morceaux de bois qui y sont attachés, et qui représentent des ignames. Le second de chaque couple place ordinaire-ment une de ses mains au milieu du bâton, comme si cet appui était nécessaire pour l'empêcher de rompre sous le poids : ils affectent aussi de marcher courbés, comme s'ils eussent été accablés par la pesanteur d'un fardeau ; car tout est figuré et mystérieux dans cette cérémonie : Cook en compta cent huit couples ; les hommes qui les composent sont tous, ou la plupart, d'un rang distingué.

Après ceux-ci, arrivent des hommes portant de petits bâtons et des bran-ches ou des feuilles de cocotier ; dès qu'ils paraissent, un vieillard prononce un long discours sur un ton sérieux, et les insulaires dont nous venons de parler s'avancent vers le centre de la prairie et construisent un petit hangar. Quand ils ont achevé leur ouvrage, ils s'accroupissent un moment, se relèvent, et vont se placer parmi le reste de la troupe. Alors le fils du roi entre, précédé de quatre ou cinq insulaires : il s'assied avec son cortége derrière le hangar,

un peu de côté. Douze ou quatorze femmes du premier rang, marchant lente-
ment, portent une pièce étroite d'étoffe blanche de deux ou trois verges de
longueur, étendue dans l'intervalle qui séparait les deux personnes de chaque
couple. Elles s'approchent du prince, s'accroupissent devant lui; et ayant mis
autour de son corps quelques-unes des pièces d'étoffes qu'elles venaient d'apporter, elles se relèvent, se retirent dans le même ordre, et s'asseyent à une
certaine distance sur sa gauche. Le roi, lui-même, paraît précédé de quatre
hommes, qui s'asseyent à environ vingt pas à la gauche de son fils. Le jeune
prince quitte alors sa première place, et va s'asseoir, avec son escorte, sous le
hangar; et un nombre considérable d'autres insulaires s'asseyent sur l'herbe
devant le pavillon royal. Le prince, regardant le peuple, a le dos tourné au
morai. Alors, trois compagnies de dix à douze hommes sortent, l'une après
l'autre, du milieu du groupe le plus nombreux; et courant avec précipitation
au côté de la prairie opposée, elles s'asseient un moment : elles retournent de
la même manière à leurs places. Deux hommes, qui tiennent un petit rameau
vert à la main, se lèvent; et s'approchant du prince, ils s'asseyent quelques secondes en trois reprises différentes à mesure qu'ils avancent, et ils se retirent
dans le même ordre : il faut observer qu'ils penchent leurs rameaux les uns vers
les autres, tant qu'ils sont assis.

La grande procession, qui s'était mise en marche de l'autre morai, arrive à
cette époque, après avoir fait un long détour. Les hommes qui la composent
ayant avancé à droite du hangar, après s'être prosternés sur le gazon, déposent leurs prétendus fardeaux (les bâtons dont nous avons parlé); ils regardent le prince, se relèvent et se retirent dans le même ordre, en joignant
leurs mains qu'ils tiennent devant eux de l'air le plus sérieux, et s'asseyent sur
les bords de la scène. Tandis que cette bande nombreuse défile et dépose ses
bâtons, trois hommes assis sous le hangar avec le prince, prononcent des
phrases d'un ton langoureux : ils gardent un silence profond, durant quelque
temps; ensuite un homme assis au fond de la prairie commence un discours
ou une prière, pendant laquelle il va à plusieurs reprises baiser un des bâtons
apportés par ceux qui étaient venus en procession. Lorsqu'il a fini, la troupe
assise devant le hangar, se sépare pour former une haie à travers laquelle le
prince passe ainsi que sa suite, et l'assemblée se disperse.

Le lendemain, un grand nombre de naturels s'assemblent au morai : deux
hommes sont assis au milieu de la prairie, et l'on y voit une grande quantité
de petits paquets de feuilles de noix de coco attachés à des bâtons qui présentent
la forme d'une civière. La foule augmentant d'un moment à l'autre, l'un des
insulaires se tourne vers ceux qui arrivent, et prononce un petit discours où le
nom du roi est souvent répété.

Enfin, le prince, les femmes et le roi arrivent dans le même ordre que la veille. Le prince se place sous le hangar; deux hommes qui portent une natte y entrent en récitant des paroles d'un air très-sérieux, et ils mettent leurs nattes auprès du prince. Les cérémonies commencent alors: trois compagnies courent au bord de la prairie, s'asseyent et retournent à leur place de la même manière que la veille. Les deux hommes assis au milieu de l'esplanade font un discours ou prière de peu de durée, et la troupe entière se lève brusquement, et va s'asseoir devant le hangar du prince.

La procession entre de la même manière que le jour précédent. La première bande est suivie d'une seconde; ceux qui composent celle-ci apportent des paniers de feuilles de palmier, de la même forme que ceux dont ils se servent dans leurs ménages; une troisième apporte différens poissons, dont chacun est attaché à l'extrémité d'un bâton fourchu: on les place à la droite du grand-prêtre, qui est assis à la droite du prince en dehors du hangar; il les prend les uns après les autres. Tandis qu'il fait un discours ou une prière, les poissons attachés au bâton fourchu sont présentés l'un après l'autre à deux hommes assis à gauche du hangar, et qui tiennent des rameaux verts. Le premier poisson est déposé à leur droite, et le second à leur gauche. Au moment où on les présente, un troisième, assis derrière les deux autres, étend son bras, et saisit les poissons qu'on leur offre: mais il n'en attrape que des morceaux; et comme il ne lâche jamais prise, il faut lui arracher toujours le poisson de force; mais il jette derrière ce qu'il peut en garder. Les deux autres placent les poissons alternativement à droite et à gauche; lorsque l'insulaire agit seul et s'empare enfin d'un poisson entier, l'assemblée s'écrie: *C'est bien fait.*

Après cela on fait des prières; et un signal étant donné, tout le monde court un moment à gauche, et s'assied, le dos tourné au prince et à ceux qui occupent le hangar: c'est le moment où l'on revêt le prince de l'honneur suprême de manger avec son père, sujet de la cérémonie, et qu'on sert au roi et à son fils un morceau d'igname grillée. Enfin on retourne en face du hangar, en formant un cercle vis-à-vis du prince: quelques hommes s'approchent alors deux à deux, en portant sur leurs épaules de gros bâtons; ils font un bruit auquel on peut donner le nom de *chant*, agitant leurs mains à mesure qu'ils avancent, et remuant leurs jambes avec beaucoup d'agilité, de manière qu'ils ont l'air de marcher très-vite sans faire un pas: enfin il se fait des combats simulés avec les bâtons, ainsi que d'autres combats de lutte et de pugilat; et la fête se termine par des discours adressés au jeune prince.

Il paraît par cette cérémonie appelée *Natche,* que le prince, en qualité d'héritier présomptif de la couronne, jure ou promet solennellement de ne jamais abandonner son père, et de lui fournir toujours les articles désignés par leurs emblêmes. Cette conjecture est d'autant plus vraisemblable, que les principaux de l'île assistent à la cérémonie. Quoi qu'il en soit, tout se passe avec une apparence mystérieuse; et le lieu et les détails prouvent assez que la religion y joue un grand rôle. Les insulaires exigèrent même que Cook et ses compagnons se découvrissent jusqu'à la ceinture, leur firent délier leurs cheveux, s'asseoir comme eux les jambes croisées; leur firent prendre, quelquefois, la posture la plus humble, baisser les yeux et joindre les mains. L'assemblée entière se soumit à ce cérémonial d'un air pénétré; enfin tout le monde fut exclu, excepté les acteurs et les insulaires d'un rang distingué. D'après ces diverses circonstances, Cook est persuadé qu'ils croient agir sous l'inspection immédiate d'un Être-Suprême.

ILES DE PAQUES.

Religion, Mœurs, Idolatries des habitans de l'île de Pâques ou Terre de Davis.

Les habitans de cette île croient aussi une autre vie, et ils enterrent leurs morts dans des morais, comme les autres insulaires de la mer du Sud : ils leur élèvent des monumens, qui consistent en des bustes grossiers placés sur des plates-formes. Le plus grand de ces bustes, et que M. de la Pérouse a mesuré, pouvait avoir environ quatorze pieds et demi ; sept pieds et demi de largeur aux épaules, trois pieds d'épaisseur au ventre, et six pieds de largeur sur cinq d'épaisseur à la base. Ces bustes, de taille colossale, et qui prouvent le peu de progrès que ces insulaires ont fait dans la sculpture, sont d'une production volcanique, connue des naturalistes sous le nom de *Lapillo :* c'est une pierre si tendre et si légère, que quelques officiers du capitaine Cook ont cru qu'elle pouvait être factice. Nous vîmes, dit M. de Langle, dans le compte qu'il rend de son excursion dans l'île, sur différentes pierres dont les plates-formes sont composées, des squelettes grossièrement dessinés, et nous y aperçûmes des trous bouchés avec des pierres, par lesquels nous pensâmes qu'on devait communiquer à des caveaux qui contenaient les cadavres des morts. Un Indien nous expliqua, par des signes bien expressifs, qu'on les y enterrait, et qu'ils montaient ensuite au ciel. Nous rencontrâmes sur le bord de la mer, des pyramides de pierres rangées à-peu-près comme des boulets dans un parc d'artillerie; et nous aperçûmes quelques ossemens humains dans le voisinage de ces pyramides et de ces statues, qui toutes avaient le dos tourné vers la mer. Nous

visitâmes dans la matinée sept différentes plates-formes sur lesquelles il y avait
des statues debout ou renversées; elles ne différaient que par leur grandeur :
le temps avait fait sur elles plus ou moins de ravage, suivant leur ancienneté.
Nous trouvâmes près de la dernière une espèce de mannequin de jonc, qui
figurait une statue humaine de dix pieds de hauteur; il étoit recouvert d'une
étoffe blanche du pays, la tête de grandeur naturelle, et le corps mince, les
jambes dans des proportions assez exactes : à son cou pendait un filet en forme
de panier, revêtu d'étoffes blanches. Il nous parut qu'il contenait de l'herbe.
A côté de ce sac, il y avait une figure d'enfant de deux pieds de longueur, dont
les bras étaient en croix et les jambes pendantes. Ce mannequin pouvait
exister depuis un grand nombre d'années : c'était peut-être un modèle des
statues qu'on érige aujourd'hui aux chefs du pays.

Tous les monumens qui existent aujourd'hui, et dont M. Duché a donné un
dessin fort exact dans l'Atlas de la Pérouse, n° 11, paraissent très-anciens;
ils sont placés dans des morais, autant qu'on en peut juger par la grande quantité d'ossemens qu'on trouve à côté. On ne peut douter que la forme de leur
gouvernement actuel n'ait tellement égalisé les conditions, qu'il n'existe plus de
chef assez considérable pour qu'un grand nombre d'hommes s'occupent du
soin de conserver sa mémoire en lui érigeant une statue. On a substitué à ces
colosses de petits monceaux de pierre en pyramides; celle du sommet est
blanchie d'une eau de chaux : ces espèces de mausolées, qui sont l'ouvrage
d'une heure pour un seul homme, sont empilés sur le bord de la mer; et un
Indien, en se couchant à terre, désignait clairement aux marins français que
ces pierres couvraient un tombeau. Levant ensuite les mains vers le ciel, il a
voulu évidemment exprimer qu'ils croyaient à une autre vie. J'étais fort en
garde contre cette opinion, dit M. de la Pérouse, et j'avoue que je les croyais
très-éloignés de cette idée : mais ayant vu répéter ce signe à plusieurs; et M. de
Langle, qui a voyagé dans l'intérieur de l'île, m'ayant rapporté le même fait,
je n'ai plus eu de doute là-dessus; et je crois que tous nos officiers et passa-
gers ont partagé cette opinion : nous n'avons cependant vu la trace d'aucun
culte; car je ne crois pas que personne puisse les prendre pour des statues
d'idoles, quoique ces Indiens aient montré une espèce de vénération pour elles.

PORT DES FRANÇAIS.

Cérémonies funèbres du Port des Français.

Les naturels de ce lieu, malheureusement trop célèbre par le naufrage des canots de M. de la Pérouse, où périrent MM. d'Escure, de la Borde frères., et d'autres officiers pleins de mérite, ont aussi des morais; mais ils brûlent leurs morts, et en conservent les têtes enveloppées dans plusieurs peaux. Ces morais consistent en quatre piquets assez forts, qui portent une petite chambre en planche dans laquelle reposent les cendres contenues dans les coffres.

NOUVELLE ZÉLANDE.

Religion, Mœurs, Idolatries des peuples de la Nouvelle Zélande.

Jusqu'à présent on n'a pu acquérir des connaissances très-étendues sur la religion de ces peuples; ils reconnaissent l'influence de plusieurs êtres supérieurs, dont l'un est suprême, et les autres subordonnés : ils expliquent de la même manière que les O-Taïtiens, l'origine du monde et la production du genre humain.

Nous n'avons pu savoir quels hommages ils rendent aux divinités qu'ils reconnaissent ; Cook ni ses compagnons n'ont pas vu de lieux destinés au culte public, comme les morais des insulaires de la mer du sud. Cependant ils ont aperçu, près d'une plantation de patates douces, une petite place carrée environnée de pierres, et au milieu de laquelle on avait dressé un des pieux pointus qui servent de bêche aux habitans, et auquel était suspendu un panier rempli de racines de fougères. En questionnant les naturels du pays sur cet objet, ils nous dirent que c'était une offrande adressée à leurs dieux, par laquelle on espérait les rendre plus propices, et obtenir d'eux une récolte plus abondante.

Nous ne pouvons pas nous former une idée précise de la manière dont ils disposent de leurs morts. Les rapports faits sur cet objet ne sont point d'accord. Dans les parties septentrionales de la Nouvelle-Zélande, on a dit aux voyageurs qu'ils les enterraient ; et dans la partie méridionale, on a appris qu'ils les jetaient dans la mer. Il est sûr que l'on n'a point vu de tombeaux dans le pays, et qu'ils affectaient de nous cacher, avec une espèce de secret mystérieux, tout ce qui est relatif à leurs morts; mais quels que soient leurs cimetières, les vivans sont eux-mêmes des espèces de monumens de deuil. A peine voit-on une seule personne, de l'un ou de l'autre sexe, dont le corps n'ait pas quelques cicatrices des blessures qu'ils se sont faites comme un témoignage de leur douleur pour la perte d'un parent ou d'un ami. Quelques-unes de ces cicatrices sont très-larges et très-profondes, et l'on trouve plusieurs habitans dont elles défigurent le visage.

La ressemblance des usages et des opinions des habitans de la Nouvelle-Zélande avec ceux des îles de la mer du Sud, ainsi que celle de leurs habillemens, de leurs pirogues, filets, meubles et outils, est une forte preuve que tous ces insulaires ont la même origine, et que leurs ancêtres communs étaient natifs de la même contrée. Chacun de ces peuples croit par tradition que ses pères vinrent, il y a très-long-temps, d'un autre pays; et ils pensent tous, d'après cette même tradition, que ce pays s'appelle *Heawise :* mais la conformité des langages paraît établir ce fait d'une manière incontestable.

Nous ne pouvons rien dire sur la religion des sauvages de la Nouvelle-Hollande, les voyageurs n'ayant aperçu aucune trace de culte parmi les peuplades de cette île, la plus grande de l'univers; mais il paraît que la plupart sont antropophages, et ont encore moins d'idées religieuses que ceux de la Nouvelle-Zélande, dont nous venons de parler.

PATAGONS.

Religion, Mœurs, Idolâtries des Patagons.

Ces peuples, assez doux, quoique d'une taille gigantesque et dans l'état le plus sauvage, rendent une espèce de culte à la lune et au soleil. Le jour de la nouvelle lune est chez eux un jour de solennité. Ce jour-là ils s'assemblent en corps, et font une espèce de procession autour de leurs cabanes. Celui qui marche à la tête porte un cerceau garni de sonnettes de cuivre et de plumes d'autruche. Il fait pirouetter de temps en temps ce cerceau, et, à ce signal, toute la troupe pousse de grands cris. Cette cérémonie dure environ une demi-heure.

On fait usage du même cerceau auprès des mourans, et voici ce qui se pratique en pareil cas : On fait tendre un morceau d'étoffe blanche vis-à-vis le

malade; ensuite un de ses plus proches parens prend le cerceau et vient lui
faire sa visite ; après quelques minutes de conversation , il sort et fait plusieurs
fois le tour de la cabane en agitant le cerceau, et en prononçant diverses paroles
sur différens tons. Lorsque le malade est mort, on l'ensevelit bien vîte dans une
peau de cheval avec tous les effets qui lui appartenaient, arcs, flèches, etc. ;
on porte le tout de suite à quelque distance de l'habitation, et on le jette dans
une fosse toute ronde qu'on a creusée exprès , et que l'on comble aussitôt.
S'ils mettent peu d'appareil à leurs obsèques, ils ont un deuil des plus sévères
et des plus gênans. Tous les amis du mort sont obligés de le garder durant trois
mois. Pendant tout ce temps-là ils doivent rester seuls, et ne parler absolument
à qui que ce soit. On a soin de leur envoyer leur nourriture, afin qu'aucun
besoin ne les mette dans le cas d'interrompre leur retraite. Tous ces peuples
ont la superstition de craindre les spectres et les revenans, et dès-lors ils sont
sujets à en voir beaucoup. Pas un d'eux n'oserait sortir de nuit sans être
accompagné. Souvent la peur leur fait faire des extravagances qui sont fort
incommodes pour leurs voisins.

La polygamie est inconnue chez les Patagons; ils n'ont qu'une femme et
vivent avec elle en grande amitié.

Lorsqu'une femme est en couche, l'entrée de sa cabane est interdite à tout
le monde, et personne n'oserait en approcher, jusqu'à ce que la femme sorte
elle-même, portant son enfant dans ses bras. Aussitôt on enveloppe l'enfant
dans une peau de mouton ; on le couche sur une espèce de civière dont le
fond est garni de même peau; on lui lie les bras et les jambes avec des cour-
roies contre le bord de la civière, afin qu'il ne puisse pas tomber; on suspend
cette machine par les quatre coins , et on lui donne un balancement qui facilite
le sommeil de l'enfant.

Terre de Feu, et autres îles voisines.

On peut facilement croire que des peuplades errantes et stupides, dont les
cabanes et les vêtemens ne sont pas même capables de les garantir du froid et
de l'humidité du climat le plus rigoureux, n'ont aucunes notions religieuses.
Cependant M. de Bougainville et Cook disent que, lorsque ces sauvages visitèrent
les vaisseaux , l'un d'eux faisait une espèce de cérémonie ressemblant à un
exorcisme, et qu'à mesure qu'il parcourait le bâtiment, ou lorsque quelque
chose de nouveau attirait son attention, il poussait, pendant quelques minutes,
des cris de toutes ses forces, sans diriger sa voix vers les gens du vaisseau, ni
vers ses compagnons. Du reste, on n'a découvert parmi eux aucune apparence
de culte ni de religion.

ILES PELEW.

Religion, Mœurs, Idolâtries des îles Pelew, situées dans la partie occidentale de l'Océan Pacifique.

Il est peu de peuples parmi ceux que les navigateurs ont découverts, qui n'aient paru, sous quelque rapport, avoir une idée quelconque de religion. Cependant les Anglais, pendant leur séjour aux îles Pelew, n'aperçurent parmi les naturels aucune cérémonie particulière, aucun indice d'un culte public.

Mais, quoiqu'on n'ait point encore trouvé dans ces îles un endroit consacré à des cérémonies religieuses, on aurait peut-être tort de croire que les peuples de Pelew ne connaissent aucun culte. Les Anglais, n'entendant pas la langue, ne pouvaient entrer en conversation sur cette matière.

Suivant le rapport du capitaine Wilson, ces peuples croyaient aux bons et aux mauvais augures, et n'entreprenaient rien d'important sans avoir consulté une espèce d'oracle ; ce qui consistait à fendre les feuilles d'une certaine plante, et à en mesurer les bandes sur le dos de leur doigt du milieu, pour savoir si leur entreprise réussirait ou non. Or, ces pratiques superstitieuses ne peuvent avoir lieu, sans avoir quelques rapports avec la religion.

Ils ont aussi l'idée d'un être malfaisant, qui contrarie les projets des hommes ; et quand il arrive un malheur, ils disent que c'est le malin esprit qui l'a occasionné.

Du Mariage.

Le mariage n'est probablement qu'un contrat civil, mais il est regardé comme inviolable. Ces peuples admettent la pluralité des femmes, mais en général ils n'en ont que deux : les chefs en ont davantage ; et le roi, lors du séjour du capitaine Wilson, en avait cinq. Ils ne paraissent pas en être jaloux, et on leur laisse une grande liberté.

Quand une femme est grosse, elle ne couche jamais avec son mari, quoiqu'elle l'accompagne pendant le jour : cet usage est suivi même parmi les femmes de la dernière classe. Pendant le temps de la grossesse on a pour elle les plus grands égards. Lorsqu'un chef paraît quelque part avec ses deux femmes, elles s'asseyent ordinairement à ses côtés, et les autres hommes n'ont pour elles d'autres attentions que celles permises par la modestie et le respect.

21*

Des Funérailles.

M. Wilson ayant remarqué plusieurs naturels qui s'en allaient vers un petit village près de la capitale, et ayant appris que le roi y était, dirigea ses pas de ce côté-là. Il y trouva à son arrivée une grande foule qui entourait une place où le roi était assis. On apportait le corps mort d'une maison peu éloignée. La procession s'arrêta devant le roi, qui, sans se lever de son siége, parla quelque temps de manière à être entendu de tous les assistans, et ensuite la procession continua son chemin. La solennité de cette harangue et le silence respectueux avec lequel elle avait été entendue, donnent lieu de croire que le roi faisait l'éloge du jeune homme mort au service de son pays.

Lorsque le corps arriva au lieu de l'enterrement, il sortit de la fosse, nouvellement creusée, une femme que M. Wilson crut être la mère ou quelque proche parente du défunt, que sa tendresse avait conduite en cet endroit pour voir si tout était bien préparé. Lorsque le corps fut dans la terre, on entendit les lamentations des femmes qui l'avaient accompagné. Il n'y a jamais d'autres hommes que les quatre qui portent le corps. Ces tristes et derniers devoirs sont confiés, chez les insulaires de Pelew, au sexe le plus faible et le plus sensible. Les hommes s'assemblent seulement autour du corps avant qu'on le porte en terre, et gardent un auguste silence.

Quelque temps auparavant on avait fait les funérailles d'un neveu du roi, à-peu-près de la même manière; et le lendemain le père du mort fut avec deux officiers anglais dans une maison peu distante de la place où son fils avait été enterré. Ils ne trouvèrent en arrivant qu'une vieille femme qui, par l'ordre du général, disparut sur-le-champ, et revint bientôt après, tenant en sa main deux vieux cacaos, une branche verte de poivrier, et de l'ocre rouge. Il prit l'un des cacaos ; et faisant une croix avec l'ocre, il mit la branche à terre à côté de lui. Après une longue pause, il prononça une espèce de prière; car il était vivement agité. Il fit la même chose avec l'autre cacao et la branche de poivrier, puis il garda un morne silence. Après cette cérémonie, il appela la vieille femme, et lui donna quelques instructions, en lui remettant les deux cacaos et la branche de poivrier.

Quand le roi prit congé de son fils, qu'il confia au capitaine Wilson, il dit quelques mots qui, par le ton grave avec lequel il les prononça, et la manière respectueuse dont le fils les écouta, firent comprendre que c'était une bénédiction paternelle.

Les Anglais s'étant rassemblés pour la prière du dimanche, les habitans de Pelew ne témoignèrent aucune surprise, mais parurent comprendre clairement que c'était la manière dont les Anglais s'adressaient à un être suprême pour obtenir sa protection ; et le capitaine ayant dit au jeune fils du roi que les prières avaient pour but de rendre les hommes meilleurs, et que lorsqu'ils mouraient et étaient enterrés ils allaient revivre en haut (en lui montrant le ciel), le jeune homme lui répondit aussitôt, en élevant sa main en l'air et en remuant les doigts : *La même chose à Pelew. Méchans hommes, rester en terre. Bonnes gens, aller au ciel, devenir très-beaux.*

Ces notions, quoique très-faibles, ne laissent cependant aucun doute sur leur croyance à l'immortalité de l'âme et à une vie future.

RELIGION, MOEURS, IDOLATRIES

Des Kucis, ou Montagnards de Tipra, dans les Indes Orientales.

Religion.

LES habitans des districts montueux situés à l'est du Bengale, donnent au créateur de l'univers le nom de *Pátigán*, mais ils croient que chaque arbre enferme une divinité; que le soleil et la lune sont des dieux, et que Pâtigân aime à voir rendre un culte à ces déités inférieures.

Ces montagnards n'ont aucune idée d'un ciel ou d'un enfer destinés à ré-compenser les bonnes actions ou à punir les mauvaises; mais ils croient qu'un certain esprit vient saisir et emporter l'âme des mourans. Ils croient aussi que le défunt jouit de tout ce que l'esprit lui a promis à l'instant du décès; mais que quelqu'un s'empare du cadavre, il ne trouvera point le trésor.

Du Mariage.

Les cérémonies des mariages se réduisent à peu de chose. Lorsqu'un Kuci riche est convenu des articles, il donne quatre ou cinq têtes de gayâls (bétail des montagnes) au père et à la mère de sa future ; après quoi il l'amène chez lui. Les parens tuent les gayâls, préparent des liqueurs fermentées et du riz bouilli avec d'autres comestibles , et invitent à un banquet nuptial le père, la mère, les frères, et la famille de leur gendre. Lorsqu'un homme d'une fortune médiocre a envie de se marier, et que les parties sont d'accord, on observe en petit les mêmes formalités. Chacun est libre d'épouser qui il lui plaît, excepté sa mère. Si deux époux vivent en bonne intelligence, et qu'ils aient un fils, le mariage est indissoluble ; mais s'ils n'ont point de fils, et sur-tout s'ils font mauvais ménage, le mari peut répudier sa femme et en épouser une autre.

L'administration du ménage appartient exclusivement aux femmes. Les hommes s'occupent à éclaircir les forêts, à bâtir des cabanes, à cultiver la terre, à guerroyer ou à chasser le gibier et les bêtes sauvages. Cinq jours après la naissance d'un enfant mâle (ils ne comptent ni par mois ni par années), et trois jours après celle d'une fille, ils régalent leur famille et leur parenté de riz bouilli, de liqueur fermentée, et les parens de l'enfant participent à la fête. Ils commencent la cérémonie par enfoncer un pieu dans la cour; ils tuent ensuite, avec une lance, un gayâl ou un porc, et le consacrent à leur divinité; après quoi toute la compagnie boit et mange. La journée se termine par des danses et des chants. Si quelqu'un est disgracié naturellement ou par accident, au point de ne pouvoir se reproduire, il renonce à tenir une maison, et va de porte en porte, comme un religieux mendiant, quêter sa subsistance, ne faisant autre chose que danser et chanter. Lorsqu'un de ces mendians va chez un homme riche et libéral, celui-ci attache ordinairement ensemble un certain nombre de pierres rouges et blanches, et assujétit l'extrémité de la corde à une longue canne, de manière que l'autre extrémité pende vers la terre : alors, rendant une sorte d'hommage superstitieux aux cailloux, il fait l'aumône au mendiant; puis il tue un gayâl et un porc, et quelques autres quadrupèdes, et invite sa tribu au banquet. Celui qui donne de pareilles fêtes acquiert un renom extraordinaire dans sa nation, et tous se réunissent pour l'applaudir et lui donner des témoignages de considération et de respect.

Des Funérailles.

A la mort d'un Kuci, tous ses parens se réunissent pour tuer un porc et un gayâl. Quand la chair a bouilli, ils versent un peu de liqueur dans la bouche du mort, et l'enveloppent d'une pièce d'étoffe en forme de linceul ; tous goûtent ensuite de la même liqueur en guise d'offrande à ses mânes : cette cérémonie se répète, à différens intervalles, pendant plusieurs jours. Enfin, on place le corps sur un échafaud : on allume du feu dessous; on le perce d'une broche, et on le fait sécher. Lorsqu'il est parfaitement sec, on le couvre de deux ou trois lés d'étoffe; et après l'avoir enfermé dans une caisse, on le dépose dans la terre. Le tombeau du défunt est jonché de tous les fruits et de toutes les fleurs que l'on cueille pendant l'année qui suit le décès. D'autres enterrent leurs morts d'une autre manière : ils les couvrent d'abord d'un linceul, puis d'un matelas de roseaux entrelacés, et les suspendent à de grands arbres. Quelques-uns lavent les os quand la chair est putréfiée, les font sécher et les gardent dans une bouteille, qu'ils ouvrent dans les conjonctures inopinées. Supposant alors qu'ils les consultent, ils prennent les mesures qu'ils jugent convenables, et disent qu'ils agissent par ordre de leurs parens qui ne sont plus : une veuve est obligée de passer une année entière près du tombeau de son mari, où sa famille lui porte à manger. Si elle vient à mourir dans l'année, les parens portent son deuil; si elle survit, ils la ramènent chez elle, et tous y sont régalés suivant l'usage des Kucis.

Si le mort laisse trois fils, l'aîné et le plus jeune partagent tout son avoir; le cadet ne prend rien. S'il n'a point de fils, son héritage passe à ses frères; et s'il n'a point de frère, au chef de la tribu.

Mœurs et Coutumes.

Ils se nourrissent d'éléphans, de porcs, de bêtes fauves et d'autres animaux : lorsqu'ils en trouvent les cadavres ou les membres dans les forêts, ils les font sécher et les mangent en cas de besoin.

S'il arrive à quelqu'un des Kucis de tuer un de ses compatriotes, il n'est recherché pour ce meurtre, ni par le chef de la tribu ni par toute autre personne étrangère à la famille du défunt : mais si celui-ci laisse un frère ou un héritier quelconque, ce dernier peut le venger; et qui que ce soit n'a le droit de s'opposer à cet acte de représailles. Lorsqu'un individu est trouvé coupable de vol ou de quelque autre délit grave, le chef fait allouer une indemnité à la partie plaignante, et opère une réconciliation : lui-même reçoit une amende déterminée par l'usage, et chacune des parties régale la tribu de porc ou autre viande.

Ces montagnards font la guerre avec une extrême férocité. Anciennement ils n'étaient pas dans l'usage affreux de trancher la tête aux femmes qu'ils trouvaient dans les habitations de leurs ennemis; mais une de ces femmes ayant un jour demandé à une autre pourquoi elle se rendait à son travail plus tard que de coutume, celle-ci donna pour raison que son mari était allé au combat, et qu'elle avait été retenue par la nécessité de lui apprêter à manger. Un montagnard qui en voulait à son époux, entendit cette réponse : il en fut transporté de colère, et se dit à lui-même que, puisqu'elle avait préparé des alimens à son mari pour l'envoyer combattre sa tribu, les hommes manqueraient de vivres, et par conséquent ne pourraient faire la guerre d'un manière avantageuse, si les femmes ne restaient pas au logis. A compter de cette époque, il passa en

coutume de trancher la tête aux femmes des ennemis, sur-tout lorsque la grossesse les retenait dans leurs maisons ; et cette barbarie est poussée à un tel excès,
que, s'il arrive à un Kuci d'entrer chez un ennemi, et d'y tuer une femme
enceinte, il est honoré et célébré dans sa tribu, comme ayant détruit deux ennemis d'un seul coup.

Quand ils ont résolu de faire la guerre, ils envoient des espions avant de
commencer les hostilités, pour connaître les postes et les forces de l'ennemi et
l'état des chemins. Cela fait, ils se mettent en marche pendant la nuit, et
deux ou trois heures avant le jour ils livrent une attaque soudaine avec des
épées, des lances et des flèches. Si leurs ennemis sont forcés d'abandonner
leur position, les assaillans mettent aussitôt à mort tous les individus mâles et
femelles qui ont été laissés derrière, et dépouillent les maisons de tous leurs
meubles. Mais si l'ennemi, prévenu de l'attaque projetée, est assez courageux
pour leur tenir tête, et qu'il soit supérieur en nombre, ils se retirent en hâte,
et regagnent paisiblement leurs habitations. Lorsqu'ils voient une étoile près de
la lune, ils disent que le lendemain ils seront indubitablement attaqués par un
ennemi, et ils passent la nuit sous les armes avec une extrême vigilance. Ils se
mettent souvent en embuscade dans une forêt, près du sentier où leurs ennemis
ont coutume de passer et de repasser : là ils les attendent avec des armes de différentes espèces, et tuent tous ceux qui se présentent, hommes ou femmes. Pendant qu'ils sont dans cette situation, s'il arrive qu'un d'entre eux soit mordu
par une sangsue, un ver ou un serpent, il souffre en silence; et quiconque peut
rapporter au logis la tête d'un ennemi, tranchée par lui-même, est sûr d'être
distingué et honoré. Lorsque deux tribus ennemies paraissent être d'égale force
dans le combat, et qu'aucune des deux n'a l'espérance de mettre l'autre en
fuite, elles annoncent par un signal des intentions pacifiques, s'envoient mu-
tuellement des commissaires, et ne tardent pas à conclure un traité ; après quoi
elles tuent plusieurs gayâls, et se régalent de leurs chairs, prenant le soleil et
la lune à témoin de leur réconciliation. Mais si l'une d'elles, incapable de résister, est mise en déroute, les vaincus sont regardés comme tributaires des
vainqueurs, et leur paient tous les ans une certaine quantité de gayâls, de plats
de bois, d'armes et autres indices de vasselage. Avant de marcher au combat,
ils mettent dans des bambous, des *alons* grillés (racine du genre des patates),
et de la pâte de farine de riz; ils y ajoutent une provision de riz sec, et des sacs
de cuir remplis de liqueurs. Ils s'assemblent ensuite et marchent d'un pas si accé-
léré, qu'ils font en un jour un voyage auquel les courriers en emploient ordinairement trois ou quatre, attendu qu'ils ne sont point retardés par l'embarras d'apprêter leurs alimens. Arrivés au lieu qu'ils se proposent d'attaquer, ils l'entourent pendant la nuit, y entrent au point du jour, mettent à mort les jeunes

gens et les vieillards, les femmes et les enfans, excepté ceux qu'ils préfèrent
d'emmener prisonniers : ils mettent dans des sacs de cuir les têtes qu'ils coupent; et si leurs mains sont teintes du sang de leurs ennemis, ils ne s'inquiè-
tent pas de les laver. Lorsqu'ils prennent leurs repas à la suite de ce carnage,
ils enfoncent une partie de ce qu'ils mangent dans la bouche des têtes qu'ils
ont apportées, en leur disant : « Mange, étanche ta soif, et satisfais ton appétit;
de même que tu as été tué par moi, puissent tes parens être tués par mes
parens! » Ils font ordinairement deux de ces repas durant leur marche; et
à chaque veille, ou de deux en deux veilles, ils envoient à leurs familles des
nouvelles de leur expédition. Si quelqu'un d'entre eux fait dire qu'il a coupé
la tête d'un ennemi, les personnes de la famille, quel que soit leur âge
ou leur sexe, témoignent une vive satisfaction, et se font des ornemens et
des bonnets de cordes rouges et noires; puis, remplissant de grands vases
de liqueurs fermentées, et se couvrant de toutes les bagatelles qu'elles pos-
sèdent, elles vont au-devant du vainqueur, soufflant dans de grandes coquilles, et frappant des plaques de métal avec d'autres instrumens grossiers.
Quand les deux troupes se rencontrent, elles font éclater une joie extrava-
gante; les hommes et les femmes dansent et chantent à-la-fois. Si un homme
marié a apporté la tête d'un ennemi, sa femme pare sa chevelure de divers ornemens; ils versent alternativement de la liqueur fermentée dans la bouche
l'un de l'autre, et la femme prend de cette même liqueur pour laver les mains
ensanglantées de son mari. Au milieu de ces réjouissances, ils se rendent à leur
habitation; et après avoir entassé les têtes de leurs ennemis dans la cour de
leur chef, ils chantent et dansent autour de ce monceau, tuent des gayâls et
des porcs avec leurs lances, en font bouillir la chair, et boivent la liqueur fermentée. Les riches assujétissent sur un bambou les têtes de leurs ennemis, et
les placent sur les tombeaux de leurs parens : ces exploits leur acquièrent une
grande réputation. Celui qui rapporte la tête d'un ennemi, reçoit de riches présens en bétail et en boisson spiritueuse; et si l'on amène un prisonnier vivant,
les chefs qui ne sont point allés au combat, ont la prérogative de lui couper la
tête. Leurs armes sont fabriquées par des tribus particulières; car il y en a qui
sont incapables de cette espèce d'industrie.

FIN DU TOME II.

TABLE

DES MATIÈRES ET DES GRAVURES,

CONTENUES DANS CE TOME SECOND.

FIN DE LA TABLE.

www.ingramcontent.com/pod-product-compliance
Lightning Source LLC
LaVergne TN
LVHW021940030726
842523LV00001B/223